부자는 왜 더 부자가 되는가

WHY THE RICH ARE GETTING RICHER:
What Is Financial Education …Really?

by Robert T. Kiyosaki

ROBERT T. KIYOSAKI

로버트 기요사키 오응석 옮김

WHY THE
RICH
ARE GETTING
RICHER

부자는 왜 더 부자가 되는가

세금 분야의 세계적 권위자
톰 휠라이트CPA의 실전 TIP 수록

민음인

남아프리카공화국 그레이엄스타운의 세인트 앤드류 고등학교,
디오세산 여학교, 로즈대학교의 학생들과 교수진에게 이 책을 헌정하며······

2016년 7월, 나는 공인회계사이자 리치 대드 자문가인 톰 휠라이트와 함께
젊은이, 교사, 기업가 여러분들의 수업을 위해 남아프리카공화국을 방문했다.
이 방문이 톰과 나에게는 인생을 바꾸는 사건이었다. 이 책을 아프리카 및
전 세계의 교육에 헌신하는 학생, 교사, 기업가들에게 바친다.

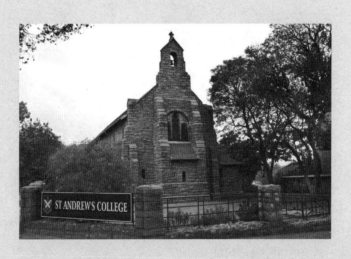

세인트 앤드류 고등학교는 1855년 남아프리카공화국 그레이엄스타운에 설립되었다.

두 가지 관점, 두 가지 해결책

"부와 소득 불평등 문제는 우리 시대의 가장 큰 도덕적 문제다."

— 버니 샌더스

미 상원의원 버니 샌더스　　　　미 대통령 도널드 트럼프

더욱 벌어지고 있는 부유층과 다른 계층 간의 격차는 도덕적인 위기이자 사회적인 시한폭탄이다.

버니 샌더스는 사람들에게 물고기를 주는 해결책을 믿는다.

도널드 트럼프와 나는 사람들에게 낚시하는 법을 가르쳐야 한다고 믿는다.

우리는 버니 샌더스와 정치적으로는 동의하지 않지만, 그의 원칙에는 동의한다. 우리의 차이점은 더욱 커지고 있는 이 문제를 해결하기 위한 방식이다. 사람들에게 물고기를 주어야 한다고 믿는다면, 이 책은 당신에게 적합하지 않을 것이다. 사람들에게 낚시하는 법을 가르쳐야 한다고 믿는다면, 이 책이 흥미로울 수 있다.

책을 읽기에 앞서, 보너스 섹션에 대해

이 책이 전하는 중요한 메시지를 보완하고 강화하고자 본문의 앞뒤에 보너스 섹션을 실었다. 우리 모두 잘 알고 있듯이, 무모함이란 이런 것이다.
"똑같은 일을 여러 번 반복하면서 결과는 다르기를 기대하는 것."
여러분이 이 보너스 섹션을 통해 힘을 얻어, 이 책에 담긴 내용을 읽고 이해하여 변화를 시도해 보면 좋겠다. 바로 지금.

구시대적인 조언

"학교에 다니고, 일자리를 구하고,
돈을 저축하고, 빚에서 벗어나고,
주식 시장에 장기 투자해야 한다."

자본주의와 사회주의, 그리고 교육

'학교에 다니는 것'이 어째서 구시대적인 생각인가?
학교에서는 돈에 대해 무엇을 가르쳐 주는가?

"학교에서는 돈에 대해 무엇을 가르쳐 주는가?"

이 질문을 접한 사람들은 대부분 '배운 것이 별로 없다.'고 답한다. 무언가를 배웠다고 답한 사람들도 "학교에 다니고, 일자리를 구하고, 돈을 저축하고, 집을 사고, 빚에서 벗어나고, 주식 시장에 장기 투자하라."고 배웠다고 할 것이다.

이런 말이 산업화 시대에는 좋은 조언이었을지 몰라도, 정보화 시대에는 구시대적인 조언일 뿐이다. 세계화로 인해 블루칼라 근로자의 고임금 일자리가 사라졌기 때문이다. 일자리는 중국, 인도, 멕시코 등으로 옮겨 갔다. 또한 로봇의 부상으로 인해 화이트칼라 근로자의 고임금 일자리마저 사라질 것이다.

로봇의 부상

오늘날 해외로 넘어가지 않은 일자리들은 로봇과 인공지능이 노동자를 대체하고 있다. 고학력의 의사, 변호사, 회계사조차도 로봇의 위협에 노출되어 있다. 아디다스는 최근 중국이나 베트남이 아닌 독일과 미국에서 신발 생산을 시작하겠다고 발표했다. 그리고 애플의 주요 제조 업체인 폭스콘은 최근 300만 명의 근로자를 대체하기 위해 100만 대의 로봇을 주문한다고 발표했다.

전 세계의 많은 학생들이 부채들 중에서도 가장 큰 부담인 '학자금 대출'에 시달리며 학교를 졸업하고도 이를 상환할 수 있는 고임금의 일자리를 찾지 못하고 있다.

로봇은 월급이나 승진도 필요 없이 더 오래 일하면서도, 휴가, 휴식, 의료 혜택, 퇴직 연금도 요구하지 않는다.

저축하는 사람은 패배자

옛날 옛적 1970년대에는 100만 달러의 예금으로 15퍼센트의 이자, 즉 1년에 15만 달러를 벌었다. 그 당시에는 1년에 15만 달러로도 충분히 살 수 있었다. 오늘날 100만 달러로는 1년에 1.5퍼센트의 이자, 즉 1만 5000달러를 벌 수 있는데, 백만장자도 이 액수로는 생활할 수 없다. 이것은 오늘날 저축하는 사람은 엄청난 패배자가 된다는 것을 뜻한다.

당신의 집은 자산이 아니다

2008년에는 부동산 시장이 크게 폭락했다. 주택 담보 대출이 주택의 재판매 가치보다 커지게 되자 약 1000만 명의 주택 소유자들은 집이 자산이 아니라는 사실을 직접 깨닫게 되었다.

한때 베이비붐 세대의 자랑이었던 맥맨션McMansion(교외 지역 사회의 대규모 대량 생산 주택 — 옮긴이)이 오늘날 부동산 분야에서는 개집 취급을 받는다. 베이비붐 세대의 자녀와 손자인 밀레니얼 세대는 조부모의 '가장 큰 자산'을 구매할 수도 없지만, 원하지도 않는 것이다. 부동산 세금이 상승함에 따라 맥맨션 가격은 계속 떨어질 것이다. 집이라면 작고 효율적인 편이 크고 불쾌한 것보다 낫다.

또한 주택 가격은 일자리와도 관련 있다. 로봇은 집이 필요하지 않다. 로봇은 쉬는 날 없이 24시간 내내 사무실에서 살 수 있다.

『부자 아빠 가난한 아빠』 20주년

『부자 아빠 가난한 아빠』는 20년도 더 전인 1997년 4월 8일, 나의 50번째 생일에 자비로 출판되었다. 거대 출판사에서 일하는 편집자들은 모두 나의 가난한 아버지처럼 금융에 대한 지식은 별로 없는 고학력자들이었기 때문에 우리는 이 책을 자비로 출판해야 했다.

부자 아버지의 금융 교육에서 배운 교훈들은 편집자들이 학문적으로 알고 있던 돈에 대한 신념을 흔들어 놓았다. 신념이라고 하는 것이 얼마나 위안이 되는지 우리 모두 잘 알고 있지 않은가. 그 신념이 비록 시대에 뒤떨어진 것이라 하더라도 말이다.

20년이 훨씬 지난 지금, 돈에 대한 부자 아버지의 교훈은 그때보다 더욱 사실이 되었고 더욱 충격으로 다가온다. 오늘날 많은 나라에서 이자율이 1퍼센트 밑으로 떨어지고, 로봇이 계속해서 노동자를 대체하고 있으며, 저축하는 사람들은 더 큰 손해를 보고 있다. 하지만 부모들은 여전히 자녀들에게 자신들이 그랬던 것처럼 조언한다. "학교에 다니고 일자리를 구하고 돈을 저축하라."

경제학은 금융 교육이 아니다

학구적인 사람들은 자신의 부족한 금융 교육에 대한 변명으로 종종 이렇게 말한다. "학교에서 경제학을 공부했다." 혹은 "우리 애가 다니는 학교에는 훌륭한 경제학 프로그램이 있다." 학문적 권위에 의존하는 일부 사람들은 존 메이너드 케인스, 밀턴 프리드먼, 루트비히 폰 미제스, 프리드리히 하이에크와 같은 유명 경제학자를 언급하기도 한다. 이러한 경세학자들의 이론이 50년 전에는 어느 정도 유효했을지 몰라도 오늘날에는 빈틈이 발견되고 있다. 그들의 댐처럼 굳건했던 명성이 곧 무너질 위기에 처한 상황이다.

두 명의 경제 철학자

나는 학계의 경제학자들보다는 영향력 있는 경제 철학자 두 명, 즉 『공산당 선언』의 저자인 카를 마르크스와 『움츠린 아틀라스Atlas Shrugged』 의 저자인 아인 랜드Ayn Rand의 이야기에 귀를 기울이는 편이다.

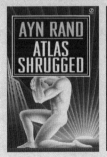 

『움츠린 아틀라스』와 『공산당 선언』

아인 랜드

1905년 러시아 상트페테르부르크에서 태어난 아인 랜드는 10대 시절에 러시아 혁명을 목격했다. 볼셰비키는 그녀의 아버지가 벌이던 사업을 포함해 모든 것들을 빼앗았다. 1926년에 그녀는 뉴욕으로 이주했다. 공산주의와 자본주의를 모두 경험하였기 때문에 두 경제 체제에 대한 그녀의 견해는 강한 설득력이 있다. 그녀는 이론적 거품에 빠져 사는 서구의 경제학자들과 학계를 비판하며 말했다. "현실을 회피할 자유는 있지만, 마주하고 싶지 않은 심연을 피할 자유는 없다."라고.

랜드의 작품 속 주인공들은 자신이 힘들게 이루어 놓은 성과에 의존하는 '기생충', '약탈자', '무임승차자'와 끊임없이 대립한다. 그런 기생충, 약탈자, 무임승차자는 높은 세금, 대규모 노동, 정부 소유, 정부 지출, 정부 계획, 규제, 재분배를 지지한다.

암묵적으로 '총구를 겨누어' 무력을 행사하고 다른 사람의 수입을 몰수하는 관료와 정부 관리들을 랜드는 '약탈자'로 묘사했다. 무력을 사용하여 남들이 생산하거나 벌어들인 재산을 빼앗기 때문이다.

랜드가 '무임승차자'로 묘사한 사람들은 스스로 가치를 생산하지 못하는 자들이다. 이들은 생산 능력이 없기 때문에 궁핍한 사람들을 대신해 다른 사람의 수입, 즉 생산자의 수입을 요구하는 기만술을 펼친다. 궁핍한 자들의 이름으로 생산자의 재산을 훔쳐 자신의 주머니를 채운다. 또 생산자들의 재능을 원망하고 '인간의 도덕적 권리'를 떠들어 대며 정부가 '합법적인' 압류를 행사할 수 있도록 한다.

우리 모두 알고 있듯이, 세상에는 '도덕적으로나 지적으로 우월하고 선한 사람들'로 가장한 비생산적인 무임승차자, 약탈자, 기생충들로 가득 차 있다.

제목이 암시하듯, 『움츠린 아틀라스』는 다음과 같은 질문을 던진다. "생산자들이 움츠러들어 생산과 기여를 중단하고 숨어 버리면 어떻게 되는가?"

『움츠린 아틀라스』는 1957년에 출판되었는데, 초기에는 비판을 받으며 공격의 대상이 되었다. 그러나 시간이 지나면서 이 책은 고전의 반열에 올랐고, 이제는 "인생에서 성경 다음으로 중요한 책"이라고 하는 사람도 볼 수 있다.

카를 마르크스

카를 마르크스는 1818년 현재의 독일 지역인 프로이센 왕국에서 태어났다. 그는 사회주의자이자 혁명가로 알려져 있으며, 블라디미르 레닌, 마오쩌둥, 피델 카스트로, 우고 차베스, 체 게바라와 같은 수많은 현대의 혁명가들에게 영향을 미친 인물이다.

그의 가장 유명한 어록 중 하나는 다음과 같다. "지배 계급으로 하여금 공산주의 혁명 앞에서 벌벌 떨게 하라! 프롤레타리아가 혁명에서 잃을 것이라고는 쇠사슬뿐이요, 얻을 것은 전 세계다. 만국의 노동자여, 단결하라!"

마르크스의 사회주의적 견해는 너무나 충격적이어서 그는 유럽 대륙에서 쫓겨나 영국으로 망명해야 했다. 그리고 런던에서《뉴욕 트리뷴》에 글을 기고하며 생계를 꾸릴 수 있었다. 노예 제도, 계급 투쟁, 계급 의식에 관한 글을 쓰면서 미국 내에서도 호의적인 독자층이 생겨났다.

계급 투쟁

마르크스는 계급 투쟁을 귀족 계층, 부르주아, 프롤레타리아 간의 갈등으로 단순하게 정의했다. 이러한 계급들에 대한 정의는 다음과 같다.

귀족 계층은 부, 특권, 지위를 상속받는 지배 계급이며 일반적으로는 군주 일가를 뜻한다.

부르주아는 중산층과 관련이 있거나 중산층을 지칭하는 말이다. 누군가가 "참으로 부르주아답다!"라고 말한다면 그것은 아마도 중산층의 편협함에 사로잡혀 있다는 의미를 담은 모욕적인 언사일 것이다. 마르크스는 부르주아를 물질적 소유욕에 사로잡혀 있지만, 추진력과 야망이 부족하고 편안함에 안주하는 사람들이라고 보았다.

프롤레타리아는 자본이나 생산 수단이 없는 임금 노동자 계층, 즉 노동력을 팔아 생계를 유지하는 사람들, 혹은 최빈곤 노동자 계층을 말한다.

귀족의 변천사

농경 시대에는 왕과 왕비, 귀족들이 토지를 소유했다. '농민peasants'이라는 단어는 땅을 일구지만 땅을 소유하지 않은 사람들을 뜻하는 프랑스어에서 유래했다. '부동산real estate'이라는 단어는 스페인어로 '왕실의 소유royal estate'를 의미한다.

산업 시대의 귀족은 헨리 포드, 존 D. 록펠러, JP 모건과 같은 산업계의 거물들이었다. 포드는 자동차를, 록펠러는 석유를, 모건은 돈을 생산했다.

정보화 시대의 새로운 귀족은 애플의 공동 창업자 스티브 잡스, 아마존의 제프 베이조스, 구글의 세르게이 브린과 래리 페이지와 같은 사이버 영지cyber-real estate를 지배하는 기술 분야의 마법사들이다.

농경 시대에는 부자를 귀족이라고 불렀으나 오늘날에는 부자를 자본가라고 부른다.

돈을 위해 일하는 사람들

부모가 자녀에게 "일자리를 구하기 위해 학교에 다녀야 한다."고 말한다면, 돈을 위해 노동력을 파는 '프롤레타리아'가 되라고 조언하는 셈이다. 봉급생활자는 생산을 소유하지 않는다.

그 자녀들이 고임금의 일자리를 찾으면 '부르주아'에 합류하여 대학교육, 주택, 자동차 등과 같은 물질적 은신처에 만족하고, 편안함에 안주하며, 남에게 뒤지지 않고자 노력하는 중산층이 된다. 그들은 차를 몰고 프롤레타리아의 빈민가와 공동 주택 지역을 지나쳐 가면서, 자신들의 자녀가 '그런 아이들'과 함께 학교에 다니지 않아서 다행이라고 여긴다. 부르주아는 고소득 직업군에 속해 있으며, 대부분 의사나 변호사와 같은 전문직 종사자거나 소규모 사업가들이다. 하지만 이들은 부동산이나 생산 수단을 가지고 있지 않다. 이런 사람들 역시 돈을 위해 일한다.

부자는 돈을 위해 일하지 않는다

『부자 아빠 가난한 아빠』에서 언급한 부자 아빠의 첫 번째 교훈이 "부자는 돈을 위해 일하지 않는다."이다. 내가 "부자 아빠의 첫 번째 교훈은 무엇이었는가?"라고 물어보면 이 교훈을 기억하지 못하는 독자들이 대부분이다. 이것은 그들이 아직도 "학교에 다니고 일자리를 구하라."는 생각의 틀에 갇혀 있기 때문일 것이다. 또한 생산을 소유한 사람이 되는 훈련을 받지 못했기 때문이기도 하다. 다시 말해, 우리의 교육 시스템은 학생들을 '자본가', 즉 토지, 사업, 자본을 소유한 사람이 아니라 '프롤레타리아'와 '부르주아'가 되라고 가르치고 있다.

고학력의 정부 관료이면서 다른 사람을 진심으로 돕고 있다고 믿었던 나의 가난한 아버지처럼, 수백만 명의 사람들이 일자리, 급여, 연금을 제공하는 정부에 의존한다는 사실이 그리 놀랍지는 않다. 그러나 그들은 불행히도 자신의 운명을 스스로 결정할 수 없는 사람들이다.

1970년, 굉장히 훌륭하신 나의 아버지는 상사인 민주당 소속 주지사에 맞서 하와이주 부지사 선거에 출마하셨다. 아버지가 선거에서 패한 후, 그 주지사는 교육학 박사인 아버지가 다시는 주정부에서 일하지 못하도록 하겠다고 단언했다. 나의 아버지는 이후 평생을 가난한 실업자 상태로 사셨다. 일할 의향은 있었으나 일자리를 찾을 수 없었다. 그는 생산 수단을 소유하지 못한 고학력자였고, 수천 명의 다른 사람들에게 자신이 해 온 일을 가르친 교사였다.

미국 길거리 이곳저곳에서, 그리고 전 세계에서 계급 투쟁이 벌어지고 있다는 것이 그리 놀라운 일은 아니다. 버니 샌더스 상원의원이 2016년 미국 대선에 출마했을 때 "최상위 0.1퍼센트가 하위 90퍼센트와 거의 같은 부를 소유하고 있다면 이는 뭔가 심각하게 잘못된 것이다."라고 말한 것도 그리 놀라운 일이 아니다. 간단히 말해서, 우리가 마주하는 세계적 금융위기는 학교에서 시작된다. 미국은 교사의 교육에 수십억 달러를 지출하지만, 빈부의 격차는 점차 더 벌어지고 있다.

다시 생각해 보라

카를 마르크스는 이렇게 썼다.

"지배 계급으로 하여금 공산주의 혁명 앞에서 벌벌 떨게 하라! 프롤레타리아가 혁명에서 잃을 것이라고는 쇠사슬뿐이요, 얻을 것은 전 세계다. 만국의 노동자여, 단결하라!"

아인 랜드는 이렇게 말했다.

"현실을 회피할 자유는 있지만, 마주하고 싶지 않은 심연을 피할 자유는 없다."

이제 누군가가 아이에게 "일자리를 구하기 위해 학교에 다녀라."라고 말하는 상황을 보게 되면, 이를 곰곰이 생각해 보라.

'안정된 일자리'가 왜 구시대적인 생각인가

세계화가 블루칼라 일자리를 없앴다.
로봇이 화이트칼라 일자리를 대체할 것이다.

"1929년 이후로 소득 불평등은 전에 볼 수 없었던 수준으로 치솟았고, 1950년대에는 생산성의 증가분이 근로자들의 주머니에까지 흘러들어갔으나 지금은 거의 전적으로 사업주와 투자자들에게만 머물고 있다는 것이 분명해졌다."

— 마틴 포드, 『로봇의 부상Rise of the Robots』

'주식 시장 장기 투자'가 왜 구시대적인 조언인가

"가장 위협적인 것은 주식 거래소 운영 체제에
깊숙이 심어져 잠복하고 있는 공격 바이러스다."

"러시아 군사 정보부가 심어 놓은 이런 공격 바이러스 중 하나가
2010년 나스닥 주식 시장 운영 체제 내부에서 발견되었다. 이 바이러스
는 비활성화 상태였다. 아직 발견되지 않은 디지털 바이러스가 얼마나
많을지는 아무도 모른다."

"바이러스는 고객 계정을 흔적도 없이 지울 수 있다. 이러한 바이러
스가 공격적으로 사용되면 애플이나 아마존과 같이 널리 알려진 주식
에 대한 매도 주문이 통제할 수 없을 정도로 폭주할 수 있다."

— 제임스 리카즈, 『은행이 멈추는 날*The Road to Ruin*』

민주주의의 죽음

어느 것이 진정한 수혜인가?

제도에 기대어 살아가는 무임승차자들을 좀 보세요!

사회보장 연금: 평생 납부하고 겨우 연간 1만 4000달러로 근근이 생활

미 의회 의원들이 받는 혜택: 무상 의료 서비스, 막대한 연금, 유급 휴가 67일, 무제한 병가 등

"본질적으로 민주주의는 항상 일시적이기 때문에 영구적인 정부 형태로 존재할 수는 없다. 민주주의는 유권자들이 국고에서 나오는 관대한 선물을 투표를 통해 스스로 선택할 수 있다는 사실을 알게 될 때까지 계속 존재할 것이다."

"그 순간부터 다수는 국고에서 나오는 가장 많은 혜택을 약속하는 후보에게만 투표하게 되고, 그 결과 모든 민주주의는 느슨한 재정 정책으로 인해 무너지며 그 뒤에는 항상 독재정권이 뒤따르게 된다."

역사가 시작된 이래로 세계의 위대한 문명들의 평균 수명은 약 200년이었다. 그 200년 동안 이 나라들은 항상 다음과 같은 수순을 거쳤다.

속박에서 영적 신념으로

영적 신념에서 위대한 용기로

용기에서 자유로

자유에서 풍요로

풍요에서 이기심으로

이기심에서 무관심으로

무관심에서 의존으로

의존에서 다시 속박으로

「역량 예찬The Cult of Competency」(1943)

— 헤닝 웹 프렌티스 주니어Henning Webb Prentis, Jr., 미국 제조업체협회 회장

진정한 금융 교육이란 무엇인가?

물론 금융 교육은 한 권의 책에서 모두 다루기 힘든 방대한 주제다. 그렇지만, 나는 부자 아버지의 KISS 원칙을 따라 '단순하고 간단하게 Keep It Super Simple' 이것을 설명하겠다.

진정한 금융 교육은 크게 금융 문해력과 금융 IQ라는 두 부분으로 나눌 수 있다.

1. 금융 문해력financial literacy - 돈의 언어를 읽고 이해하는 능력

『부자 아빠 가난한 아빠』에서 언급한 돈에 대한 두 가지 중요한 단어는 자산과 부채다. 책에서 언급했듯이 사람들은 부채를 자산이라고 부르기 때문에 재정적인 어려움을 겪는다. 예를 들어, 사람들은 집도 자산이고 자동차도 자산이라고 부르지만, 실제로는 모두 부채다.

또한 돈의 언어에서 가장 중요한 단어는 현금흐름이다. 『부자 아빠 가난한 아빠』에서 설명한 것처럼 자산은 당신의 주머니에 돈을 넣어 주고, 부채는 당신의 주머니에서 돈을 빼 간다.

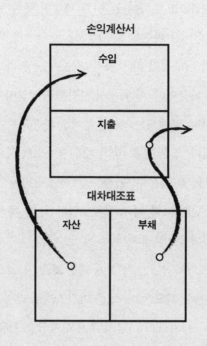

2. 금융 IQ - 금융 문제를 해결하는 능력

최근 미국의 한 여론조사에 따르면, 예기치 않은 비상시에 대비해 400달러를 추가로 마련할 여유가 가계에 없다고 한다. 이는 평균적인 미국인의 금융 IQ가 '400달러 이하'라는 의미다.

트럼프 대통령 같은 사람의 금융 IQ를 달러로 측정하면 수백만 달러에 달한다. 개인 시민으로서 2500만 달러의 예상치 못한 지출이 발생하면 간단히 개인 수표를 쓸 수 있다. 그렇다면 버니 샌더스는 얼마나 큰 금액의 수표를 쓸 수 있을까?

여러분의 금융 IQ는 얼마나 높은가? 예상치 못한 청구서를 받게 된다면 얼마나 큰 금액을 마련할 수 있을까?

부유한 기업가들이 점점 더 부자가 되는 이유 중 하나는 그들의 금융 IQ가 매우 높기 때문이다. 이 책에서 여러분은 굉장히 똑똑한 부자들이 어떻게 사람들 대부분에게는 '빚'인 부채를 활용하여 자산을 구매하는지 알게 될 것이다. 또한 금융 IQ가 매우 높은 사람들이 일반적으로 정부에 납부하는 세금을 사용해 자산을 구매하는 방법을 알게 될 것이다.

『부자 아빠 가난한 아빠』가 초등학교였다면, 이 책『부자는 왜 더 부자가 되는가』는 대학원인 셈이다.

또한 리치 대드 TVRDTV는 이 책에 대한 보충 자료로 10가지 금융 교육 강의를 제공한다. 테드TED 강연과 마찬가지로 리치 대드 TV를 시청하는 것만으로도, 부자들이 어떻게 부채와 세금을 활용하는지, 즉 금융 문해력과 금융 IQ를 높이는 방법을 배울 수 있다.

모두 똑같은 방식으로
백만장자가 되는 것은 아니다

많은 이들이 백만장자가 되기를 열망한다. 하지만 모든 백만장자가 똑같지는 않다. 어떤 백만장자는 다른 백만장자보다 더 부유하다.

《애틀랜틱》은 알라나 세뮤얼즈의 '심각한 불평등은 아메리칸 드림과 양립할 수 없다.'라는 제목의 기사에서 많은 밀레니얼 세대가 수년간 경험한 것들을 정량화한 새로운 연구 내용을 보도했다.

"이 연구는 많은 사람들이 수년 동안 직접 겪고 있는 것들을 수치화했다. 경제적 사다리를 타고 올라가 부모 세대보다 더 많은 것을 성취할 수 있다는 아메리칸 드림은 매 10년이 지날 때마다 점점 더 현실과 멀어지고 있다."

"1940년대에 태어난 사람들이 30세가 되었을 때 부모보다 더 많이 벌 수 있는 확률은 92퍼센트에 달했다. 반면 1980년대에 태어난 사람들의 경우 그 확률은 50퍼센트에 불과했다."

"연구에 따르면, 오늘날의 30대가 부모 세대보다 더 힘든 시기를 겪고 있는 데에는 크게 두 가지 이유가 있다. 첫째, 분기당 5퍼센트 이상의 성장률을 기록하던 1950년대 이후 국내총생산의 증가세가 둔화하고 있다. 즉, 경제적 파이가 예전보다 더 느린 속도로 성장하고 있어서 전체에게 돌아갈 파이가 줄어들고 있다는 뜻이다. 둘째, 성장의 분배가 더욱 불평등해지고 있어서, 상위 계층에게 더 많은 혜택이 돌아가고 있는 반면에 하위 계층은 예전만큼 큰 혜택을 받지 못하고 있다. 하위 계층의 임금은 오르지 않고 부모 세대와 같은 수준 또는 그 이하에 머물러 있다."

"소득 분포의 하위 절반에 속하는 사람들은 평균적으로 연간 1만 6000달러를 버는 반면, 상위 1퍼센트 성인의 평균적인 세전 소득은 약 130만 달러에 달한다."

다시 말해, 가난한 사람은 계속 가난하고 부자는 계속 부유하게 사는 사회가 된 것이다. 아메리칸 드림은 죽었다. 특히 학교에 다니고 일자리를 구하는 경우라면 더욱 그렇다. 그러나 진정한 금융 교육은 오늘날의 경제 상황에서도 야망이 있는 사람에게 백만장자가 될 수 있는 다양한 길을 제시할 것이다.

백만장자가 되는 길

백만장자에는 다양한 유형이 있다. 몇 가지를 예로 들어 보면 다음과 같다.

1. 연봉 백만 달러를 받는 직장인

아무리 하버드나 스탠퍼드 출신이라고 해도 대학을 갓 졸업한 사람이 기업에서 연봉으로 백만 달러를 받는 직업을 가질 확률은 매우 낮다. 일반적으로 정상의 자리에 오르는 데는 수년이 걸린다. 또한 연봉이 백만 달러인 사람의 실수령액은 약 60만 달러다.

2. 백만장자 스포츠 스타

뛰어난 운동선수라면 몇 년 동안 백만 달러의 연봉을 받을 수 있다. 그러나 모든 프로 운동선수의 65퍼센트가 은퇴 후 5년 만에 파산하고 만다. 프로팀 소속으로 연봉이 백만 달러면서 금융 교육을 받지 않은 프로 미식축구 선수의 실수령액은 약 40만 달러다.

3. 백만장자 영화배우 또는 록 스타

다시 말하지만, 이렇게 성공할 확률은 무척 낮다. 이들의 미래는 팬들의 손에 달려 있다. 금융 교육이 없다면 백만 달러를 받은 록 스타는 세금을 뺀 후 약 30만 달러에서 40만 달러를 벌 수 있다.

4. 백만장자 기업가

마찬가지로 이렇게 성공하는 확률도 낮다. 많은 소규모 사업가의 총 근무 시간과 보상을 계산해 보면 결국 직원보다 적게 버는 셈이라고 한다. 금융 교육을 받지 않은 소규모 사업가는 세전 백만 달러를 벌어도 실수령 약 30만 달러를 받을 수 있다.

진정한 금융 교육

진정한 금융 교육은 '공정한 경쟁의 장'을 제공한다. 물론 그 길은 여전히 험난하고 백만 달러를 버는 일은 쉽지 않다. 하지만 진정한 금융 교육은 모든 사람이 자신의 재정적 미래를 더 잘 통제할 수 있도록 해준다. 즉, 진정한 금융 교육을 통해 여러분은 자신의 재정적 미래를 스스로 통제할 수 있다.

내가 바로 그런 사람이다. 내가 최고경영자로서 백만 달러의 연봉을 받거나 회사에서 성공을 향해 오르거나 유명 스포츠 스타, 영화배우, 가수 또는 유명한 사업가가 될 가능성은 거의 없었다. 하지만 부자 아버지의 금융 교육 덕분에 나는 재정적 운명을 스스로 통제할 수 있었다.

어렸을 때 부자 아버지는 나에게 꿈을 향해 나아가 백만장자가 되라고 격려해 주셨다. 또한 다양한 백만장자의 유형이 있으며 백만장자가 되는 방법도 여러 가지가 있다고 설명해 주셨다.

1. 연봉

연봉 백만 달러를 받는 봉급생활자가 되고 싶은가? 연봉 백만 달러가 가지는 문제는 바로 정부에 납부하는 약 40퍼센트에 달하는 세금이다.

2. 순자산

순자산 백만 달러를 이룬 사람이 되고 싶은가? 이 금액은 주택, 자동차, 저축액, 연금 등 모든 개인 자산의 가치에서 부채를 뺀 액수를 의미한다. 백만장자라고 주장하는 사람들은 대부분 순자산 백만장자인데, 이 중 상당수는 연봉이 15만 달러 미만이다.

3. 자본 이득

자본 이득 백만 달러를 이룬 사람이 되고 싶은가? 이는 백만 달러의 자본 이득을 위해 자산을 매각한다는 의미다. 자본 이득 백만 달러가 가지는 가장 큰 문제도 역시 세금이다. 자산 양도로 인한 자본 이득에 부과되는 양도소득세capital gains tax의 세율은 약 10~20퍼센트다. 더 큰 문제는 자본 이득 백만 달러를 이루기 위해서는 자산을 팔아야 하므로 순자산이 줄어든다는 것이다.

4. 현금흐름

현금흐름 백만 달러를 이룬 사람이 되고 싶은가? 이것은 자산을 매각하지 않고도 자산에서 백만 달러 이상의 현금흐름을 만들어 낸다는 뜻이다. 현금흐름 백만 달러를 이룬 사람들은 세금을 비롯해 미래를 가장 잘 통제할 수 있다.

5. 일확천금

부자와 결혼하거나, 돈을 상속받거나, 복권에 당첨되어 행운의 백만 장자가 되고 싶은가? 그렇다면 당신에게 이렇게 말하고 싶다. "행운을 빕니다." 돈 때문에 결혼하기 위해서는 당신의 영혼을 내놓아야 할 수도 있다. 당신의 영혼은 가치가 얼마나 되는가?

백만장자의 꿈

다시 말하지만, 사람들이 흔히 생각하는 아메리칸 드림은 죽었다. 특히 학교에 다니고, 일자리를 구하고, 돈을 저축하고, 퇴직 연금을 위한 장기 투자를 믿는 사람들에게는 더욱 그렇다. 그러나 이 책에서 다루는 진정한 금융 교육에 투자한다면 백만장자가 되는 꿈은 여전히 살아 있고 유효하다.

어렸을 때 부자 아버지와 모노폴리 게임을 하면서 나는 '현금흐름 백만 달러를 이룬 사람'이 되고 싶다고 생각했다. 네 개의 초록색 집이 하나의 빨간색 호텔로 이어지고, 그것으로 내 현금흐름과 순자산을 늘어나게 할 수 있다는 사실을 알았다. 현금흐름 백만 달러를 이룬 사람이 되면 자산을 매각하지 않고도 부채를 활용할 수 있고, 합법적으로 세금을 덜 낼 수 있어서 순자산이 줄어들지 않는다.

자, 이제 무엇을 하고 싶은가? 어떤 종류의 백만장자가 되고 싶은가?

WHY THE
RICH
ARE GETTING
RICHER

차례

로버트 기요사키가 전하는 말 왜 톰 휠라이트인가?   ⋯⋯ *37*
서문 시장 폭락은 부자가 되는 기회   ⋯⋯ *40*
들어가며   ⋯⋯ *47*

PART 1 부자는 왜 더 부자가 되는가   ⋯⋯ *61*
───

   chapter 1 내 돈을 어떻게 해야 할까요   ⋯⋯ *63*
   chapter 2 왜 저축하는 사람은 패배자인가   ⋯⋯ *70*
   chapter 3 왜 부자들은 세금을 이용해 더욱 부자가 되는가   ⋯⋯ *90*
   chapter 4 왜 실수가 부자를 더 부자로 만드는가   ⋯⋯ *114*
   chapter 5 왜 폭락이 부자를 더 부자로 만드는가   ⋯⋯ *132*
   chapter 6 왜 부채가 부자를 더 부자로 만드는가   ⋯⋯ *152*

PART 2 왜 돈의 언어를 배워야 하는가   ⋯⋯ *171*
───

   chapter 7 금융 교육이 아닌 것은 무엇인가   ⋯⋯ *173*
   chapter 8 당신은 금융 문해력이 있는가   ⋯⋯ *191*

PART 3 진정한 금융 교육이란 무엇인가   ······ 215

chapter 9 왜 부자들은 모노폴리를 하는가   ······ 219
chapter 10 부자의 소득은 유령 소득이다   ······ 234
chapter 11 돈의 주인이 되는 방법   ······ 265
chapter 12 플랜 B가 있는가   ······ 290
chapter 13 어떻게 가난에서 벗어나는가   ······ 310

PART 4 포르쉐 경제학   ······ 327

chapter 14 어떻게 포르쉐가 당신을 더 부자로 만드는가   ······ 329

나오며   ······ 345
후기   ······ 348
밀레니얼 세대에게 보내는 메시지   ······ 349
보너스 섹션   ······ 351
저자에 대하여   ······ 383
어드바이저에 대하여   ······ 386

왜 톰 휠라이트인가?

봉급생활자라면 아마도 공인회계사가 필요하지 않을 수도 있다. 공인회계사가 봉급생활자나 그들의 세금을 위해 할 수 있는 일은 거의 없다. 세상에는 똑똑한 공인회계사도 있고, 멍청한 공인회계사도 있다. 용기 있는 공인회계사도 있고, 배짱 없는 공인회계사도 있다. 톰은 '용기 있고 똑똑한 공인회계사'다. 부자가 되고 싶다면 톰처럼 똑똑한 공인회계사가 곁에 있어야 한다.

젊은 시절 톰 휠라이트는 아버지의 인쇄 사업체에서 미지급금 담당 계산원으로 일하며 회계 분야에서 경력을 쌓기 시작했다. 고등학교 졸업 후 톰은 프랑스 파리에서 모르몬 교회 선교 사업을 하며 리더십 기술을 배웠고, 9개월간 선교부 회장의 재정 비서로서 프랑스 북부 지역 선교사 175명의 회계 업무를 담당했다.

톰은 선교 사업을 마치고 유타대학교에 진학하여 전공인 회계학과 부전공인 프랑스어 학사 학위를 취득했다. 그는 회계법인 두 곳에서 근무했는데, 한 곳에서는 회계 업무를 맡았고, 다른 한 곳에서는 세무 신고서 작성 업무를 담당했다. 이후 톰은 오스틴에 있는 텍사스대학교에서 세무학을 전공하고 전문 회계학 석사 학위를 받았다. 그는 또한 텍사스대학교 재학 중 그 지역의 한 회계법인에서 세무 신고서 작성 업무를 담당했다.

텍사스대학교를 졸업한 후, 톰은 유타주 솔트레이크시티에 있는 8대 회계법인 중 하나인 언스트앤위니Ernst & Whinney에서 일했다. 2년 후, 그는 워싱턴 D.C.에 있는 미국 세무부에 합류했다. 그는 세무부에서 3년 동안 근무하면서 미국 전역의 공인회계사 수천 명을 대상으로 하는 교육 과정을 신설해 강의를 맡았으며, 고객인 부동산, 석유, 가스 기업들의 복잡한 세무 문제를 처리했다.

톰은 미국 세무부의 피닉스 지사로 자리를 옮겨 그곳에서 부동산 세무 업무를 담당했다. 2년 후, 그는 당시《포춘》선정 500대 기업 중 하나였던 피나클 웨스트 캐피탈의 사내 세무 자문으로 입사했다. 4년 후에는 또 다른 국제 공인회계법인 프라이스워터하우스Price Waterhouse에 입사하여 피닉스 지사의 주 및 지방 세무 서비스 담당 이사로 일했다.

프라이스워터하우스에서 근무한 후 톰은 자신의 회계법인을 열기로 결심했다. 두 명의 고객으로 시작한 그의 회사는 5년 만에 피닉스에서 상위 50위 안에 드는 회계법인 중 하나가 되었다. 그 후 톰의 회사인 프로비전ProVision은 애리조나주 상위 20위권의 회계법인 중 하나로 성장하여 미국 50개 주와 세계 6개 대륙 30개 이상의 국가에 있는 고객들의 복잡한 세무 문제를 처리하고 있다. 톰은 혁신적인 세무 전략을 수립하여 프로비전의 고객들이 정기적으로 세금을 10~40퍼센트 이상 절감할 수 있도록 했다. 톰은《택스 어드바이저The Tax Adviser》,《저널 오브 파트너십 택세이션The Journal of Partnership Taxation》,《어카운팅 투데이Accounting Today》 등에 글을 기고하는 뛰어난 자문가이자, 베스트셀러인『세금에서 자유로운 부자되기』의 저자이기도 하다.

시장 폭락은 부자가 되는 기회

시장이 폭락할 때 어떻게 기요사키 부부는 더욱 부자가 되었는가

— 톰 휠라이트

나는 2002년 1월에 로버트와 킴을 처음 만났다. 그 전 달에 나와 내 동료인 앤은 이 두 사람을 고객으로 둔 회계법인을 인수했다. 당시 나는 그들에 대해 별로 알지 못했다. 2001년 11월 초에 친구인 조지가 리치 대드 컴퍼니The Rich Dad Company의 최고 재무 책임자로 합류했다는 소식을 내게 알려 왔다. 그리고 우리가 인수한 그 회계법인의 고객이자 또 다른 친구인 킴도 기요사키 부부에 대해 이야기해 주었다.

하지만 로버트와 킴을 몇 년 동안 실제로 알고 지낸 후에야 비로소 나는 그들의 천재성을 이해하기 시작했다. 그들은 베스트셀러 책을 쓴 평범한 부부가 아니라, 자신들이 가르친 모든 것들을 실천하는 아주 특별한 부부였다. 그들은 책을 통해서만 알려 주는 것이 아니라 자신들의 삶을 통해 교훈을 알려 주었다. 그들은 부자가 왜 더욱 부자가 되는지, 어떻게 하면 자신의 방식과 정체성을 잃지 않고 부자와 유명인의 대열

에 합류할 수 있는지를 진정으로 알고 있었다.

로버트와 킴 기요사키의 특별한 점은 아무도 모르는 것을 그들만 알고 있다거나 혹은 사람들에게 돈 버는 방법을 알려 주고 부자가 되어 유명해졌다는 것이 아니다. 로버트와 킴의 특별한 점은 스스로가 자신들이 가르치는 것의 진정한 본보기라는 점이다. 이 책의 모든 내용은 그들의 삶을 기반으로 한다. 나는 지난 15년 동안 그들의 공인회계사로 일해 왔기 때문에 이 사실을 너무도 잘 알고 있다. 나는 그들이 돈을 버는 모습도 지켜보았고, 돈을 잃는 모습도 지켜보았다. 나는 그들이 스스로 믿지 않는 일을 하거나 혹은 해 보지 않은 것을 가르치는 모습을 본 적이 없다.

이러한 진정성, 존재에 대한 이러한 진실성이야말로 나를 비롯한 많은 이들이 기요사키라는 이름에 가장 매료되는 부분이다. 나는 그들과 함께 전 세계를 다녔다. 우리는 유럽, 아시아, 아프리카, 호주, 남미, 미국과 캐나다를 함께 여행했다. 우리는 에스토니아, 폴란드, 모스크바, 키이우, 시드니, 멜버른, 요하네스버그, 알마티, 비슈케크, 헬싱키, 런던, 도쿄, 상하이에서 청중들과 만났다. 나는 그들이 거리에서 사진을 찍거나 사인을 요청하는 사람들 모두에게 호의적으로 말을 건네는 모습을 지켜보았다. 키이우의 출입국 관리소에서 한 청년이 로버트에게 사인을 요청하자 사인뿐만 아니라 그와 함께 사진을 찍어 주던 모습이 생각난다. 모스크바 거리에서는 로버트를 멈춰 세운 한 여성이 로마에서 열리는 그의 행사에 참석할 것이라고 얘기하는 동안, 그녀의 이야기를 진지하게 듣던 그의 모습도 기억에 남는다.

이 책은 로버트와 킴이 들려주는 이야기의 정수를 담고 있다. 이것은 그 누구도 따라올 수 없는 진정한 성공담이지만, 너무나 단순하다 보니 마치 마법처럼 보일 지경이다. 로버트와 킴은 금융의 기본 원칙을 깨닫고, 이를 성실하게 실천하여 큰 성공을 거두었다. 이 책은 낮은 가격에 매수하고 높은 가격에 매도하는 이야기, 교육에 관한 내용과 시장 폭락에 대비하는 방법을 다루고 있다. 엄청난 반대에도 불구하고 그들은 아무도 말하려 하지 않던 진실을 밝히기 위해 끊임없이 헌신했다.

로버트와 킴의 이야기는 이들이 첫 데이트를 하던 날부터 시작되었다. 로버트는 킴에게 인생에서 무엇을 이루고 싶은지 물었다. 그녀는 첫 데이트에서 그런 심오한 질문을 받게 되어 약간 당황했지만, 본인의 사업을 하고 싶다며 친절하게 답했다. 그녀는 봉급생활자로도 살아 보았지만 성공적이지 않았기 때문에 더 이상 그 길은 가고 싶지 않았다. 그녀는 자신이 사업가가 되면 훨씬 더 잘할 수 있으리라 생각했다. 그러나 당시 이 대답이 어떤 결과를 가져올지는 전혀 알 수 없었다.

이후 결혼 1주년 기념일(아니면 그녀의 생일)에 로버트는 킴에게 매우 특별한 선물을 주었다. 다이아몬드 반지나 팔찌를 준 것은 아니었다. 그는 그녀를 회계 수업에 등록시켰다. 로버트는 킴이 사업에서 성공하려면 회계를 배워야 한다고 생각했기 때문이다.(더 많은 사람들이 배우자에게 회계 수업을 선물로 주었으면 좋겠다!)

로버트와 킴은 돈에 대해 배우는 여정을 떠났다. 로버트는 부자 아빠라고 부르는 친구의 아버지로부터 많은 것을 배웠다. 그리고 멘토인 버크민스터 풀러로부터 더 많은 것을 배웠다. 하지만 그가 가장 많은 것을 배운 곳은 시련이라는 학교였다. 서퍼용 지갑을 만들어 파는 그의 첫 번째 사업은 빠르게 성공했지만, 마찬가지로 빠르게 실패로 돌아갔다. 로버트는 두 번째 사업인 록 스타 이벤트용 티셔츠와 야구 모자 사업에서 더 큰 성공과 더 큰 실패를 겪게 되었고, 그가 킴을 만날 당시에는 80만 달러가 넘는 빚더미에 오른 상태였다. 따라서 우리는 킴이 돈 때문에 로버트와 결혼한 것이 아니라는 점을 알 수 있다.

내 경험에 비춰 보면, 큰 성공을 거둔 기업가들은 모두 큰 실패도 겪었다. 스티브 잡스는 실패해서 자신이 세운 회사에서 해고당했다. 도널드 트럼프는 한때 8억 달러의 빚을 짊어지고 탈출구를 찾지 못한 상태에 빠지기도 했다. 실패의 경험은 이런 기업가들에게 교육과 경험, 그리고 계속 나아갈 힘을 선사하는 듯하다.

로버트와 킴에게 경험과 교육은 값을 매길 수 없을 만큼 소중한 것이었다. 20세기 후반 들어 첫 번째 큰 폭락이 1989년과 1990년에 일어났을 당시, 그들은 준비가 되어 있었다. 그들은 부동산과 회계를 공부했고, 사업에 필요한 교훈을 배웠다. 그래서 미국 저축대부조합 파산 사태에도 대응할 수 있었다. 그들은 준비가 되어 있었고, 부동산을 낮은 가격에 사들였다. 몇 년 만에 부동산을 통한 수입이 지출을 훨씬 넘어섰다. 아무도 그들을 부자라고 부르지 않았지만, 그들은 재정적으로 자유로웠다. 그들은 매달 약 1만 달러의 수동적 소득passive income이 생겼으며,

지출은 매달 약 3000달러에 불과했다. 그들은 다른 사람들에게도 이 방법을 알려 줘야겠다고 결심했다.

그래서 그들은 애리조나주 비즈비Bisbee에 있는 작은 집에서 자신들이 돈에 대해 배운 교훈들을 알려 주는 게임을 만들고 '캐시플로 101'이라는 이름을 붙였다. 게임을 판매하려면 홍보 책자가 필요했다. 로버트의 임무는 홍보 책자를 만드는 일이었다. 부자 아버지와 인생의 교훈을 통해 깨달은 원칙들을 써내려 가던 그는 8쪽짜리 홍보 책자에 이것들을 모두 담을 수 없다는 사실을 알게 되었다. 이런 이유로 그는 132쪽 분량의 책을 써냈고 『부자 아빠 가난한 아빠』라는 제목을 붙였다.

『부자 아빠 가난한 아빠』의 출간은 로버트와 킴이 폭락을 기회로 이용한 두 번째 사례였다. 이 책은 1997년에 출간되었다. 선뜻 출판하겠다는 곳이 없었기 때문에 로버트와 킴은 이 책을 자비로 출판했다. 이 책은 네트워크 마케터들이 가정 기반 사업home-based businesses을 홍보하는 도구로 채택하면서 큰 인기를 끌었다. 하지만 본격적으로 인기를 끌기 시작한 것은 오프라 윈프리가 2000년 4월에 로버트를 자신의 쇼에 게스트로 초대하면서부터였다.

당시는 닷컴 버블 붕괴 직후였기 때문에 타이밍이 완벽했다. 『부자 아빠 가난한 아빠』는 6년 이상 《뉴욕타임스》 베스트셀러에 올랐다. 로버트와 킴은 미국뿐만 아니라 전 세계 대중의 마음을 사로잡았다. 수백만 명이 평생 저축한 돈을 잃고 있을 때, 로버트와 킴은 금융 시장에 대한 대안, 즉 자신의 삶과 돈, 미래를 통제하는 방법을 알려 주었다.

로버트와 킴은 『부자 아빠 가난한 아빠』의 인세로 편하게 지낼 수도 있었지만 그렇게 하지 않았다. 스스로 그들의 핵심 원칙을 저버리고 세계의 금융 문해력을 높인다는 사명에 반하고 싶지 않았기 때문이었다. 그들은 더 많은 책을 썼고, 더 많은 세미나를 진행했고, 더 많은 인터뷰를 하면서 자신들이 배운 모든 내용을 아낌없이 공유했다.

2002년 로버트는 『부자 아빠의 미래 설계*Rich Dad's Prophecy*』을 썼다. 이 책에서 그는 2016년 무렵 큰 폭락이 일어날 것이며, 그 전에 작은 규모의 폭락이 몇 차례 발생할 것으로 전망했다. 2005년에는 CNN에 출연해 다가올 부동산 폭락을 예측했다. 로버트의 예측대로 2008년과 2009년에 부동산과 주식 시장이 모두 폭락을 겪었다.

로버트는 CNN에 전화해서 "내 말이 맞죠?"라고 으스댈 수도 있었다. 하지만 그는 그렇게 하지 않고 킴과 함께 수백만 명의 다른 사람들에게 알려 줬던 방식대로 위기를 기회로 이용하느라 바빴다. 그들은 시장가격이 떨어졌을 때 수백만 달러어치의 부동산을 매입했다. 오늘날 그들은 아파트, 호텔, 골프장 등 수천 개의 부동산을 소유하고 있다. 이 모든 것은 자신들이 설파한 교훈을 실천하고 폭락에 대비하며 다가올 기회를 활용할 준비가 되어 있었기 때문에 가능했다.

이 책은 폭락에 대비하는 방법, 폭락을 식별하는 방법, 폭락을 통해 이익을 얻는 방법 등 폭락에 관한 모든 것을 담고 있다. 폭락은 가난하고 교육 수준이 낮은 사람들에게 치명적이기 때문에 누구도 시장이 폭락하는 것을 원하지 않는다. 하지만 그 누구도 폭락을 막을 수는 없다.

폭락은 정부가 시장을 떠받치기 때문에 발생한다. 폭락은 어느 한 사람이 통제할 수 없는 여러 사건에서 비롯된다. 대통령조차도 폭락을 막을 수 없다.

다가올 폭락에 대한 대응과 이에 대한 대비는 앞으로 몇 년 동안의 재정적 미래를 결정짓는 중요한 요소가 될 것이다. 선택은 여러분의 몫이다. 이 책에서 소개하는 금융 교육을 통해 스스로 준비하겠는가? 다가오는 폭락에서 이익을 얻는 데 필요한 행동을 취할 준비가 되었는가? 그렇게 하는 사람만이 폭락의 영향으로부터 안전할 것이다. 사람들은 대부분 폭락으로 인해 큰 타격을 입는다. 반면에 소수는 수백만 달러를 가진 부자가 된다. 이제, 여러분은 어떤 사람이 되겠는가?

들어가며

옛날 옛적에는…… 그저 학교에 다니고, 일자리를 구하고, 열심히 일하고, 돈을 저축하고, 집을 사고, 빚을 갚고, 주식 시장에 장기 투자하고, 그렇게 행복하게 살기만 하면 되었다.

그런 동화 같은 이야기는 끝났다

빈부 격차가 커지는 주된 이유 중 하나가 바로 이런 동화 같은 이야기 때문이다. 간단히 말해서, 이런 이야기를 따르는 사람들은 부자와 가난한 사람 사이에 벌어진 틈으로 빠지고 있다. 이 동화를 여전히 믿고 있는 사람들은 오늘날 재정적으로 어려움을 겪고 있을 가능성이 높다.

이웃집 백만장자?

1997년에 『부자 아빠 가난한 아빠』가 처음 출간되었다. 연락한 출판사 중 어느 한 곳도 내가 하는 말을 이해하지 못했기 때문에 우리는 책을 자비로 출판했다. 나의 부자 아버지가 들려준 교훈들의 대부분이 그때에는 이해하기 어려운 것들이었던 것 같다. 당시 『부자 아빠 가난한 아빠』는 오늘날 우리가 겪고 있는 다가올 경제 위기에 대해 경고하고자 쓰였다. 그리고 나는 "집은 자산이 아니다."와 "저축하는 사람은 패배자다."라고 말했다는 이유로 비난을 받았다. 하지만 이제 시대가 바뀌었다.

기억하겠지만, 1997년에는 주식 시장이 호황이었고, 일자리가 넘쳐났다. 1996년에 출간된 『이웃집 백만장자』가 가장 인기 있는 책이었다. 『이웃집 백만장자』는 "학교에 다니고, 일자리를 구하고, 돈을 저축하고, 빚에서 벗어나 행복하게 살았다."라는 동화를 따르는 사람들에 관한 이야기였다. 간단히 말해서, 1996년에는 부자가 되는 일이 쉬웠고 거의 모든 사람이 부자가 되었다.

'이웃집 백만장자'는 대학 교육을 받았고, 좋은 일자리가 있었으며, 괜찮은 차를 몰았다. 가치가 오르는 집을 소유하고 있었고, 퇴직 연금이나 개인연금을 통해 주식 시장에 돈을 투자했었다. 살기 좋은 세상이었으며, 백만장자가 되는 일도 쉬웠다. 아메리칸 드림은 현실이었다.

부자 아빠의 경고

1996년 연방준비은행 의장 앨런 그린스펀은 당시 주가가 급등하는 상황에서 투자자들의 이성을 잃은 과도한 낙관론을 경고했다. 그는 사람들이 부를 쉽게 얻을 수 있다는 맹목적인 믿음을, 마치 술에 취해 정신없이 흥분한 상태에 비유하며 '비이성적 과열irrational exuberance'이라고 표현했다.

1997년에는 『부자 아빠 가난한 아빠』가 출판되었다. 이 책의 메시지는 『이웃집 백만장자』와 정반대였다. 나의 부자 아버지는 직업적인 안정, 저축, 소득 수준에 맞는 생활, 경제적인 자동차 운전, 빚에서 벗어나기, 주식 시장에서의 장기 투자 같은 것들을 믿지 않았다.

세상이 변했는데……

2000년에는 닷컴 버블이 터졌고, 9/11 테러로 인해 우리 주변에서도 테러가 일어날 수 있다는 사실이 알려졌으며, 2007년에는 부동산 거품이 꺼지고, 2008년에는 미국의 대형 은행들이 무너졌다. 금리는 1퍼센트 밑으로 떨어졌고 저축한 사람들은 손해를 보게 되었다. 유가 폭락으로 석유 기반 경제가 흔들렸고, 테러와의 전쟁이 격화되었다. 그리스, 이탈리아, 스페인이 어려움을 겪으면서 유럽 연합은 압박에 시달리게 되었다. 주식 시장이 최고조에 달하면서 부자들은 더욱 부유해졌지만, 가난한 노동 계층과 중산층은 더욱 가난해졌다. 오늘날 세계는 역사상 가장 혹독한 경제 위기를 겪고 있다.

오늘날 젊은이들의 재정 상태

오늘날 많은 '이웃집 백만장자'들은 실직 상태에 놓여 있으며 그들의 집은 '이웃의 압류 주택'이 되었다.

오늘날 젊은이들은 학교를 졸업한 후, (대부분은 엄청난 학자금 대출이라는 부채를 짊어진 채) 신화 같은 고소득 일자리를 찾지 못하고 있다. 현재 미국의 학자금 대출 부채는 1조 2000억 달러로, 이는 미국의 신용카드 부채보다 더 큰 규모다. 이들은 충분한 소득을 얻지 못하고 학자금 대출을 갚느라 집을 살 수 없는 상황이다. 학생들과 대학 졸업생들은 여전히 부모의 집에서 살고 있다.

많은 교육받은 젊은이들이 일자리를 구하더라도 자신의 능력을 제대로 펼치지 못하는 일을 하고 있다. 젊은이들이 귀중하고 의미 있고 도전적이며 실제적인 업무와 사업 경험을 쌓지 못하는 상황은 우리의 미래를 위협하는 또 다른 시한폭탄이라 하겠다.

위기에 처한 저축과 연금

오늘날 저축하는 사람들은 패배자다. 저축이자율은 사상 최저 수준이며 일본, 스웨덴, 유로존은 마이너스 금리를 기록하고 있다.

연금도 마찬가지다. 사적이든 공적이든 대부분의 연금 계획은 연금 가입자의 저축에 대해 7.5퍼센트 수익률로 운영된다. 미국에서 가장 큰 규모의 공무원 퇴직 연금인 캘리포니아 공무원 연금 시스템CalPERS은 2퍼센트 미만의 자기 자본 수익률로 운영되고 있다. 이는 곧 수백만 명의 공무원 연금이 손실을 보고 있다는 의미다.

사회보장 연금과 의료보험은 적자에 허덕이고 있다. 조만간 또 다른 대규모 납세자 구제금융이 시작될지도 모른다.

다가오는 로봇의 시대

설상가상으로 로봇이 등장하고 있다. 마틴 포드는 자신의 저서『로봇의 부상』에서 학교에 다니고 안정적인 직장을 얻는다는 동화 같은 이야기가 어째서 망상인지를 설명한다. 설사 여러분이 의사라고 할지라도 내일이 아니라 오늘 당장 로봇으로 대체될 수도 있다.

세계에서 가장 부유한 나라들은 인간을 대체할 로봇과 기술을 개발하기 위해 경쟁하고 있다. 맥도널드 직원들도 곧 일자리를 잃겠지만, 언론인, 교사, 변호사, 의사, 회계사와 같은 전문직 종사자들의 미래 또한 밝지만은 않다. 마틴 포드가 전하는 이야기는 저임금 국가로 일자리가 이동한다는 것이 아니라 인간의 노동이 로봇으로 대체된다는 내용이다. 그는 미국이 이제 다시 제조업 분야에서 저임금 국가와 경쟁할 수 있다고 말한다. 그러나 안타깝게도 인간의 노동력이 아닌 로봇으로 경쟁하게 될 것이다. 분명한 메시지는 대량 실업이 도래했다는 것이다.

새로운 미국 대통령

2016년 도널드 트럼프는 압도적인 표차로 미국 대통령에 당선되었다. 많은 이들이 트럼프의 행보를 두려워한다. 반면에 많은 이들이 그에게 투표한 이유는 쇠퇴하는 도시와 높아지는 실업률이라는 고통을 알고 있기 때문이다. 나는 변화를 대표하는 트럼프에게 투표했다. 나는 많은 것들이 바뀌어야 한다고 생각한다.

도널드 트럼프는 나의 친구다. 우리는 두 권의 책을 함께 썼다. 여성,

인종, 종교에 대한 그의 즉흥적이고 무례한 발언에 눈살을 찌푸릴 때도 있었지만, 내가 겪어 보니 그는 좋은 사람이고 훌륭한 부모이자 훌륭한 지도자다.

그의 세 자녀는 대단한 젊은이들이다. 킴과 나는 그들의 결혼식에 초대받기도 했다. 그의 참모진은 수십 년 동안 그와 함께 일해 온 강하고 주체적이며 의지가 분명한 여성들로 구성되어 있다. 그의 아내 멜라니아는 아름답고 우아하며 5개 국어를 구사할 뿐만 아니라 자신이 가진 생각을 잘 표현한다. 나의 아내 킴은 도널드 트럼프가 여성을 대하는 방식 때문에 그를 존경한다.

도널드 트럼프와 나는 동화 같은 이야기의 발단인 '학교에 다닌다.'라는 것에 대한 걱정 때문에 책을 함께 쓰기로 했다. 우리는 둘 다 교육자이고, 둘 다 '부자 아버지'를 두었으며, 오늘날 미국 교육의 질에 대해 우려한다는 공통점이 있었기에 책을 공동 집필하기로 했다. 우리는 모든 학생에게 진정한 금융 교육을 제공해야 한다고 믿는다.

미국과 전 세계가 재정적 어려움을 겪고 있는 상황에서 트럼프 대통령은 어렵고 힘든 일을 헤쳐 나가야 한다. 그도 역시 오늘날 동화 같은 이야기는 끝났다는 사실을 잘 알고 있다.

왜 이 책을 읽어야 하는가

이 책은 『부자 아빠 가난한 아빠』의 대학원 버전이다. 이 책은 진정한 금융 교육이 무엇이며 왜 부자들이 더 부자가 되는지 설명한다. 부자와 빈곤층, 중산층의 차이는 교육에 있지만, 안타깝게도 학교에서 배우는 그런 교육은 아니다.

진정한 금융 교육에는 약간의 금융 역사가 포함되어야 한다. 이번 금융위기는 그냥 발생한 사건이 아니라 연방준비제도와 미국 세금 제도가 만들어진 1913년 이후 100년 이상 곪아 온 것이다. 이 책에서는 이 금융위기의 역사를 간략하게 살펴볼 것이다. 이런 위기를 초래한 역사적 사건들을 이해하면, 동화 같은 이야기를 계속 믿고 있는 '이웃집 백만장자'가 오늘날 재정적 어려움을 겪고 있는 이유를 이해할 수 있을 것이다. '이웃집 백만장자'는 나의 가난한 아버지와 매우 비슷하다.

수년 동안 아무도 공장이 해외로 이전하는 것에 대해, 더 나아가 고임금의 일자리가 해외로 떠나고 있다는 사실에 신경 쓰지 않았다. 수년 동안 아무도 미국 전역에서 쇠락하고 있는 도시들에 신경 쓰지 않았다. 수년 동안 금융계, 정치계, 학계 엘리트들은 쇠락하고 있는 미국의 여러 지역과는 무관하게 잘 살았다. 버니 샌더스 상원의원은 이 점을 잘 이해했기에 민주당 예비선거에서 힐러리 클린턴을 거의 이길 뻔한 것이다. 도널드 트럼프도 이 점을 이해했고, 이것이 오늘날 그가 미국 대통령이 된 이유이기도 하다.

여러분을 구해 줄 사람은 누구인가

내가 우려하는 점은 트럼프 대통령이 자신을 구해 주리라고 믿는 사람들이 너무나 많다는 사실이다. 도널드 트럼프는 훌륭한 사람이지만 슈퍼맨은 아니기 때문에, 스스로 의지가 없는 사람을 구제할 수는 없을 것이다.

도널드 트럼프와 나는 버니 샌더스 등의 인물들이 주장하듯이 사람들에게 '물고기를 주어야 한다.'는 믿음에 동의하지 않는다. 도널드 트럼프와 나는 사람들에게 '물고기를 잡는 법을 가르쳐야 한다.'고 믿는다. 나는 사람들에게 낚시하는 법을 알려 주고자 첫 번째 책인『부자 아빠 가난한 아빠』를 썼다.

첫 번째 경고: 진정한 교육

이 책『부자는 왜 더 부자가 되는가』는『부자 아빠 가난한 아빠』의 고급 버전으로 리치 대드 학생들을 위한 대학원 과정이라고 할 수 있다. 아직『부자 아빠 가난한 아빠』를 읽지 않았다면 그 책을 먼저 읽어 보기를 권한다. 이 책은 리치 대드 학생들, 즉『부자 아빠 가난한 아빠』의 원리와 교훈에 이미 익숙한 사람들을 위한 내용을 담고 있다. 모든 '부자 아빠 시리즈'와 마찬가지로, 나는 이 책도 최대한 간단하게 쓰려고 노력했다. 물론 이 책은 간단하지만, 부자가 하는 일은 쉽지 않다.

돈의 90/10 규칙

90/10 규칙이라는 돈의 규칙이 있다. 이 규칙은 사람들의 10퍼센트가 돈의 90퍼센트를 번다는 것을 말한다. 이 책과『부자 아빠 가난한 아빠』는 돈의 90/10 규칙에 대한 책이다.

다행인 점은 진정한 금융 교육을 받으면 거의 모든 사람이 돈의 90퍼센트를 버는 10퍼센트에 속할 수 있다는 것이다. 상위 10퍼센트에 속하기 위해 명문 대학에서 비싼 대학 교육을 받을 필요는 없다는 점을 이 책을 통해 확인할 수 있다. 실제로 스티브 잡스, 마크 저커버그, 월트 디즈니 등 세계에서 가장 부유한 사람들 가운데 상당수는 대학을 졸업하지 않았다.

이제 여러분은 결정하기만 하면 된다. 진정한 금융 교육을 받을 마음의 준비가 되었는가? 만약 여러분이 쉽게 포기하는 성향이 있거나 열심히 해 볼 마음이나 공부할 의지가 없다면, 이 책은 여러분에게 아무런 도움도 되지 않을 것이다. 인생은 쉽게 흘러가야 한다고 생각하고 정부가 자신을 돌봐 줘야 한다고 믿는 사람에게 이 책은 결코 아무런 도움이 되지 않을 것이다.

다시 말하지만, 이 책은 학교에서 알려 주지 않는 진정한 금융 교육을 다룬다.

두 번째 경고: 세금

2012년 버락 오바마 대통령이 공화당 대선 후보였던 미트 롬니 주지사를 이길 수 있었던 여러 이유 중 하나가 바로 세금 문제였다. 버락 오바마는 소득세로 30퍼센트를 납부했다고 밝혔지만, 미트 롬니는 2000만 달러가 넘는 소득에 대해 14퍼센트 미만의 세금을 납부했다는 사실이 알려지면서 롬니의 지지율은 하락하기 시작했고 결국 오바마가 승리하게 되었다.

도널드 트럼프는 세금 신고 내역을 공개하지 않아 상대 후보의 애를 태웠다. 그런 전략이 현명했는지 혹은 교활했는지는 세금을 바라보는 여러분의 관점에 달려 있다. 이 책은 세금을 바라보는 관점을 진지하게 다룬다. 세금 납부가 즐겁고, 좀 더 많은 세금을 내고 싶은 사람에게는 이 책이 적합하지 않을 것이다. 미트 롬니와 도널드 트럼프 같은 사람들이 어떻게 수백만 달러를 벌고도 세금은 별로 내지 않았는지 알고 싶은 사람이라면, 이 책은 큰 도움이 될 것이다.

세금은 공평할까

사람들은 대부분 세금이 공평하지 않다고 믿는다. 그러나 세금을 더 잘 '이해'하는 데 도움이 되는 진정한 금융 교육이야말로 정말로 공평하지 않다. 사실 세법은 모두를 위한 것이다. 세법을 유리하게 활용할 수 있는 진정한 금융 교육을 받는다면 누구나 세금을 적게 낼 수 있다.

세금은 논란의 여지가 있는 매우 뜨거운 주제이기 때문에, 나는 이 책을 집필하면서 개인 세무 자문가인 톰 휠라이트에게 세무 관련 주제에 대한 조언을 부탁했다. 톰은 이제껏 만난 사람 중에서 가장 똑똑하고 영리하며 부지런한 공인회계사다. 부자가 더욱 부자가 되는 이유 중 한 가지는 톰과 같은 자문가가 그들을 안내하기 때문이다.

문제는 톰 휠라이트와 같은 자문가가 할 수 있는 일이 제한되어 있다는 사실이다. 진심으로 수백만 달러를 벌면서 세금을 적게 내거나 혹은 아예 내지 않고자 한다면 부자들처럼 행동해야 한다. 톰이 '이웃집 백만장자'를 돕기 위해 할 수 있는 일은 거의 없다.

세 번째 경고: 그렇게 할 수 없어요You Can't Do This

톰 휠라이트를 포함한 리치 대드 자문가들은 전 세계를 돌아다니며 이 책에 담긴 교훈을 가르치고 있다. 그때 미국 전역의 도시들을 비롯해 우리가 방문하는 곳이라면 어디에서나 "여기서는 그렇게 할 수 없어요."라고 말하는 사람들을 만나곤 한다. 그런 사람은 '이웃집 백만장자'처럼 의사, 변호사, 회계사 또는 재정 자문가인 경우가 대부분이다.

이 책을 읽는 여러분도 어쩌면 "여기서는 그렇게 할 수 없어요."라고 말할지 모르겠다. 사람들이 그렇게 말하는 이유는 진정한 금융 교육을 받지 못했기 때문이다.

톰 휠라이트는 종종 우리가 방문하는 국가의 공인회계사를 무대 위로 초대하여 우리가 가르치는 내용이 해당 국가에서도 가능한지 검증한다. 그럴 때조차도 사람들은 "여기서는 그렇게 할 수 없어요."라고 주장한다. 그렇지만 사실은 '그들이' 할 수 없는 것이다. 이 책에 나와 있는 진정한 금융 교육이 없다면, 의사, 경영학석사, 변호사, 심지어 공인회계사라 할지라도 부자들이 하는 일을 할 수 있는 사람은 아무도 없다고 단언한다.

아래의 그림은 우리가 알려 주는 것들을 할 수 없다고 말하는 사람을 잘 보여 주는 사분면이다.

"여기서는 그렇게 할 수 없어요."라고 말하는 사람들은 대부분 봉급생활자employee를 뜻하는 E 사분면에 속하거나, 소규모 사업가small business owner, 의사나 변호사와 같은 전문직 종사자specialist, 부동산 중개인, 웹 디자이너, 미용사와 같은 자영업자self-employed를 뜻하는 S 사분면에 속한다.

이 그림을 다시 살펴보면 사람들 대부분이 "여기서는 그렇게 할 수 없어요."라고 말하는 반면, 일부 사람들은 그렇게 할 수 있는 이유를 더 잘 알 수 있을 것이다.

B 사분면은 대기업big business, 즉 직원이 500명 이상인 기업을 의미한다. 그리고 I 사분면은 전문 투자자investor를 나타낸다.

대부분의 E와 S는 '이웃집 백만장자'처럼 투자한다. 이들은 주식, 채권, 뮤추얼 펀드, ETF에 투자하는 개인 투자자들이다. 반면 전문 투자자는 직접 투자하거나 대규모로 투자하는 사람들이다. "그렇게 할 수 없어요."라고 말하는 사람들은 종이 쪼가리에 투자하는 E와 S 사분면에 속한 이들이다.

이 책은 B와 I 사분면에 속하는 사람들이 실제로 알고 실천하는 것들을 다루고 있다. 여러분이 진정한 금융 교육에 투자할 의지만 있다면, B와 I 사분면의 사람들처럼 할 수 있다. 그렇게 한다면 여러분은 부자들이 더욱 부자가 되는 이유를 진정으로 깨달은 소수의 사람 중 한 명이 될 것이다.

90/10 클럽 가입하기

B와 I 사분면에 속하기 위해 요구되는 일을 할 의향이 있다면, 전체 수익의 90퍼센트를 벌어들이는 상위 10퍼센트인 90/10 클럽에 가입할 수 있다. 비록 자격이 된다고 해도 상위 10퍼센트에 합류할 의향이 없다면 "여기서는 그렇게 할 수 없어요."라고 말하는 사람들의 무리에 합류하는 수밖에 없다.

사람들이 "여기서는 그렇게 할 수 없어요."라고 말하는 이유는 실제로 그렇게 시도하는 것보다 도전을 뒤로 미루는 편이 더 쉽기 때문이다. 부유하든 가난하든, 고등교육을 받았든 받지 못했든, 실제로 시도해보려는 사람이라면 누구나 이 책의 도움을 받을 수 있다.

* * *

로버트는 공화당원도 민주당원도 아니다.
그는 무소속 유권자이자 금융 교육을 옹호하는 사람이다.
인류의 재정적 웰빙을 고양하는 것,
그것이 리치 대드 컴퍼니의 미션이다.

WHY THE
RICH
ARE GETTING
RICHER

PART 1

부자는 왜
더 부자가
되는가

동전의 다른 면을 보라

모든 동전에는 앞면과 뒷면, 그리고 옆면이라는 세 개의 면이 있다. 지능은 동전의 양면을 모두 보면서 동시에 옆면도 볼 수 있는 능력이라고 할 수 있다.

이 책의 1부에서는 '부자'라는 동전의 한 면에 초점을 맞춘다. 그리고 세금이 빈곤층과 중산층을 더 가난하게 만들지만 다른 한편으로는 동일한 세법이 부자들을 더 부유하게 만드는 이유를 살펴본다. 이 점에 있어서는 부채도 마찬가지다. 부채는 빈곤층과 중산층을 더 가난하게 만드는 반면 부자들은 더욱 부유하게 만든다.

1부를 읽고 나면 동전의 옆면에 서서 양쪽 면을 모두 이해하고 어느 쪽이 더 나은지 결정할 수 있을 것이다.

chapter 1

내 돈을 어떻게 해야 할까요

가난한 아빠: 나는 돈에 관심이 없다.
부자 아빠: 만약 네가 너의 돈에 관심을 두지 않는다면, 다른 사람들이 네 돈에 관심을 가지게 된다.

내가 자주 듣는 질문 하나가 있다.

"제게 1만 달러가 있는데, 이 돈을 어떻게 해야 할까요?"

세계 각지에서 셀 수도 없을 만큼 많은 이들이 나에게 이런 질문을 한다. 모두가 마법의 알약 같은 쉬운 정답을 찾고 있다. 1,000달러에서 250만 달러까지 그 금액은 다양했지만, 결국 내가 받은 질문의 내용은 항상 같다. "내 돈을 어떻게 해야 할까요?"

그러면 나는 이렇게 대답한다.

"제발 '나는 돈에 대해 아무것도 모릅니다.'라고 떠벌리지 마세요. 당신의 돈을 어떻게 해야 할지 모르겠다고 하면, 그 답을 알려 줄 사람은 천지에 널렸습니다. 그들 대부분은 이렇게 말할 겁니다. '그 돈을 저에게 주세요'라고."

작은 그림과 큰 그림

주머니에 있는 돈을 어떻게 할지 결정하는 것은 당신의 금융 퍼즐을 완성하는 데 필요한 마지막 조각이자 '작은 그림'이다. 하지만 이 책은 퍼즐 전체를 살펴보기 위해 '큰 그림'을 다루고 있다. 따라서 이 책을 읽고 나면 당신에게 가장 적합한 퍼즐 조각이 어떤 것인지 결정할 수 있게 될 것이다. 부자 아버지가 자주 말씀하셨듯이, "재정적인 천국에 도달하는 방법에는 여러 가지가 있다."

중산층과 빈곤층은 더욱 가난해진다

전 세계가 돈을 찍어 내고 있다. 우리의 돈은 독과 같다. 오늘날 돈은 불안정해서 세계 경제에 불안을 초래한다. 독과 같은 돈이 점점 늘어날수록 부유층과 빈곤층, 중산층 사이의 격차는 더욱 벌어진다.

부자들이 점점 더 부유해지는 또 다른 이유는 빈곤층과 중산층이 '작은 그림'에 집중하기 때문이다. 사람들은 대부분 '열심히 일하고 세금을 내고 저축하고 집을 사고 빚에서 벗어나고 주식 시장에 투자하라.'고 배웠다. 부모님과 선생님, 금융 전문가들 대부분이 여러분에게 요구하는 것들이 그러하기 때문이다. 하지만 이러한 것들은 작은 그림에 맞는 실천 방법들이다.

월스트리트의 역설

세계 최고의 부자 중 한 명이자 세계에서 가장 똑똑한 투자자라고 할 수 있는 워런 버핏은 금융 전문가에 대해 이렇게 얘기했다. "롤스로이스를 타는 사람이 지하철을 타는 사람에게 조언을 구하는 곳은 월스트리트밖에 없다."

이에 대해 부자 아버지는 이렇게 얘기했다.

"중산층이 경제적으로 힘들어하는 이유는 부자가 아니라 영업사원의 조언을 듣기 때문이다."

영업사원은 생활비를 벌기 위해서 반드시 무언가를 팔아야 한다. 그들은 돈이 필요하다. 아무것도 팔지 못하면 굶어야 한다. 따라서 "나는 만 달러를 가지고 있는데 금융에 대해서는 아무것도 모릅니다. 어떻게 할지 알려 주세요."라고 온 세상에 떠벌리는 것은 어리석은 짓이다.

워런 버핏은 또 이렇게 말했다. "보험이 더 필요한지 보험 영업사원에게 절대로 묻지 말아라. 그들은 항상 '그렇다'라고 대답하기 때문이다." 버핏은 이를 잘 알고 있었다. 그가 미국 최대 자동차 전문 보험회사 중 하나인 가이코GEICO의 소유주이기 때문이다. 그는 보험을 판매하는 영업사원을 고용한 갑부다.

금융상품 영업사원에게 금융 교육을 얼마나 받았는지 물어보자. 정직한 사람이라면 "그다지 많이 받지 않았다."고 답할 것이다. 돈에 관한 책을 몇 권이나 읽었는지 물어보면 마찬가지로 그다지 많이 읽지 않았다는 답을 들을 것이다. 이제 그들에게 부자인지 물어보라. 일하지 않고도 먹고사는 데에 문제가 없는지 물어보라.

인간 대 원숭이

몇 년 전에 원숭이와 주식 투자 전문가들 사이에 수익률 대결이 펼쳐진 적이 있었다. 원숭이는 기업의 이름이 적힌 다트판에 다트를 던져서 주식 종목을 골랐다. 주식 투자 전문가들은 자신들의 교육, 훈련, 지적 능력을 활용하여 회사의 가치를 분석한 후에 종목을 선정했다. 결과는 원숭이의 승리였다.

고액 연봉을 받는 패배자들

2015년 3월 12일, 《씨엔엔머니CNN Money》는 다음과 같은 기사를 실었다.

"활동 중인 대형 펀드 매니저 중 무려 86퍼센트가 벤치마크의 수익률을 넘지 못했다."

고학력, 고임금의 전문가들도 시장을 이길 수는 없었다. 이 기사는 이어서 다음의 내용도 언급했다. "이런 상황은 어쩌다 한 번 벌어진 실수가 아니다. 지난 5년 동안 약 89%의 펀드 매니저들이 벤치마크(기준 지수)보다 낮은 수익률을 기록했고, 지난 10년 동안에는 82%의 펀드 매니저들이 벤치마크보다 저조한 성과를 보였다고 S&P는 밝혔다."

다시 말해, 원숭이가 무작위로 S&P 500 지수 펀드를 선택했더라도 5년 동안 90퍼센트, 10년 동안은 80퍼센트의 주식 투자 전문가들보다 높은 성과를 달성했을 것이란 뜻이다. 이처럼 원숭이도 고액 연봉을 받는 주식 투자 전문가들을 이길 수 있다면, 여러분도 그들을 이길 수 있을 것이다.

S&P 500도 돈을 잃는다

원숭이가 S&P 500으로 인간을 이길 수 있다고 해서 S&P 500이 돈을 번다는 이야기는 아니다. 원숭이와 S&P 500도 돈을 잃는다. 아래 도표에서 볼 수 있듯이 S&P 500도 여러 번의 부침을 겪었다.

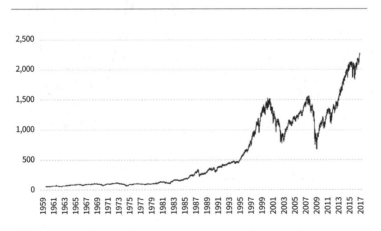

S&P 500 지수 차트(1960년 1월 4일~2016년 12월 30일)

출처: FedPrimeRate.com | S&P 500 Index History

그렇다면 왜 굳이 장기 투자를 하는가? 왜 시장이 폭락할 때 돈을 잃는가? 분산 투자로는 손실을 막을 수 없다. S&P 500 자체가 다양하게 분산된 500개 주식 종목으로 구성된 조합이기 때문이다.

워런 버핏마저도……

2000년에 시작된 폭락에서 워런 버핏의 회사 버크셔 해서웨이도 S&P 500보다 월등히 뛰어난 성과를 내지는 못했다.

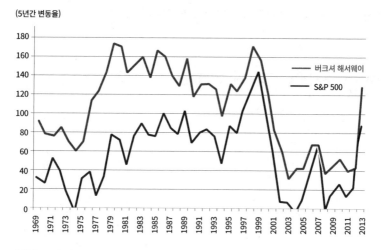

버크셔 해서웨이 vs S&P 500 (5년 주가수익률)

(5년간 변동율)

출처: Business Insider

다음에 올 폭락에서는 어떤 상황이 벌어질지 자못 궁금하다.

> Q: 워런 버핏이 S&P 500의 수익률을 넘지 못했다는 말인가? 그도 돈을 잃었다는 이야기인가?
>
> A: 차트에서 보다시피 그렇다.
>
> Q: 그러면 누가 그를 따라 투자하는가?
>
> A: "내 돈을 어떻게 해야 할까요?"라고 묻는 사람들이 그럴 것이다.
>
> Q: 돈을 잃은 사람들은 어떡해야 하나? 그 사람들이 불쌍하지도 않은가?
>
> A: 당연히 불쌍하다. 내가 왜 강의하고 책을 쓰고 금융 보드게임을 만들겠는가? 나도 빈털터리가 된 적이 있었기 때문에 돈을 잃은 그 기분을 잘 알고 있다. 재정적인 어려움을 겪는 사람들을 보면 마음이 아프다.

워런 버핏도 손실을 볼 수 있다고 하니, 전문가들에게 돈을 맡기기 전에 자신의 금융 교육에 투자해야 하겠다는 생각이 들지 않는가? 원숭이도 전문가를 이길 수 있는 마당에 당신이라고 그러지 못할 이유가 없지 않은가?

chapter 2

왜 저축하는 사람은 패배자인가

가난한 아빠: 저축이 현명한 방법이다.
부자 아빠: 저축하는 사람은 패배자다.

1971년 8월 15일은 오늘날 벌어지는 금융위기가 '공식적으로 시작'된 날이었다. 이날은 리차드 닉슨 대통령이 '금본위제 폐지'를 선언하면서 금과 달러의 연결고리가 끊어진 날이었다.

문제는 돈이야, 바보야

1971년 8월 15일은 미국이 돈을 '찍어 내기' 시작한 날이었다.

1971년 8월 15일은 부자들이 점점 더 부유해지고 빈곤층과 중산층들은 점점 더 가난해지는 상황이 '공식적으로' 시작된 날이었다.

1971년 8월 15일은 저축하는 사람이 '패배자'가 된 날이었다.

부자는 돈을 위해 일하지 않는다

『부자 아빠 가난한 아빠』는 1997년 4월 8일에 공식 출간되었다. 원고를 받아 본 후 "당신은 자신이 무슨 말을 하는지 모르는군요."라고 말하던 일부 출판사를 포함해 한결같이 이 책의 출판을 거절하는 바람에 우리는 이 책을 자비로 출간해야 했다. 출판사들은 돈에 관한 부자 아빠의 교훈들, 그중에서도 특히 다음과 같은 부자 아빠의 첫 번째 교훈에 동의하지 않았다.

"부자들은 돈을 위해 일하지 않는다."

부자 아빠의 첫 번째 교훈은 부자 아빠가 알려 주는 금융 교육의 초석이다. 부자들이 돈을 위해 일하지 않는 이유는 여러 가지가 있지만, 그중 한 가지 이유는 세금이다. 부자 아버지는 종종 이렇게 얘기했다. "돈을 위해 일하는 사람들이 가장 높은 비율의 세금을 낸다."

부자들이 돈을 위해 일하지 않는 가장 큰 이유는 1971년 이후 미국 달러가 더 이상 돈의 역할을 하지 않았기 때문이다. 미국 달러는 명목 화폐fiat currency가 되었다.

> Q: 명목 화폐가 무엇인가?
>
> A: 명목 화폐란 가치가 없는 돈이며, 정부령government decree을 제외하고는 가치 있는 어떤 것으로도 뒷받침되지 않는다.
>
> Q: 정부령이란 무엇인가?
>
> A: 간단히 말해서, 정부가 종이 한 장을 돈, 즉 법정 통화라고 선언한 법령을 말한다. 예를 들어, 사람들은 세금을 해당 국가의 명목 화폐로 납부해야 한다. 세금을 금이나 닭으로 낼 수는 없다.
>
> Q: 명목 화폐의 어떤 점이 문제인가?
>
> A: 정부는 징수한 세금보다 더 많은 금액을 지출하는 경향이 있다. 그들은 항상 지킬 수 없는 약속을 한다. 따라서 정부는 청구 비용을 지불하기 위해 명목 화폐를 찍어 내는데, 그럴수록 그 명목 화폐의 가치는 점점 떨어지게 된다.
>
> Q: 그러면 내가 더 열심히 일하더라도 형편은 더 나빠지는 것인가?
>
> A: 바로 그렇다.
>
> Q: 명목 화폐는 쓸모없어지는가?
>
> A: 정부 관료들이 돈을 벌 줄은 모르고 그저 돈을 쓸 줄만 알기 때문에, 결국 모든 명목 화폐는 쓸모없어지게 된다.

프랑스 철학자 볼테르Voltaire(1694년~1778년)는 다음과 같이 말했다.

"종이 화폐는 결국 본연의 가치인 0으로 돌아갈 것이다."

미국 달러화가 금으로 뒷받침되던 때에는 돈을 계속 찍어 내기가 어려웠다. 미국 달러화가 더 이상 금으로 뒷받침되지 않게 되면서 윤전기가 달러를 찍어 내기 시작했고, 저축하는 사람들은 패배자가 되었다.

돈에는 독성이 있다

1971년 이후 미국 달러는 독성을 띠게 됐다. 1971년 미국 달러화는 미국 납세자들의 부채, 즉 차용증이 됐다. 납세자가 불평하지 않는 한 윤전기는 계속 달러를 찍어 냈다. 독성이 있는 돈을 찍어 내는 것은 술에 취한 뱃사람에게 술병을 쥐여 주는 격이었다. 알코올 중독자가 술을 마시면 기분이 좋아지는 것처럼, 비록 독성이 있긴 하지만 돈도 마찬가지였다.

1971년부터 2000년까지 29년 동안 세계는 축제 분위기에 휩싸였다. 그러나 불행하게도 이제 축제는 끝났다.

축제의 끝이 다가온다

다음 도표는 30년간의 축제를 잘 보여 준다.

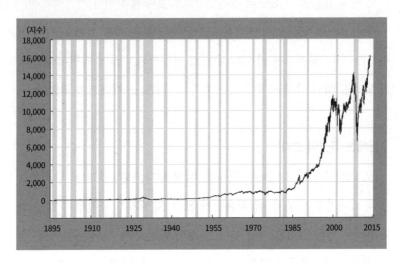

120년간 다우존스 산업평균지수 DJIA

도표의 음영 부분은 미국 경제의 침체기를 의미한다.

출처: FRED-Federal Reserve Economic Data

위의 도표에서 볼 수 있듯이, 21세기가 시작되던 2000년을 전후로 축제의 불꽃이 잦아들기 시작했다.

세 번의 거대한 폭락

21세기 초반 10년 사이에 세계는 세 차례 거대한 시장 폭락을 겪었다. 먼저 2000년 발생한 닷컴 붕괴, 2007년 서브프라임모기지 사태로 불리는 부동산 시장 붕괴에 이어 2008년에는 주식 시장 폭락이 뒤따랐다.

시장이 폭락할 때마다 미국 정부와 연방준비은행은 경제가 무너지지 않기를 바라며 윤전기를 돌려 더 많은 돈을 찍어 냈다.

부자는 왜 더 부자가 되는가

Q: 그럼 1971년에서 2000년 사이의 호황은 인쇄된 돈에 의해 만들어
   졌단 말인가?

A: 그렇다.

Q: 그럼, 이제 축제는 끝났는가?

A: 그렇다.

Q: 그런데도 여전히 돈을 찍어 내고 있는 것인가? 돈을 더 많이 찍어
   내 경제를 살릴 수 있기를 바라는 것인가?

A: 그렇다. 그래서 저축하는 사람을 패배자라고 하는 것이다.

오늘날 저축이자율은 0에 가깝거나 그 이하다. 다시 한번 말하지만,
저축하는 사람은 패배자들이다.

아이러니하게도, 오늘날 은행에는 돈이 너무 많다. 하지만 사람들은
점점 가난해지고 있다. 그 이유는 우리의 돈에 독성이 있기 때문이다.
돈은 사람들을 더 가난하게 만들고 있다. 돈을 위해 일하고 돈을 저축
하는 사람들은 점점 더 고통받고 있다.

왜 저축하는 사람은 패배자인가

1976년에는 누구나 돈을 모아서 부자가 될 수 있었다.

예를 들어, 100만 달러의 저축액이 있다고 해 보자.

저축액 100만 달러 × 이자 15% = 연간 15만 달러

1976년에는 연간 15만 달러로도 잘 살 수 있었다.

현재에는 상황이 완전히 다르다.

저축액 100만 달러 × 이자 2% = 연간 2만 달러

그만큼 돈의 가치가 떨어졌다.

그리고 지금은 2퍼센트 이자도 높다.

인플레이션 대비 이자율을 살펴보자. 인플레이션이 5퍼센트라면 당신은 연간 3퍼센트의 손실을 보고 있는 셈이다. 정부가 돈을 계속 찍어내기 때문에 이러한 인플레이션은 피할 수 없다. 게다가 전 세계 국가의 30퍼센트 정도는 마이너스 금리를 적용하고 있다.

> Q: 내 돈을 은행에 맡기면서 보관료도 내야 하는가?
>
> A: 그것이 마이너스 금리의 의미다.
>
> Q: 은행에서 내 돈에 대한 보관료를 청구한다면 누가 은행에 돈을 저축하겠는가?
>
> A: 나도 잘 모르겠다. 말도 안 되는 상황이다.

부자들이 부자가 되는 이유 중 하나는 부자들이 부채를 사랑하기 때문이다. 부자들은 부채를 이용해 부자가 되는 법을 알고 있다.

나에게 저금리란 "돈을 빌리러 오세요. 돈이 할인 중입니다."라고 외치는 상황이나 마찬가지다.

부자 아빠의 미래 설계

2002년에 『부자 아빠의 미래 설계』가 출간되었다. 부자 아버지는

2016년을 전후로 세계 역사상 가장 큰 시장 붕괴가 발생할 것으로 예측했다. 그는 또한 2016년경에 발생할 최대 규모의 시장 붕괴에 앞서 몇 차례의 큰 폭락이 먼저 일어날 것이라고 내다봤다.

> Q: 그러면 2000년, 2007년, 2008년에 발생한 폭락들이 그것들인가?
>
> A: 그렇다.
>
> Q: 어떻게 그의 예측이 그렇게 정확할 수 있었는가?
>
> A: 여러 가지 이유가 있다. 가장 큰 이유는 정부가 비용을 감당하기 위해 돈을 찍어 낸 것이 이번이 처음이 아니었기 때문이다.

역사에서 배우는 교훈

중국인들이 처음으로 종이돈을 찍어 냈다. 종이돈, 즉 지폐가 최초로 광범위하게 유통되던 시기는 중국 당나라(서기 618년~907년) 시대였다. 지폐는 인도, 페르시아, 일본 등으로 퍼져 나갔으나, 무역이 중단되고 사람들이 지폐를 받지 않게 되면서 지폐도 금세 사라지게 되었다.

> Q: 사람들은 왜 최초의 지폐를 받지 않았는가?
>
> A: 정부가 항상 너무 많은 돈을 찍어 내기 때문이다. 오늘날의 정부도 똑같은 일을 하고 있다.

로마제국이 붕괴한 이유 중 하나도 전쟁 비용을 충당하기 위해 농민들에게 부과하기 시작한 세금이었다. 세금 징수로 전쟁 비용을 충당할

수 없게 되자 로마의 황제들은 주화의 가치를 절하하였다. 주화의 평가
절하가 그들에게는 돈을 찍어 내는 또 다른 방법이었다.

> Q: 평가절하란 무엇을 의미하는가?
>
> A: 금이나 은 같은 귀금속에 니켈과 구리 같은 비금속을 섞어서 동전의
> 가치를 떨어뜨렸다는 뜻이다. 그러자 곧 사람들은 더 이상 주화의
> 가치를 믿지 않게 되었다.

1964년에 미국도 똑같은 일을 벌였는데, 이런 이유로 미국의 은화 동
전 가장자리가 구릿빛을 띠고 있다.

돈을 찍어 내는 미국

미국의 독립 전쟁 와중에 조지 워싱턴 대통령은 '콘티넨탈Continental'이
라는 화폐를 찍어 내기 시작했다. 콘티넨탈의 가치가 0이 되자 군인들
은 전투를 중단했다. 이후 "콘티넨탈만큼의 값어치도 없다."라는 표현
이 남아 오늘날에도 여전히 사용되고 있다.

남북 전쟁 당시에도 남부 연합은 북부와 싸우기 위해 돈을 찍어 냈다.
남부 연합이 찍어 낸 돈도 곧 휴짓조각이 되었다.

> Q: 부자 아버지는 역사를 바탕으로 예측한 것인가?
>
> A: 그렇다. 금융 교육에는 반드시 금융의 역사가 포함되어야 한다. 역
> 사를 통해 미래를 내다볼 수 있기 때문이다.

뉴욕 양키스의 전설적인 야구선수 요기 베라Yogi Berra는 다음과 같이 말했다:

"또다시 데자뷔déjà-vu다."

오늘날 세계 각국의 정부가 돈을 찍어 내면서 우리의 돈은 점점 더 독성을 띠게 되었다.

> Q: 왜 돈을 찍어 내는 것인가?
> A: 경제가 무너지는 것을 막기 위해서다.

다음의 도표를 다시 살펴보자.

120년간 다우존스 산업평균지수 DJIA

도표의 음영 부분은 미국 경제의 침체기를 의미한다.

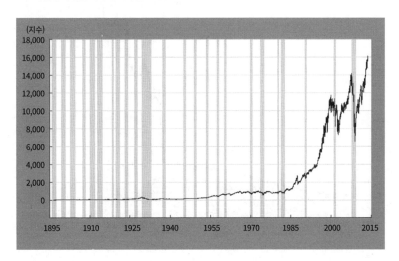

출처: FRED-Federal Reserve Economic Data

닉슨 대통령이 금본위제를 폐지했던 1971년 이후 곡선이 급격히 우상향하는 모습을 확인할 수 있다. 찍어 낸 돈이 미국과 세계 각국의 경제에 바람을 불어넣어 거품을 만들었다.

2000년에는 그 거품이 빠지기 시작했다. 폭락을 막기 위해 정부는 더 많은 돈을 찍어 냈다. 2007년이 되자 부동산이 폭락하면서 거품이 다시 한번 터졌고, 그 후 2008년에는 은행들이 무너졌다. 그러면서도 윤전기는 계속 돌아갔다.

통화 발행량과 연방준비은행의 통화 기반 확대

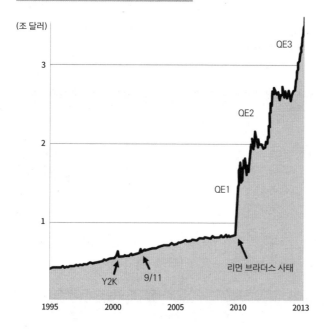

Q: 세계 경제가 붕괴할 수도 있다는 말인가?

A: 그렇다. 2008년 이후 미국 재무부와 함께 미국 연방준비은행이 세계 역사상 가장 큰 규모로 화폐를 찍어 내기 시작했는데, 이를 '양적완화Quantitative Easing'라고 부른다.

이것이 정부가 돈을 찍어 낼 때 명목 화폐에 발생하는 현상이다.

연방준비은행이 탄생한 1913년부터 닉슨 대통령이 금본위제 폐지를 선언한 1971년 사이에 미국 달러화의 가치는 90퍼센트 가까이 하락했다. 다음 도표를 보라.

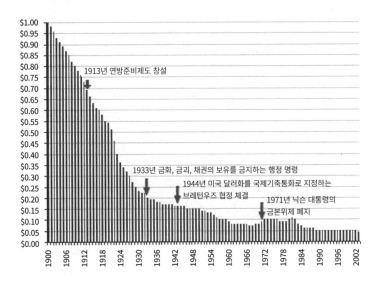

미국 달러화의 구매력(1900년~2002년)

출처: Financial Sense

미국 달러화는 1971년에서 2016년 사이에 또 한 번 구매력의 90퍼센트를 잃어버렸다.

> Q: 그럼 부자들이 더욱 부자가 되고 중산층은 더 가난해지는 진짜 이유가 우리의 돈 때문이란 말인가?
>
> A: 그렇다. 빈부 격차가 발생하는 이유로는 크게 네 가지가 있다. 하나씩 살펴보도록 하자.

1. 세계화

일자리는 임금이 더 낮은 국가로 이동한다. 공장의 소유주가 바로 부

일자리는 어디로 움직이는가 (1999년 이후 누적 변화량)

2000년대에 들어 미국에 본사를 둔 다국적 기업들은 해외의 일자리를 늘리고 미국 내의 일자리는 줄였다.

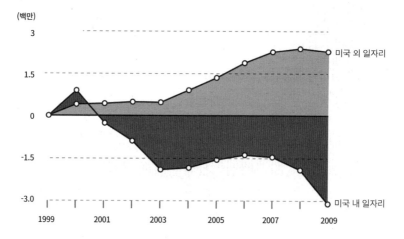

출처: Wall Street Journal

자들이기 때문에, 더 낮은 임금으로 직원들을 고용할 수 있게 되면 그들은 더 부유해지게 된다.

2. 기술

만약 돈을 위해 일하는 노동자가 더 많은 돈을 요구한다면, 진취적인 기술자는 그 노동자를 대신할 로봇, 혹은 소프트웨어, 또는 인공지능AI을 만들 것이다. 수당이나 휴가가 필요 없는 로봇들은 일년 내내 24시간 일할 수 있다.

중산층 소득 가구 수의 감소 추이

연간 중위 소득 가구의 비율을 보면, 중위 소득의 50퍼센트에서 150퍼센트 사이에 속하는 미국 가구의 비율은 1970년의 50.3퍼센트에서 2010년 42.2퍼센트로 감소했다. 1970년대 이후로 중산층의 소득이 정체되었을 뿐만 아니라 중산층 소득 가구의 비중 또한 점차 감소했다는 것을 알 수 있다.

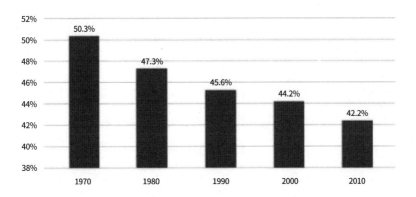

출처: Alan Krueger

3. 금융화

돈 찍어 내는 과학인 금융화의 정의를 알아 두면 이해에 도움이 될 것이다. 금융화란 금융 시장, 금융 기관, 금융 엘리트들이 경제 정책과 경제 성과에 더 큰 영향력을 갖게 되는 과정이다. 금융화는 금융 기관, 시장 등이 그 규모와 영향력을 증대시키는 과정이다. 금융화는 일반적으로 금융공학financial engineering으로도 알려져 있다.

가장 명석한 금융공학자들이 '파생상품'이라는 프랑켄슈타인의 괴물들을 만들고 있다. 이런 프랑켄슈타인 박사의 괴물 중 하나가 바로 서브프라임모기지Subprime Mortgage였는데, 이 상품은 '아메리칸 드림'을 구매할 여유가 없는 사람들에게 팔렸다. 이 금융공학자들은 이런 위험한 담보 대출 상품들을 재설계하고 프라임prime 등급으로 평가하여 전 세계에 '자산'으로 판매했다.

워런 버핏은 이러한 파생상품을 '금융계의 대량살상무기'라고 불렀다. 그는 파생상품들이 얼마나 치명적인지 알았던 듯하다. 무디스는 이런 위험 자산들을 '프라임', 즉 최고 등급으로 평가했다.

2007년, 대량살상무기들이 터지기 시작했다. 세계 경제가 거의 무너져 버릴 정도로 큰 타격을 받았다. 하지만 납세자들은 보너스를 받는 은행가들을 감옥으로 보내지 않고 구제해 주었다.

4. 도둑 정치Kleptocracy

도둑 정치는 정경 유착된 족벌 자본주의Crony capitalism라고도 한다. 이 책의 첫 페이지에 등장한 이 만화를 기억하는가?

어느 것이 진정한 수혜인가?

제도에 기대어 살아가는 무임승차자들을 좀 보세요!

사회보장 연금: 평생 납부하고 겨우 연간 1만 4000달러로 근근이 생활

미 의회 의원들이 받는 혜택: 무상 의료 서비스, 막대한 연금, 유급 휴가 67일, 무제한 병가 등

도둑 정치에 대한 정의는 여러 가지가 있다.

- 국가 자원을 착취하고 횡령하는 정부 또는 국가(한 명 또는 다수의 도둑에 의한 통치)
- 지도자들이 스스로 부유해지고 강력해지기 위해 나머지 사람들의 부를 착복하는 사회

오늘날에도 도둑 정치는 미국뿐만 아니라 전 세계적으로 만연하고

있다. 부패는 정부, 스포츠, 교육, 사업, 심지어 종교계에서도 만연한
다. 오늘날 미국의 수도인 워싱턴 D.C.에서 D.C.가 '부패 구역District of
Corruption'을 의미한다고 생각하는 사람도 많다. 금융화 또한 도둑 정치
없이는 일어날 수 없다.

5. 베이비붐의 붕괴

1946년과 1964년 사이에 태어난 베이비붐 세대Baby boomers는 1971년
부터 2000년까지 호황기의 대부분을 이끌어 왔다. 그러나 안타깝게도
베이비붐 세대는 더 이상 아기baby가 아니다. 이들은 이제 '노인'이 되었
고, 이들의 소비 전성기도 끝났다. 이들의 맥맨션McMansion은 이제 매물
로 나올 것이다.

"인구 통계는 운명이다."라는 말이 있다. 『부자 아빠의 미래 설계』의
내용은 대부분 베이비붐 세대의 인구 통계를 기반으로 한다. 이 세대의
소득과 지출이 최고조에 달했던 시기는 지났다. 그러나 이들은 더 오래
살고 더 젊게 행동하면서 2050년까지는 세계 경제를 쥐락펴락하며 흔
들어 놓을 것이며, 대부분은 투자한 양보다 더 많은 금액을 받게 될 것
이다. 미국의 베이비붐 세대는 7500만 명에 달한다.

그다음 출생률이 급상승한 세대는 1981년과 1997년 사이에 태어난
밀레니얼 세대다. 2036년에는 미국 내에서 이들의 수가 8110만 명에
달할 것이다.

오래된 세계와 새로운 세계

서구 세계는 늙었지만, 새로운 세계는 젊다. 새로운 세계는 인도, 베트남, 중동, 남미, 아프리카, 동유럽과 같은 신흥 시장이다. 새로운 세계는 밀레니얼 세대의 세상이다. 이들은 기술에 정통하고 사이버 세상을 접하며 자랐다. 미국의 베이비붐 세대가 세상을 뒤흔들었던 것처럼, 새로운 세계의 밀레니얼 세대는 이미 세상을 뒤흔들고 있다. 테러, 대규모의 인구 이동, 우버Uber, 에어비앤비AirBnB, 사이버 전쟁이 그러한 변화의 시작이다.

성장의 종말

금융 전문가들의 말을 들어 보면, 항상 '성장'에 대해 이야기한다는 점을 알 수 있다. "경제가 성장한다."라는 말에서처럼 성장이라는 단어는 가슴을 뛰게 만들고 사람들을 흥분시킨다. 2008년 금융위기 이후, 전문가들은 계속 새로운 녹색의 새싹을 뜻하는 '그린슈트green shoot'에 대해 이야기하고 있는데, 이는 결국 그들이 새로운 성장을 찾고 있다는 뜻이기도 하다.

다음의 다우존스 지수 차트에서 2008년의 저점을 다시 한번 자세히 살펴보자. 2008년에는 저축하는 사람들이 정말로 패배자가 되었다. 그 해에 미국 연방준비은행은 세계 역사상 가장 큰 규모로 돈을 찍어 내기 시작했고, 그 윤전기는 아직 멈추지 않았다.

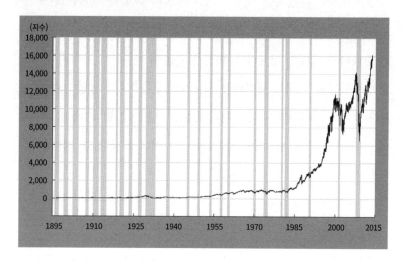

저축하는 사람들을 향한 버핏의 경고

2010년 9월, 워런 버핏은 저축하는 사람들을 향해 이렇게 말했다.

"내가 여러분에게 말하고 싶은 것은 바로 현금이야말로 최악의 투자라는 점이다. 모두가 '현금이 왕'이라는 등의 이야기를 하고 있지만, 현금은 시간이 지날수록 가치가 떨어질 것이다."

우리의 지도자들은 여전히 더 많은 녹색 새싹, 더 많은 성장을 바라고 있다. 그들은 더 많은 돈을 찍어 내면 경제를 구할 수 있으리라고 기대한다.

그 유명한 로스차일드 금융 가문의 로스차일드 경은 종종 이렇게 말하곤 했다.

"이것은 세계 역사상 가장 위대한 화폐 실험이다."

로스차일드 가문에 대해서는 꼭 알아 두길 바란다. 그들은 1760년대에 독일에서 현대의 국제 금융 시스템을 구축했다.

> Q: 정치인들이 우리를 구할 수 있을까?
>
> A: 그렇지 않다. 정치적인 것이 문제가 아니다. 로스차일드 은행의 설립자인 마이어 암셀 로스차일드Mayer Amschel Rothschild(1744년~1812년)는 다음과 같이 말한 것으로 알려졌다. "누가 한 나라의 법을 만드는지는 상관없다. 나에게 화폐 통제권을 준다면 법이야 누가 만들어도 상관없다."
>
> Q: 그렇다면 공화당이든 민주당이든 누가 워싱턴 정가를 장악해도 별 차이가 없다는 말인가? 부자들이 세상을 지배한다는 말인가?
>
> A: 그렇다. 항상 황금의 법칙을 기억하라. "황금을 가진 자가 규칙을 만든다."

부자 아버지는 내게 부자의 규칙에 따르라고 가르쳐 주셨다. 부자들이 따르는 돈의 규칙에 대해 자세히 알고 싶다면 이 책을 계속 읽어 보라.

chapter 3
왜 부자들은 세금을 이용해
더욱 부자가 되는가

가난한 아빠: 세금 납부가 곧 애국이다.

부자 아빠: 세금을 납부하지 않는 것이 애국이다.

2012년 미국 대통령 선거 당시 오바마 대통령은 30퍼센트의 소득세를 납부했다고 밝힌 적이 있다. 반면 그의 경쟁자인 미트 롬니 전 주지사는 13퍼센트의 소득세를 냈다고 말했다.

세금 문제는 미국 대통령 선거에 출마한 미트 롬니의 발목을 잡았다. 격분한 시민 수백만 명이 그를 교활한 사기꾼이라며 비난했다. '오바마는 나와 같은 부류'라고 믿은 수백만 명의 유권자들이 민주당 후보와의 유대감을 느끼며 오바마에게 투표했다.

'무지ignorance'라는 단어가 곧장 바보를 의미하는 것은 아니다. 무지의 어근은 '무시하다ignore'이며 무시한다는 것은 무언가를 적극적으로 알고 싶어 하지 않는다는 뜻이다. 메리엄-웹스터 사전에 따르면, 이 말들의 정의는 다음과 같다.

- 무지: 지식의 결핍
- 무시하다: 주의를 기울이지 않는다

우리는 세금이야말로 가장 큰 부담이 되는 지출 항목이라는 사실을 알고 있다. 하지만 사람들은 대체로 세금이라는 주제를 무시하려 한다. 그들은 '무지한 상태로 지내기'를 선택하고, 롬니 주지사처럼 돈을 벌고 세금은 덜 내는 '합법적인' 방법을 아는 사람들을 향해 분노를 표출한다.

금융 교육을 받지 않은 사람들은 세금에 대해 재정적으로 무지하다. 이런 부류 중 많은 이들이 "부자들에게 세금을 부과하겠다."라고 약속하는 정치인들에게 투표한다. 그러면서 그들은 왜 자신들의 세금이 계속 오르는지 궁금해한다. 문제는 세금이 아니라 정부의 지출이다.

세금은 부와 소득 불평등의 원인 중 하나다. 간단히 말해 부자들은 빈곤층이나 중산층보다 돈은 더 많이 벌면서 세금은 덜 내는 '합법적인' 방법을 안다. 부자들이 항상 똑똑한 것은 아니지만 그들은 적어도 그저 무지한 상태는 벗어나고자 한다.

세금에 대한 세금

소득세 외에도 세금의 종류는 다양하다. 세금에 붙는 세금도 있다. 한 사람이 1달러를 쓸 때마다 80퍼센트는 어떤 종류의 세금으로든 직간접적으로 공제되어 다시 정부로 돌아가는 것으로 추정된다.

예를 들어, 만약 여러분이 차에 휘발유를 채우기 위해 1달러를 사용했다고 가정해 보자. 그 1달러는 이미 세금이 부과되었다는 것을 의미하는 '세금 공제 후net after tax' 금액이며, 여러분이 휘발유 구매에 사용한 돈의 대부분은 이런저런 세금으로 나가게 된다. 석유 회사는 여러분이 휘발유를 구매하는 데 사용한 돈의 아주 작은 일부만 받을 뿐이다. 그리고 석유 회사는 자신들이 받는 그 작은 일부에 대한 세금을 납부한다. 결국 남는 건 고작 푼돈뿐이다!

우리 정치 지도자들에게도 금융 교육이 필요해 보인다는 점에 대해서는 많은 사람들이 동의할 것으로 생각된다. 그들 대부분은 나의 가난한 아버지처럼 돈을 쓸 줄은 알지만 돈을 벌 줄은 모르는 봉급생활자들이다. 결국 금융에 무지한 지도자들이 세계 경제 위기라는 커다란 문제의 핵심이다.

짤막한 역사 상식

세금과 관련된 두 가지 사례를 살펴보자.

1773년 보스턴 차 사건

세금 징수에 반발하여 발생한 조세 불복 시위로 미국 독립 전쟁의 도화선이 되었다. 1773년에는 '세금을 납부하지 않는 것'이 애국이었다.

남북전쟁과 같은 몇 가지 상황과 전쟁을 제외하면, 미국은 1773년부터 1943년까지 거의 세금이 없었거나, 있더라도 아주 낮은 세금만 납부하면 되는 나라였다. 당시에는 세금을 내지 않는 것이 애국하는 일이었다. 그렇게 미국은 호황을 누렸다.

1943년 미국 세금납부법Current Tax Payment Act

제2차 세계대전 당시 미국 정부는 전쟁을 치르기 위해 돈이 필요했다. 세금납부법은 전비를 충당하기 위한 '임시 세금'의 명목으로 의회를 통과했다.

이 법이 중요한 이유는 이 법을 근거로 근로자들이 급여를 받기도 전에 정부가 먼저 임금에서 세금을 직접 걷어 가는 것이 처음으로 허용되었기 때문이다. 그들이 우리 주머니에서 마음대로 돈을 빼낼 수 있게 된 것이다. 이것은 부자들이 돈을 위해 일하지 않는 또 하나의 이유이기도 하다.

1943년 이후, 정부는 봉급생활자들의 급여에서 점점 더 많은 돈을 빼갔다. 나는 1960년대 초에 처음으로 급여를 받았는데, 당시에 내 돈이 어디로 갔는지 궁금해했던 기억이 난다.

문제는 1943년의 세금납부법이 한시적인 법이 아니었다는 점이다.

현재 이 법은 항구법恒久法이며, 정부는 이제 합법적인 진공청소기로 여러분의 지갑에서 돈을 빨아들이고 있다.

전쟁이 계속되는 이유

우리가 정말로 세계 평화를 원한다면, 역설적으로 보일지라도 세금을 전쟁 비용을 치르는 데 사용하면 된다.

1961년 유럽연합군 사령관을 지낸 드와이트 D. 아이젠하워 대통령은 퇴임 연설에서 점차 세력이 커지는 군산복합체의 위험을 전 세계에 경고했다.

그 이후로도 미국은 계속 전쟁을 치르고 있다.

> Q: 미국은 왜 계속해서 전쟁을 치르고 있는가?
>
> A: 전쟁은 돈이 되기 때문이다. 전쟁은 일자리를 만들고 그 과정에서 많은 이들이 부자가 된다.

세금으로 치른 마지막 전쟁

5성급 육군 장성인 아이젠하워는 전쟁의 참상을 누구보다도 잘 알고 있었다. 그는 납세자들이 납부한 세금으로 전쟁을 치른 마지막 대통령이었다.

> Q: 전쟁을 치르기 위해 납세자의 세금을 사용했다는 것이 중요한 이유는 무엇인가?

A: 납세자들은 빨리 전쟁을 끝내라고 요구했다. 아이젠하워는 납세자들이 전쟁을 꺼리지 않더라도 더 높은 세금은 싫어한다는 사실을 알고 있었다. 이런 식으로 세금은 한국전쟁을 끝내는 데도 일조했다.

Q: 그렇다면 오늘날 전쟁 비용은 어떻게 치르는가?

A: 미국은 전쟁 비용을 세금이 아니라 부채로 충당한다. 결국에는 미래 세대가 오늘날의 전쟁에 대한 비용을 지불하게 될 것이다.

Q: 그래서 닉슨은 1971년에 금본위제를 폐지했는가? 미국이 베트남 전쟁에 너무 많은 돈을 쓴 탓인가?

A: 그것도 여러 이유 중 하나였다. 군산복합체는 우리가 이길 수 없는 전쟁에 돈을 썼다. 나도 그 전쟁에 참여했었던 사람이라 잘 알고 있다. 전쟁이 바보 같은 짓일지는 몰라도 한편으로는 돈이 되는 사업이다.

전쟁이 벌어지면 빈곤층과 중산층은 자식들을 전쟁터에 보내고 부자들은 더 부자가 된다. 나는 우리가 결코 끝날 수 없는 테러와의 전쟁에 처해 있다는 사실이 두렵다. 무고한 사람들이 죽어 가는 동안 양측의 부자들은 점점 부자가 되고 있다.

Q: 그럼 세금은 애국적일 수도 있고 비애국적일 수도 있는 것인가?

A: 그렇다. 그에 대한 답은 당신의 관점에 달려 있고, 또 금융 교육에 달려 있다.

오일머니

1974년 닉슨 대통령은 사우디아라비아 왕실과 협정을 맺었다. 그 내용은 전 세계 모든 석유는 미국 달러로 거래해야 한다는 것이었다. 이렇게 미국 달러는 '오일머니'가 되었다.

> Q: 그들은 왜 그런 협정을 맺었나?
>
> A: 왜냐하면 닉슨이 미국 달러와 금을 연동하는 금본위세 폐지를 선언한 1971년 이후 미국의 패권, 즉 미국 달러의 힘과 영향력이 위협받았기 때문이다. 전 세계가 석유를 사고팔 때 달러를 사용하도록 강제함으로써 미국과 달러화는 세계에서 그 위상을 되찾았다.

석유가 세계 경제의 원동력이라는 사실을 기억하자. 석유는 금을 대신해 돈의 역할을 한다. 일찍이 석유를 통제하던 나라들이 세계를 통제했다. 제2차 세계대전은 석유 때문에 일어난 전쟁이다. 미국이 일본의 석유 공급을 차단하자 일본은 미국을 공격했다. 베트남 전쟁도 석유 때문에 일어난 것이다. 미국은 베트남이 중국에 직접 석유를 파는 상황을 원하지 않았기 때문이다.

1999년에 출범한 유로화는 달러의 지위를 위협했다. 2000년에 사담 후세인은 유럽에 판매하는 이라크의 석유를 달러가 아닌 유로로 거래하겠다고 선언했다. 미국은 9/11 테러에 대한 대응이라는 명목으로 이라크를 공격했지만, 9/11 테러에서 확인된 테러리스트들은 대부분 사우디아라비아 출신이었다.

아프리카에서 석유 매장량이 가장 풍부한 리비아의 지도자 무아마르 카다피에게도 같은 일이 일어났다. 2011년 카다피는 새로운 금 태환 기반의 통화인 디나르 발행을 위해 아프리카와 이슬람권 국가들이 동참할 것을 제안했다. 디나르는 미국 달러를 제치고 석유를 사고파는 데 사용될 통화였다. 만약 그의 계획이 실행되어 디나르가 유통되었다면, 세계 중앙은행 시스템은 혼란에 빠졌을 것이다. 2011년 카다피는 사망했다.

오늘날 이슬람 테러 단체인 IS와 그 외의 테러 조직들이 전 세계를 혼란에 빠뜨리고 있다.

Q: 석유의 역사가 중요한 이유는 무엇인가?

A: 세금이다. 내가 받는 가장 큰 세금 감면 혜택 중 일부도 미국 석유 투자에서 나온다.

Q: 셰브론이나 엑손 같은 석유 회사에 투자한다는 말인가?

A: 그렇지 않다. 그런 종목들은 '수동적passive 투자자'를 위한 것이지만, 나는 '전문professional 투자가'이기 때문이다.

Q: 그럼 수동적 투자자들은 전문 투자가들이 받는 것과 같은 세금 감면 혜택을 받지 못하는 것인가?

A: 그렇다. 과세 규정이 다르다. 이 책을 읽다 보면 자세히 알 수 있을 것이다. 전문 투자가가 되려면 전문적인 세무 자문을 받는 것이 좋다.

Q: 석유에 투자하고 세금 감면 혜택을 많이 받는 것은 애국인가 비애국인가?

A: 내 의견은 중요하지 않은 것 같다. 당신은 어떻게 생각하는가?

석유 개발에 대한 세금 감면 혜택

모든 국가는 자국의 경제에 무엇이 중요한지 결정한다. 1960년대에 미국은 석유 독립이 미국 경제에 중요하다고 판단했다. 석유 탐사 및 시추를 장려하고자 미국 의회는 미국의 석유 탐사 및 시추에 투자한 사람들을 위해 두 가지 세금 감면 혜택 제도를 제정했다.

첫째는 투자자가 새로운 유정 시추에 투자한 금액의 100퍼센트를 공제할 수 있도록 허용하는 것으로, 이 중 약 80퍼센트는 개발 후 첫 1~2년 동안 공제된다. 이를 무형 시추 비용이라고 한다.

둘째는 투자자가 시추로 인한 소득의 85퍼센트만 신고할 수 있도록 한 것이다. 이러한 세금 감면 혜택을 비율감모상각percentity depletion 공제라고 한다. 이러한 두 가지 세제 혜택이 결합해 미국의 석유 및 가스 개발 프로젝트에 투자하는 동기를 부여하여 미국 납세자가 사실상 모든 탐사 및 시추 활동에 대해 미국 정부와 협력하는 효과를 만들어 낸다.

회계사라고 모두 같은 것은 아니다

이 책에서 톰 휠라이트의 역할은 굉장히 중요하다. 나는 여러 사람을 만나 보았지만, 톰은 내가 만난 공인회계사 중 가장 똑똑한 공인회계사이자 세무 전략가다.

어떤 공인회계사들은 정말 어리석기 짝이 없다. 오래전 사업 초창기에 나는 어떤 상당히 유명한 공인회계사에게 "어떻게 하면 세금을 덜 낼 수 있을까요?"라고 물어본 적이 있다. 그의 대답은 이랬다. "돈을 적게 벌면 됩니다."

꽤 유명한 회계법인의 또 다른 공인회계사는 이렇게 조언하기도 했다. "당신은 부동산이 너무 많군요. 부동산을 팔고 주식, 채권, 뮤추얼 펀드 등에 돈을 넣는 것이 좋겠습니다."

그가 이렇게 조언했던 때가 2006년이었다. 만약 그 회계사의 충고를 따랐다면, 나는 아마 2008년에 완전히 망했을 것이다.

어리석은 선택을 피하는 법

메리엄 웹스터 사전에 따르면, '어리석다^{stupid}'라는 말의 정의는 다음과 같다.

- 미련하고 둔하다
- 현명하지 못한 결정을 내린다

'어리석다'의 동의어로는 '둔하다', '바보 같다', '미련하다' 등이 있다.

나는 나 자신이 어떤 면에서는 어리석다는 사실을 알고 있다. 우리 모두 그렇듯이 나도 어리석은 결정을 내리기도 한다. 세금에 관해서라면 나는 정말 어리석다. 그래서 나는 이런 세무 전문가들에게 비용을 지불하고 전문적인 자문을 구한다.

나의 부자 아버지와 꾸준한 금융 교육이 아니었다면 나는 공인회계사들의 어리석은 충고를 따랐을지도 모른다. 이것은 부자들이 점점 더 부자가 되는 또 다른 이유다. 부자들에게는 빈곤층과 중산층보다 더 똑똑한 자문가들이 있다.

Q: 그럼 자문가가 똑똑한지 어리석은지 어떻게 알 수 있는가?

A: 우선 나 자신이 똑똑해져야 한다. 나쁜 조언과 좋은 조언을 구분할 수 없으면 아무 조언이든 따르게 된다.

공정하게 말하면 공인회계사 같은 자문가는 나의 교육 수준과 경험에 맞는 조언만 해 줄 수 있다. 예를 들어, 내가 자동차를 운전할 수 없다면 레이싱 훈련이 필요한 것이 아니라 먼저 자동차 운전부터 배워야 한다.

더 나은 자문을 얻으려면

톰 휠라이트는 오랜 나의 개인 자문가다. 톰은 인생과 사업이라는 경주로에서 나의 안내자가 되어 주었다. 톰은 나와 킴이 수백만 달러를 벌고 수백만 달러의 세금을 아낄 수 있도록 해 주었다. 그는 우리의 가장 훌륭한 스승이라고 할 수 있다.

내가 이런 말을 꺼낸 이유는 톰이 이런 일들을 하려면 내가 먼저 준비되어 있어야 했다는 점을 밝히기 위해서다. 내가 먼저 내 역할을 하지 않았다면 그도 나에게 도움을 줄 수 없었을 것이다.

나는 사람들이 부자들의 세계에 들어가기 위해서 무엇을 해야 하는지, 어떻게 준비할 수 있는지를 알리기 위해 톰에게 『세금에서 자유로운 부자되기』를 써 달라고 부탁했다.

Q: 내가 대학 교육을 받고 좋은 직업을 가지고 있어도 톰이 도와줄 수 없다는 말인가?

A: 그렇다. 사실 봉급생활자라면 톰이 해 줄 수 있는 일이 거의 없다. 그런 경우라면 H&R블록H&R Block 같은 세무법인의 서비스만 사용해도 충분하다.

톰의 세무 조언

훌륭한 세무 자문가는 훌륭한 금융 교육을 받는다

금융 교육을 잘 받으면 수익률이 높아지고 위험 요소는 줄어든다. 이는 세무 자문가에게도 마찬가지다. 세무 자문가가 세법에 대해 잘 모르면 세무 감사를 받거나 세금을 과다하게 납부할 위험이 커진다. 반면 세무 자문가가 세법에 대해 많이 알고 있으면 감사 위험도 낮아지고 세금도 줄어든다.

내가 보수적인지 공격적인지 물어보는 사람이 많은데, 나는 매일 세법 연구에 많은 시간을 할애하고 있어서 스스로 가장 보수적인 세무 자문가라고 생각한다. 이것을 그림으로 설명하면 다음과 같다.

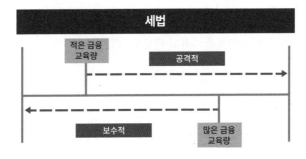

가장 높은 세금을 내는 사람은 누구인가?

아래 그림은 『부자 아빠 가난한 아빠 2』에서 집중적으로 강조한 현금 흐름 사분면이다. 앞서 살펴보기도 했지만, 네 개의 사분면에 적힌 글자는 각각 다음을 의미한다.

E: 봉급생활자 employee

S: 자영업자, 소규모 사업가 또는 의사나 변호사, 부동산 중개업자나 운동선수 같은 전문직 종사자 self-employed, small business, or specialist

B: 직원 500명 이상을 고용한 대규모 사업가 big business

I: 수동적 투자자가 아닌 적극적인 투자가 investor

이 사분면은 또한 누구의 세율이 가장 높고 가장 낮은지를 보여 준다.

Q: 그렇다면 1943년 세금납부법 실행 이후, 돈을 위해 일하는 사람이 가장 높은 세금을 내는 것인가?

A: 그렇다. 이것이 바로 부자 아빠의 첫 번째 교훈이 "부자는 돈을 위해 일하지 않는다."인 이유다.

Q: 그럼 전문 투자가들이 세금을 가장 적게 내는 것인가?

A: 그렇다.

Q: 나는 투자가이고, 퇴직 연금을 운용 중이다. 나는 회사 연금을 통해 투자하며 주식, 채권, 뮤추얼 펀드, 상장 지수 펀드ETF 등으로 구성된 소규모 투자 포트폴리오를 운용하고 있다. 비과세 소득도 있고 군인 출신이라 군인연금도 받는다. 그렇다면 나는 I 사분면에 속하는 것인가?

A: 그렇지 않다. 당신은 아마 수동적 투자자인 것 같다. 전문 투자가들은 좀 다르다. 이렇게 한번 생각해 보자. 역사상 위대한 골퍼 중 한 명이 바로 타이거 우즈인데, 내가 타이거 우즈의 골프채를 쓰고 타

이거 우즈의 셔츠와 신발을 착용한다고 해도 타이거 우즈 같은 프로 골퍼가 되는 것은 아니다.

다시 말해, 전문 투자라는 것은 투자 자체보다는 투자가에게 달려 있다. 그리고 I 사분면에 속한 삶을 살아가려면 방대한 금융 교육이 필요하다.

Q: 내가 그렇게 할 수 있을 것 같은가?

A: 답은 당신에게 달렸다. 그 질문에 대해서는 오직 당신만이 답할 수 있다.

톰의 세무 조언

소비자 vs 생산자

E, S, B, I 사분면을 소비와 생산 측면에서 생각해 보자.

E 사분면에 속한 사람은 자신이 생산할 수 있는 만큼 생산하고, 또 그만큼을 소비한다. S 사분면에 속한 사람은 (만약 종업원이 있다면) 조금 더 많이 생산하고, 자신이 생산하는 것보다 조금 더 적게 소비한다. 그러나 B 사분면이나 I 사분면에 속한 사람이라면 자신이 소비하는 것보다 훨씬 더 많이 생산한다. B 사분면은 수백, 수천 개의 일자리를 창출하고, I 사분면은 에너지, 식량, 주택을 생산하고 있다. 그러면서도 이들은 여전히 E 사분면이나 S 사분면에 속한 사람들만큼만 소비할 뿐이다. 생산자는 경제를 활성화하고, 나머지 시민들이 행복하고 생산적인 삶을 사는 데 필요한 식량, 연료, 주택을 생산하기 때문에 정부는 세금 감면 혜택을 통해 이러한 활동을 장려하고 보상한다.

B 사분면과 I 사분면을 향해

어느 사분면에나 부자들은 있다. 부자인 봉급생활자도 있고 의사, 변호사, 스포츠 스타, 예술가 등 부자인 자영업자와 전문직 종사자들도 많다. E 사분면과 S 사분면에는 부자도 있고 가난한 사람들도 있다는 것이다.

그러나 세계에서 가장 부유한 사람들은 I 사분면에 속한다. I 사분면에는 가난한 사람이 없다. 그들이 가진 부의 크기는 다양하지만, 가난한 사람은 없다.

> Q: 그렇다면 부자가 세금을 가장 적게 내는 이유는 무엇인가?
>
> A: "황금을 가진 자가 규칙을 만든다."라는 황금의 법칙 때문이다.
>
> Q: 그럼 당신은 I 사분면의 규칙에 따라 행동하는가?
>
> A: 그렇다. 그리고 당신도 그렇게 할 수 있다. 규칙은 차별하지 않는다.
>
> Q: 그렇다면 E 사분면의 규칙은 다른가?
>
> A: 굉장히 다르다.
>
> Q: I 사분면에 도달하는 데 얼마나 걸렸는가?
>
> A: 상당한 시간이 걸렸다. 하루아침에 일어나는 일은 아무것도 없다.

나는 1973년에 베트남에서 돌아왔다. 가난한 아버지는 내게 학교로 돌아가 석사 학위를 받고 E 사분면에 속한 삶을 살라고 하셨다. 부자 아버지는 내가 I 사분면의 삶을 살 수 있도록 부동산 투자 과목을 수강하라고 하셨다.

Q: 그래서 어떻게 했는가?

A: 두 가지 모두 해 보기로 했다. 낮에는 해병대 소속으로 비행기를 조종했고, 저녁에는 MBA 과정을 위한 야간 수업을 들었다. 3일짜리 부동산 투자 관련 수업도 들었다.

Q: 그래서 어떻게 되었나?

A: 6개월 만에 MBA 과정을 중도 하차했다.

Q: 왜 그만두었는가?

A: 여러 가지 이유가 있었지만, 한 가지 이유는 강사들 때문이었다. MBA 과정의 강사들은 실제 사업 경험이 전혀 없었다. 그들은 비즈니스 과정을 가르치는 전문 강사들이었다.

부동산 투자 수업을 맡은 강사는 실제 부동산 투자가였고, 나에게 배움에 대한 영감을 불어넣어 주었다. 그러나 MBA 강사들은 지루했다. 부동산 강사는 나에게 I 사분면에 대해 가르쳐 주었지만, MBA 강사들은 나에게 E 사분면에 대해 가르쳐 주었다. 6개월 후에 나는 어디로 가고 싶은지 깨달았고 MBA 과정을 그만두었다. 나는 언젠가 전문 투자가로서 I 사분면의 삶을 살고 싶었다.

40년 전에는 3일짜리 부동산 수업의 비용이 385달러였는데, 이 금액은 당시 해병대 조종사였던 나의 월 급여의 절반에 해당했다. 그 수업이 나에게 답을 주지는 않았다. 그러나 이 수업은 내가 무엇을 배워야 하는지, 그리고 수업을 듣고 난 후에는 무엇을 해야 할지를 가르쳐 주었다. 지금도 나는 여전히 학생이고 여전히 배우고 있다.

Q: 수업료 385달러 지출에 대한 수익은 얼마였나?

A: 수백만 달러다. 특히 부자가 되기 위해 부채와 세금을 활용하는 법을 배웠다는 점이 중요하다.

Q: 부채와 세금이 당신을 부자로 만들었나?

A: 그렇다. 그리고 사람들을 가난하게 만드는 것도 바로 그 '부채와 세금'이다. 부채와 세금은 금융 교육을 받은 사람들을 더욱 부유하게 만든다. 385달러짜리 수업에서 얻은 지식은 정말 값진 것이었다.

Q: 배우기 위해 학교로 돌아가야 할까?

A: 당신이 어느 사분면에서 살고 싶은지에 따라 학교의 유형이 달라진다. 나는 세계에서 가장 부유한 사람들이 속한 I 사분면에서 살고 싶었다. 3일간의 부동산 수업을 마친 후에도 나는 계속해서 배우고 여러 수업을 들었다. 나는 I 사분면에 관련된 것들을 배우는 일이 즐겁다.

Q: 사람들이 MBA 과정에 들어야 한다고 생각하는가?

A: 물론이다. 특히 요즘 같은 때에는 더욱 그렇다. MBA 과정은 모든 사분면에 탄탄한 기반을 제공한다. 과정을 수료한 후에는 어느 사분면에서 살고 싶은지 결정할 수 있다.

사분면을 결정하는 것이 '직업'은 아니라는 점을 명심하라. 예를 들어, 의사라도 급여를 받는 의사라면 E 사분면일 수 있고, 개원의라면 S 사분면이며, 병원을 세웠다면 B 사분면이겠지만, 전문 투자가로서 I 사분면에 속할 수도 있다.

Q: 그럼 3일짜리 부동산 수업이 I 사분면의 입문 과정이었는가?

A: 그렇다. 하지만 3일짜리 수업은 시작에 불과했다는 사실을 강조하고 싶다. 강사는 더 많은 것을 배우도록 영감을 주었고 나는 계속해서 배웠다. 나는 소형 주택 구매에서부터 부동산 개발에 이르기까지 다양한 수준의 부동산 과정뿐만 아니라 주식 거래, 외환 거래, 옵션 거래, 금은 투자, 재무 설계 계획, 부채, 세금, 자본 조달 방법까지 다양한 과정을 들었다. 나는 I 사분면에 관련된 것들을 배우는 일이 즐겁다.

TV 프로그램 「샤크 탱크Shark Tank」(미국에서 방영한 사업 관련 리얼리티 프로그램 — 옮긴이)를 시청한 사람이라면 I 사분면에 속한 실제 인물들이 하는 일을 본 적이 있을 것이다. 그들은 투자, 사업 혹은 부동산, 스타트업 기업을 살펴본 후 그 제품과 기업가들이 자금을 지원받을 가치가 있는지 결정한다.

Q: 그게 I 사분면의 사람들이 하는 일이란 말인가?

A: 그렇다. 정말 멋진 인생이다.

Q: I 사분면에 도달하는 데 얼마나 걸렸나?

A: 우리가 경제적으로 자유로워졌을 당시 나는 47세였고, 킴은 37세였다. 그 과정에는 여러 가지 어려움도 있었다. 잠시지만 킴과 나는 집이 없이 지낸 적도 있다. 하지만 그러는 과정을 통해 우리는 부와 자유를 얻었을 뿐만 아니라, 교육, 지식, 지혜, 경험, 그리고 우리와 생각이 같은 친구들을 얻었다.

Q: 나라면 얼마나 걸리겠는가?

A: 그건 당신에게 달려 있다. 나는 태생적으로 I 사분면에 맞는 성향인 사람들도 많이 만나 보았지만, 나 자신은 그렇지 않았기 때문에 시간이 좀 걸렸다. 킴은 태생적으로 그런 사람이고 I 사분면에서의 삶을 사랑한다.

세금은 인센티브다

내가 하고 싶은 말은 현금흐름 사분면의 E와 S에 속한 사람들이 가장 높은 비율의 세금을 낸다는 것이다. 일단 그들이 금융 교육에 투자할 의사가 없다면, 톰 같은 전문가라 할지라도 그들을 위해 해 줄 수 있는 일은 거의 없다.

나는 성공한 회계사, 변호사, 의사들을 많이 만나 보았다. 하지만 그들도 나와 톰에게 "여기서는 그렇게 할 수 없어요."라고 말하곤 했다. 우리가 세계 어디에 가든, 어떤 사람들은 손을 들고 "여기서는 그렇게 할 수 없어요. 그건 불법입니다."라고 말할 것이다.

문제는 이런 전문직 종사자들이 자신이 속한 사분면의 사고방식에 갇혀 있다는 데 있다. E, S 사분면에서 B, I 사분면으로 이동하기 위해서는 금융 교육이 필요하다.

킴과 나는 I 사분면에 도달한 이후, B 사분면으로 나아가고자 1994년에 리치 대드 컴퍼니를 설립했다. E와 S 사분면에서 B와 I 사분면으로 이동하고자 하는 사람들을 위한 금융 교육을 제공하는 것이 리치 대드 컴퍼니를 시작한 목적이었다. 알다시피, B와 I 사분면으로 갈 수 있다고 확실히 정해진 사람은 아무도 없다.

1996년에는 우리의 첫 번째 상품인 캐시플로 게임이 출시되었고, 뒤를 이어 1997년에 『부자 아빠 가난한 아빠』가 출간되었다. 2000년에 『부자 아빠 가난한 아빠』는 《뉴욕타임스》 베스트셀러 목록에 올랐고 6년 이상 그 자리를 유지했다. 한 달 후, 오프라 윈프리에게 전화가 왔고, 나는 한 시간 동안 방영되는 그녀의 쇼에 초대 손님으로 출연했다. 바로 그날이 나의 인생과 리치 대드 컴퍼니의 진로를 바꿔 놓았다.

나는 '하룻밤 사이에 성공했다.'라는 말을 여러 번 들었다. 어떤 면에서는 사실이기도 하다. 오프라를 비롯한 수백만 명의 충성도 높은 팬들에게 부자 아버지와 가난한 아버지의 이야기, 그리고 금융 교육의 중요성에 관한 이야기를 하면서 단 한 시간 만에 무명에서 세계적인 유명인사가 되었으니 말이다. 하지만 오프라의 전화를 받기 훨씬 전부터 나는 열심히 일하고 공부해 왔다.

세금에 관해 한마디만 더 하자면

미트 롬니 전 주지사가 13퍼센트의 소득세를 납부한 이유는 그가 B 사분면과 I 사분면에서 활동하기 때문이었다. 오바마 대통령이 30퍼센트의 소득세를 낸 이유는 그가 E 사분면과 S 사분면에서 활동하기 때문이었다. 이 두 사람은 세상을 매우 다른 각도로 바라본다.

그것이 바로 진정한 금융 교육의 힘이다.

'세금은 인센티브'라는 말의 참의미

우리가 전 세계를 돌아다니며 강의할 때마다 톰은 세금과 세금 감면 혜택이 인센티브며, 사분면마다 서로 다른 인센티브가 작용한다는 점을 설명한다.

예를 들어, E와 S 사분면에 있는 사람들은 더 많은 돈, 더 많은 수입, 더 높은 급여, 그리고 보너스라는 인센티브에 반응한다. E와 S 사분면에 있는 사람들은 돈을 위해 일한다.

B와 I에 속한 사람들은 세금 혜택을 위해 일한다. 그들은 간접적으로 세금 감면을 통해 더 많은 돈을 번다.

예를 들어, B 사분면의 사람들은 직원 고용에 따른 세금 감면 혜택을 받는다. 정부가 이런 혜택을 주는 이유는 사람들을 위한 일자리가 필요하기 때문이다. 세금은 직원의 급여에서 정부 재정으로 꾸준히 흘러 들어간다. 그래서 정부는 기업가들에게 더 낮은 세금이라는 인센티브를 제공하는 것이다. 여기에 속한 이들은 일론 머스크와 같은 기업가들이다. 그는 미국 정부와 여러 주 정부로부터 수십억 달러의 세금 감면 혜택을 받고 있다.

I 사분면에 속한 나는 아파트 단지에 투자하여 세금 감면 혜택을 받는다. 내가 주택을 제공하지 않으면 정부가 제공해야 하므로 납세자들에게 큰 비용이 들 것이다. 그래서 정부는 납세자들에게 더 높은 세금을 내라고 하기보다는 나와 같은 기업가들에게 세금 혜택을 제공한다. 나와 정부는 파트너인 셈이다.

만약 정부가 아파트를 지어야 한다면 그것은 사회주의일 것이다. 그렇지만 내가 아파트를 지으면 그것은 자본주의적인 것이다. 개인적으로, 나는 현금흐름 사분면의 B와 I에 속한 자본가가 되어 기쁘다.

톰의 세무 조언

정부의 인센티브

E 사분면과 S 사분면도 세금 혜택을 받는다. 예를 들어, 미국에서는 주택을 구입한 사람들의 경우에 이자 비용을 공제받을 수 있다. 노후자금을 위해 저축한 사람들은 개인 은퇴 연금IR, 캐나다의 퇴직 연금저축RRSP, 호주의 퇴직 연금Superannuation 등을 통해 투자금을 공제받을 수 있다. 자선 단체에 기부한 사람들은 기부금을 공제할 수 있다. 이것들이 모두 정부로부터 받을 수 있는 세금 감면 혜택들이다.

물론 B 사분면과 I 사분면이 정부로부터 더 많은 세금 혜택을 받는데, 그 이유는 그 사분면에서 일어나는 활동들이 정부를 도와 경제를 개선하고, 일자리를 제공하고, 시민들과 기업에게 식량, 에너지, 연료를 제공하는 중요한 기능을 수행하기 때문이다.

이제 여러분은 내가 이 책을 쓰는 데 세무 자문가인 톰 휠라이트가 얼마나 큰 도움이 되었는지 이해할 것이다. 그는 내가 사업에 있어서 제대로 된 방향으로 가고 있고, 내가 쓴 글의 내용이 정확하다고 확인해 주었다. 나는 감옥에 가고 싶지도 않고, 여러분에게 잘못된 정보를 제공하고 싶지도 않다.

톰이 내 개인 자문가인 이유는 투자나 사업의 양상이 언제나 제각각 다르기 때문이다. 대부분의 거래는 효과가 없고 우리는 그런 거래를 성사시키지 않는다. 하지만 우리는 실사, 즉 사전 조사와 평가를 진행하는 모든 사업 기회나 부동산 거래를 통해 함께 더욱 똑똑해진다.

"여기서는 그렇게 할 수 없어요."라고 말하는 사람들은 E 사분면이나 S 사분면에서 안주한다는 점을 기억하라. 그래서 그들 대부분은 그렇게 '할 수 없는 것'이다. 하지만 당신이 B 사분면과 I 사분면을 위한 금융 교육에 투자한다면 당신은 '그렇게 할 수 있을 것'이다.

톰의 세무 조언

여기서는 그렇게 할 수 없어요

이 말을 들을 때면 나는 그 사람이 자신의 상황에서는 그렇게 할 수 없다고 하는 말로 이해한다. 그들의 말이 맞다. 로버트와 내가 하는 일을 하려면, 자신의 상황을 바꿔야 한다. 예를 들어, 집을 빌린 사람은 주택 비용(월세)을 공제할 수 없는 반면, 집을 소유한 사람은 주택 비용(이자)을 공제할 수 있다. 따라서 주택 비용을 공제하기 위해서는 세입자에서 주택 소유자로 자신의 상황이 바뀌어야 한다. 세금 혜택 등의 다른 공제도 마찬가지다. 세금 혜택을 받기 위해서는 자기 자신이 올바른 위치에 있어야 한다. 만약 그렇게 한다면, 부유한지 여부와는 상관없이 세제 혜택을 보다 많이 받을 수 있게 될 것이다. 부유한 사람들은 그저 빈곤층이나 중산층보다 좀 더 자주 올바른 위치에 있는 법을 배웠을 뿐이다.

이 책의 후반부에서는 킴과 내가 실행한 진짜 거래, 즉 E와 S 사분면에 속한 사람들은 하지 못하는 거래를 살펴보면서 여러분에게 좀 더 자세한 내용을 안내할 것이다.

chapter 4
왜 실수가 부자를 더 부자로 만드는가

가난한 아빠: 실수는 어리석은 일이다.
부자 아빠: 실수를 통해 더욱 똑똑해진다.

아기가 걸음마를 배우는 모습을 본 적이 있는가? 처음에 아기는 서서 버티면서 비틀거리다가 마침내 첫걸음을 뗀다. 가끔은 넘어지기도 하고 울기도 한다. 우리는 모두 그다음 단계를 알고 있다. 아기는 금세 바닥을 짚고 다시 일어나 버티다가 비틀거리고 다시 넘어지고, 또 울기도 한다. 아기는 이 과정을 반복해서 결국 언젠가는 걷게 되고, 그런 다음에 달리고, 자전거도 타고, 차를 운전하고, 부모와 같이 사는 집을 떠나 독립한다.

우리는 이런 식으로 배우도록 만들어졌다. 인간은 실수를 통해 배운다. 아기가 넘어질 때마다 벌을 받는다면, 그 아기는 평생 기어 다닐 테고, 평생 부모의 집을 떠나지 못할 것이다.

학교에서 학생들은 수업, 독서, 공부를 통해 배우고 시험을 치른다. 시험에 열 가지 문제가 출제되었는데, 학생이 그중 세 가지 문제에서 실수했다고 가정해 보자. 교사는 70퍼센트의 성적을 주고, 학급은 다음 수업으로 넘어갈 것이다.

학교 시스템은 시험에서 가장 중요한 부분인 '실수'를 무시한다. 학생들은 실수에서 배우기보다는 실수를 저질렀다는 이유로 벌을 받는다. 많은 학생들이 학습 능력에 대한 자신감을 잃고 (똑똑하지 못해) 멍청하다는 느낌과 실수에 대한 두려움을 간직한 채 학교를 떠난다.

실수는 학생이 무엇을 모르는지 교사에게 알려 주고, 많은 경우 교사가 가르치지 못한 것을 알려 주는 역할을 한다. 실수는 학생과 교사 모두가 더 똑똑해질 수 있는 기회인 셈이다.

졸업 후 1년이 지나면 학생들은 대부분 '정답'의 75퍼센트를 잊어버린다. 그들이 절대 잊지 못하는 것은 다음과 같은 부정적인 메시지뿐이다. "실수하지 마라. 실수하는 사람들은 멍청이다."

부자 아버지는 실수를 굉장히 존중했고 가끔 이런 말씀도 하셨다. "신께서는 실수를 통해 너에게 말을 건단다. 실수란 '정신 차리고 일어나. 여기에 네가 배워야 할 일이 생겼어.'라는 뜻이거든."

방과 후에 부자 아버지의 아들과 나는 일주일에 이틀씩 그의 사업장에서 일했다. 일을 마치면 그는 우리와 함께 앉아 그날 한 일을 돌아보고 이야기를 나눴다. 그는 우리가 무엇을 배웠는지, 무엇을 이해하지 못했는지, 무엇을 실수했는지 알고 싶어 했다. 그는 우리가 실수를 저질렀으면 사실대로 말하기를 원했고, 실수에 대해 거짓말하는 법을 배우지 않기를 바랐다. 그는 또한 실수란 인정하지 않을 때만 죄악이라고 생각했다.

세상에서 가장 훌륭한 스승

부자 아버지가 내주신 숙제는 기업가들에 관한 책을 읽어 오는 것이었다. 책을 다 읽은 후에는 '책 공부'를 위해 함께 모여서 배운 내용을 토론했다. 우리는 위대한 기업가들에 관한 훌륭한 책들을 읽었다. 부자 아버지는 이런 말씀을 자주 하셨다. "세상에서 가장 훌륭한 스승은 책 속에 있다."

나는 우리가 공부한 책 중에서도 토머스 에디슨의 생애를 다룬 책을 가장 좋아했다. 1847년부터 1931년까지 살았던 에디슨은 발명가이자 거대 기업인 제너럴 일렉트릭의 창립자였다.

학교 선생님들은 에디슨이 "너무 멍청해서 학습이 어렵고", "덜떨어진 아이"라고 했다. 그는 학교를 그만두고 집에서 어머니의 교육을 받으면서 자신이 배우고 싶은 것을 공부했다.

그의 발명품 중 하나가 현대적인 실험실의 원형이었다. 그의 실험실에서 사람들은 팀으로 실험할 수 있었고, 그와 그의 팀원들은 성공할 때까지 모두가 마음 놓고 실패할 수 있었다.

그의 연구실에서 나온 발명품으로는 전신기, 축음기, 전구, 알칼리 축전지, 영화용 카메라 등이 있는데, 이 모두가 세상을 바꾼 발명품들이다. 너무 멍청해서 학습이 어려웠던 학생치고는 나쁘지 않은 성과다.

내가 가장 좋아하는 에디슨의 명언은 바로 이것이다.

"나는 실패한 것이 아니다. 나는 단지 작동하지 않는 1만 가지 방법을 찾았을 뿐이다."

그리고 그는 중도에 포기하는 사람들을 향해 이렇게 말했다.

"인생의 실패자들 대부분은 자신이 포기했을 때 성공이 얼마나 가까웠는지 깨닫지 못한 사람들이다."

당신도 에디슨의 이 두 가지 명언을 들어 보았을 것이다. 하지만 당신의 삶은 실수에 대한 두려움, 실패에 대한 두려움 때문에 얼마나 많은 제약을 받고 있는가? 해고에 대한 두려움, 일자리를 잃는 것에 대한 두려움, 어리석어 보이는 것에 대한 두려움은 또 어떠한가?

걱정 없던 시절

1971년부터 2000년까지 사람들은 변화할 필요 없이, 성장하고 상승하는 세계 경제 아래에서 보호받았다. 1996년에 출간된 『이웃집 백만장자』는 당시 세계가 경험하고 있던 행복감을 반영한 작품으로 큰 인기를 끈 베스트셀러였다.

중산층은 이 책을 좋아했다. 이 책은 백만장자를 좋은 직장이 있고 교외에 집을 가진 중산층 대졸자로 정의했다. 이 백만장자들은 볼보나 토요타와 같은 평범한 차를 운전했고 "돈을 저축하고, 빚에서 벗어나고, 주식, 채권, 뮤추얼 펀드로 분산하여 구성된 포트폴리오에 장기적으로 투자하라."는 금융 설계사의 공식을 따랐다.

'이웃집 백만장자'는 역사적으로 적절한 시기에 적절한 장소에서 적절한 일을 해서 백만장자가 되었다. 그러나 문제는 이런 '이웃집 백만장자들은 백만장자가 되기 위해 금융 교육을 받을 필요가 없었다.'는 점이다.

막연한 두려움

앞서 살펴본 120년간 다우존스 산업평균지수DJIA 차트를 다시 보면, 『이웃집 백만장자』가 출간된 1996년 이후 바닥이 무너진 것을 볼 수 있다. 2008년에는 '이웃집 백만장자'의 집들이 '이웃의 압류 주택'으로 전락했다.

정반대의 내용을 담은 『부자 아빠 가난한 아빠』는 1997년에 출간되었다. 이 책은 '부자들은 알지만 이웃집 백만장자는 모르는' 내용들을 다루었다.

2008년, 세계 경제는 거의 무너질 뻔했고 각국 정부는 경제를 떠받치기 위해 수조 달러씩 찍어 내기 시작했다. '이웃집 백만장자'들은 재정적 파탄에서 벗어나 있었다. 그들은 서류상 백만장자인 '순자산 백만장자'였다. 그들은 '주택 자산 백만장자'였고 '퇴직 연금 백만장자'였다. 문제는 그들 대부분이 금융 교육을 거의 받지 못했다는 사실이다.

여러 면에서 오늘날의 상황도 마찬가지다. 오늘날 많은 '이웃집 백만장자'가 미래를 내다보고 은퇴를 계획하는 것이 아니라 전 재산을 잃을까 봐 걱정하고 있다. 그들은 경제에 뭔가 큰 문제가 있다는 사실을 알고 있고, 은퇴 후에도 언젠가 돈이 바닥날까 봐 걱정하고 있다.

실패에 대한 두려움

이번 4장은 실수에 관해 다루고 있다. 대개 사람들은 학교에서 실수에 대한 두려움을 배운다. 이런 두려움은 자신이 알고 있는 것과 배워야 할 것을 가르는 정신적인 장벽이 된다.

이 책의 시작 부분에서 나는 사람들이 "내 돈을 어떻게 해야 할까요?"라고 물어본다고 했는데, 그 질문을 한 사람들은 오늘날 어려움을 겪고 있다.

Q: 그들은 왜 어려움을 겪고 있는가?

A: 그들은 돈을 저축하고, 집을 사고, 빚에서 벗어나고, 주식 시장에 장기 투자하는 사람들이기 때문이다.

Q: 그들이 파산할 수도 있다는 말인가?

A: 그렇다.

Q: 그들은 무엇을 할 수 있는가?

A: 그들에게는 선택권이 있다. 그러나 전문가에게 돈을 맡기지 말고 그 대신 진정한 금융 교육을 받으라고 제안하면 대부분은 이렇게 말한다. "하지만 실패하면 어떡하나? 실수하면 어떡하나? 돈을 잃으면 어떡하나? 위험하지는 않은가? 할 일이 너무 많지 않을까?" 혹은 이렇게 말한다. "나는 사회보장 연금이 있어서 걱정할 필요가 없다."

Q: 그렇다면 실패를 두려워하거나 배우려고 하지 않는 사람에게는 아무것도 가르칠 수 없다는 말인가?

A: 그렇다. '이웃집 백만장자'의 시대는 끝났다. 전문가에게 돈을 맡기기만 하면 백만장자가 되던 시대는 끝났다는 말이다.

로스차일드 경의 다음과 같은 발언은 무시무시한 경고로 들린다. "지난 6개월 동안 중앙은행들은 세계 역사상 가장 위대한 통화 정책 실험을 계속해 왔다. 따라서 지금 우리는 미지의 영역에 있으며, 전 세계 정부 부채의 약 30퍼센트가 마이너스 수익률을 기록하는 초저금리가 대규모 양적완화와 결합하여 일으킬 수 있는 의도치 않은 결과를 예측하는 것은 불가능하다."

Q: 그게 무슨 뜻인가?

A: 세상이 심각한 위기에 처해 있다는 뜻이다.

1971년에서 2000년 사이에는 좋은 일자리가 있었고, 돈을 저축하는 사람들과 주식 시장의 수동적 투자자들이 큰 수익을 올렸다. 은퇴 직전의 '이웃집 백만장자'들은 은퇴 후 안정적인 수입을 위해 채권으로 투자 방향을 전환했다. 1971년에서 2000년 사이에 채권은 사실상 안전이 보장되는 방탄 금융상품이었다.

오늘날 저축하는 사람은 패배자이고, 주식 시장은 세계 역사상 가장 큰 거품이며, 한때 안전이 보장되었던 채권은 시한폭탄이 되었다. 금리가 다시 오르기 시작하면 채권 시장은 폭락할 수도 있다.

대량살상무기

나는 이 책의 앞부분에서 부자와 다른 이들 사이의 격차가 벌어지는 한 가지 이유를 '금융화', 즉 유독성 화폐와 합성 자산의 생산이라고 언급했었다. 합성 자산은 '파생상품'이라고도 하는데, 워런 버핏은 이를 '금융계의 대량살상무기'라고 했다.

버핏은 그 위험성을 알고 있었을 것이다. 그의 회사인 무디스는 이 '대량살상무기', 즉 주택저당증권MBS을 높게 평가했다. 주택저당증권은 가난한 사람들의 '서브프라임(비우량)' 담보 대출로 구성되어 있는데, 금융공학자들이 이를 가져와 마치 마법처럼 '서브프라임'을 '프라임(우량)' 등급으로 바꾸었다. 무디스는 이 대량살상무기를 '안전하고 건전하다.'고 평가했고, 이후 이것은 전 세계에 판매되었다. 그리고 이에 따른 후폭풍은 금융계를 뒤흔들었다.

Q: 무디스의 평가가 없었다면 파생상품이 팔리지 않았을까?

A: 그렇다. 버핏과 그의 친구들은 시장 붕괴로 수백만 명의 인생이 파괴되는 동안에도 수십억 달러를 벌었다. 정부는 수조 달러에 이르는 세금으로 버핏과 친구들을 구제했다. 이것이야말로 도둑 정치의 최고봉이라고 할 수 있다.

Q: 그렇다면 2007년 부동산 시장과 2008년 은행 시장 붕괴를 초래한 원인이 금융공학적으로 설계된 파생상품, 즉 합성 자산이었나?

A: 그렇다. 부동산 시장만 무너진 것이 아니라, 파생상품이 폭발하기 시작하면서 전 세계 경제가 거의 완전히 붕괴할 뻔했다. 파생상품과 그것이 가진 파괴력에 대해 더 자세히 알고 싶다면, 내용도 재미있고 금융계의 대량살상무기에 대해 알려 주는 영화 「빅쇼트The Big Short」를 보기 바란다.

* * *

2008년 울프 블리처Wolf Blitzer와의 인터뷰에서 다가올 폭락과 미국에서 가장 오래된 투자은행 가운데 하나였던 리먼브라더스Lehman Brothers의 몰락을 경고하는 나의 모습을 CNN에서 볼 수 있다. 나는 폭락 6개월 전에 그런 위험을 알렸다.

높아진 위험성

2007년 금융 붕괴 이전에는 폭발 위기에 처한 파생상품의 규모가 700조 달러였다. 오늘날에는 그 규모가 1200조 달러에 달한다.

Q: 다시 시장이 폭락하면 어떡하나?

A: 이번에는 '이웃집 백만장자'가 몰락할 수도 있다.

Q: 지금은 안전한가?

A: 그렇지 않다. 2016년 9월 1일,《월스트리트 저널》은 거대한 도이체방크의 어려움에 대해 보도했다. 1870년에 설립되어 전 세계 10만 명 이상의 직원이 근무하는 세계에서 가장 강력한 은행이었던 이 거대 은행은 자금 조달을 위해 일부 사업 분야를 매각하고 있다. 은행의 사업 모델에서 마이너스 금리는 암과 같은 존재다.《월스트리트 저널》은 또한 2011년 일본 후쿠시마 원전 사고처럼 은행의 파생상품 포트폴리오가 과열되기 시작하여 붕괴에 가까워지고 있다고 지적했다.

Q: 파생상품을 더 쉽게 이해하는 방법이 있는가?

A: 오렌지를 생각해 보자. 오렌지 주스는 오렌지의 파생상품이고, 오렌지 주스 농축액은 오렌지 주스의 파생상품이다.

주택담보대출은 주택의 금융 파생상품이다. 금융공학자들은 수백만 개의 주택담보대출을 '주택담보대출 농축액'으로 만들고 이 독성 농축액을 전 세계에 판매한 것이다. 일자리가 없는 사람들이 포함된 서브프라임 대출자들이 매달 주택담보대출을 '갚을 수 있는 한' 세상은 안전하고 안정적이었다.

오늘날의 원자 폭탄

원자 폭탄은 원소기호 U, 원자번호 92번으로 표시되는 화학 원소인 우라늄의 파생물이다. 내가 어린 학생이던 1960년대에는 모두가 원자 폭탄에 대한 두려움에 떨면서 살았다. 우리는 적국인 러시아와 중국이 우리를 공격할 것이라는 이야기를 들으며 자랐다.

이런 원자 폭탄의 위협에 대비하기 위해 학교에서는 우스꽝스러운 원폭 대비 훈련을 하기도 했다. 선생님의 명령에 따라 어린아이들은 책상 밑으로 기어 들어가 머리를 보호했다.

오늘날 외국 세력들은 계속해서 칼을 휘두르고 있다. 원자 폭탄이나 기타 대량살상무기는 실질적인 위협이다. IS와 글로벌 테러리즘의 위협을 제거하는 일이 시급한 과제다. 도둑 정치는 세계 각국의 정부, 글로벌 기업, 중앙은행 및 금융 서비스 산업에 만연해 있다. 그리고 오늘날에도 여전히 학교에서는 금융 교육이 거의 이뤄지지 않고 있다.

E 사분면의 포로

많은 경우, 학교는 우리가 인생을 준비하도록 도와준다. 그렇지만 세상을 뒤흔드는 새로운 아이디어가 없다면 운명은 이미 정해진 것이라는 사고방식을 쌓게 되는 곳도 바로 학교다.

부모가 아이에게 "학교에 다니고 일자리를 구하라."고 말한다면 그 아이는 E 사분면의 삶에 길들게 될 것이다. 문제는 대체로 사람들이 생각할 수 있는 사분면이 E 사분면뿐이라는 점이다. 사람들은 대부분 E 사분면 바깥에 더 큰 세상이 있다는 사실을 전혀 모른다.

우리는 모두 '인간'이지만 매우 다른 존재들이다. 전 세계에 퍼져 있는 E 사분면의 존재들은 각자의 언어로 다음과 같이 말한다. "나는 안전한 일자리, 안정적인 급여, 괜찮은 혜택과 휴가를 원한다." 그 '존재'가 사용하는 언어가 영어든, 에스파냐어든, 일본어든, 독일어든 또는 스와힐리어든 상관없이 그 내용은 모두 같다.

인간이라는 존재

인간은 다음의 네 가지 기본 구성 요소로 이루어져 있다.

- 정신 / 신체 / 감정 / 영혼

우리의 현 교육 시스템은 학생의 정신, 신체, 감정, 영혼을 봉급생활자라는 '존재'로 길들여지도록 설계되었다.

> Q: 그런 이유로 직원들이 고용 안정과 꾸준한 급여를 포기하기 어려운 것인가? 진정한 교육이 없으면 두려움이라는 감정이 그들을 지배하는가?
>
> A: 물론이다. 금융 교육이 없는 '존재'는 한낱 인간에 지나지 않는다.
>
> Q: 그래서 학교에서 금융 교육을 하지 않는 것인가?
>
> A: 이것은 내가 연구한 결과를 바탕으로 한 나의 의견이다. 서구의 교육 시스템은 프로이센의 교육 시스템에 기반을 두고 있는데, 이 교육 시스템은 노동자와 군인, 즉 명령을 따르고 시키는 일을 하도록 훈련된 사람들을 양성하기 위해 고안된 것이다.

명령을 따르는 것이 나쁘다고 말하는 것은 아니다. 나 역시 명령을 따르고, 법을 따른다. 좋은 리더가 되려면 먼저 좋은 팔로워가 되어야 한다. 사람들이 규칙과 법을 따르지 않으면 혼란이 일어난다.

내가 염려하는 것은 우리의 교육 시스템이 두려움을 이용해 아이들을 가르친다는 점이다. 그런 이유로 사람들은 '생각'이란 걸 하지 못한다. 그들은 실수하고, 실패하고, 어리석어 보이는 것을 걱정한다. 높은 EQ, 감정적 지능, 금융 교육이 없으면 사람들은 대부분 학교를 졸업하고 E 사분면의 포로가 되고 만다. 거기에서 벗어날 수 없게 되는 것이다.

S 사분면은 '고문실'이다

대학을 졸업한 후 많은 A 학점 학생들이 대학원 및 전문 대학원에 진학하여 S 사분면인 '전문직 종사자'가 된다. 이들은 의사, 회계사, 변호사 등으로 활동한다.

또 다른 S 사분면인 자영업자나 소규모 사업가가 되는 학생들도 많다. 이들은 레스토랑을 창업하기도 하고 부티크나 피트니스 스튜디오를 열 수도 있다. 또 어떤 학생들은 부동산 판매원, 마사지 치료사, 컴퓨터 프로그래머, 웹 디자이너, 배우, 예술가, 음악가가 된다. 이들 중 일부는 재정적으로 문제없이 잘 지내지만, 대부분은 그렇지 못하다.

> Q: 왜 S 사분면을 '고문실'이라고 부르는가?
>
> A: 왜냐하면 그곳이 최악의 사분면이기 때문이다. E 사분면을 떠나면 가장 먼저 비용 증가와 수입 감소라는 난관이 찾아온다. 그리고 곧 정부의 규정과 규제가 압박을 가한다. 이들에게는 의료 보험, 퇴직 연금 또는 유급 휴가와 같은 혜택도 없다. 수입이 감소하는 이유는 더 이상 고객을 돌보는 일을 하지 않기 때문이다. 이제 당신의 새로운 일은 사업을 운영하고 구축하며, 당신의 시간과 돈을 가져가는 사람들을 상대하는 일이다.
>
> Q: 그래서 10개의 사업 중 9개가 첫 5년 안에 실패하는 것인가?
>
> A: 그렇다.
>
> Q: 사업이 자리 잡으면 좀 나아지는가?
>
> A: 조금은 나아지겠지만 S 사분면인 사업가가 감내해야 할 고문은 끝

나지 않는다. 예를 들어, S 사분면에 속한 사람들은 항상 가장 높은 세금을 납부해야 하는데, 미국의 어떤 주에서는 그 세율이 60퍼센트를 넘는다. 이 때문에 대부분 아주 소규모로 사업을 유지하는 경우가 많다. 추가 수입이 세금이라는 번거로움을 감내할 정도는 아니기 때문이다.

Q: 좋은 소식은 없는가?

A: 좋은 소식이라면 사업가가 되는 방법을 알려 주는 프로그램이 훨씬 더 많아졌다는 것이다. 오늘날 많은 학교에서 사업가 프로그램을 제공하고 있으며, E 사분면에서 S 사분면으로 이동할 때 위험을 줄이는 법을 알려 주고 있다. 그러나 나쁜 소식은 그 프로그램조차도 대부분 S 사분면인 사업가가 되는 방법을 알려 주도록 설계되었다는 점이다.

Q: S 사분면에서 성공하면 좋은 이유가 무엇인가?

A: S 사분면이 가장 중요한 사분면이기 때문에 더 큰 의미가 있다.

Q: 어째서 그런가?

A: 성공하면 진정한 사업가가 되고 다시는 E 사분면으로 돌아가지 않게 되기 때문이다.

S 사분면에 머물지 마라

S 사분면에서 부자가 되고 성공하면 B와 I 사분면으로 이동할 자격이 주어진다. 레이 크록이 맥도널드 형제로부터 맥도널드를 인수한 사례가 바로 그런 경우다. 그는 형제의 사업을 S 사분면에서 B와 I 사분면으

로 옮겨 수십억 달러를 벌었다.

> Q: 당신도 같은 일을 했나?
>
> A: 그렇다. 맥도널드만큼 큰 규모는 아니지만, 내가 걸어온 길도 비슷하다. 나는 아직 억만장자까지는 아니다.
>
> Q: E 사분면의 봉급생활자에서 S 사분면으로, 그리고 B와 I 사분면으로 가는 과정이 어려웠는가?
>
> A: 각 사분면으로 이동하는 여정이 내게는 무척 어려웠다.
>
> Q: 어째서 그런가?
>
> A: 각 사분면에 속한 각각의 '존재'에 대한 교육이 다르기 때문이다. 교훈도 다르고 영역마다 도전 과제도 달라진다. E에서 S 사분면으로 넘어갈 때 나의 '존재'는 바뀌어야 했다. 나는 동분서주하며 전에는 몰랐던 것을 배워야 했다. 나는 안정적인 급여가 없었지만, 직원들은 급여와 혜택이 필요했다. 책상과 사무용품도 구매해야 했다. 나일론과 벨크로 지갑 사업에 필요한 재고를 확보하기 위해 투자자들로부터 자금을 끌어모아야 했다. 내가 실수하거나 직원들이 실수할 때마다 비용이 발생했다.

넘어지면서 걸음을 떼는 아기처럼, 나는 매일 넘어지고 스스로 일어나야 했다. 어떤 실수에서든 교훈을 얻으라는 부자 아버지의 가르침이 없었다면, 나는 아마 그만두었을지도 모른다. 그랬다면 나는 에디슨이 말한 '실패자'가 되었을 것이다. 그의 말을 다시 한번 떠올려 보자.

"인생의 실패자들 대부분은 자신이 포기했을 때 성공이 얼마나 가까웠는지 깨닫지 못한 사람들이다."

나는 성공하기 위해 실패를 넘어서야 했다. 이것이 바로 우리라는 '존재'가 변화하고 다른 사분면으로 이동하는 방식이다. S 사분면에서 성공한 후, 나는 B와 I 사분면으로 넘어갈 준비가 되었음을 알았다. 내가 아는 성공한 기업가들은 모두 이와 같은 과정을 거쳤다.

> Q: B와 I 사분면에 대해서는 언제쯤 알 수 있을까?
>
> A: 이 책의 나머지 부분이 바로 그것에 관한 내용이다.

지금은 '포기하고 인간의 한계에 머무는 사람들'과 '부자의 단계로 성장한 사람들'의 차이를 이해할 수 있으면 좋겠다.

사분면을 바꾸기 위해 필요한 것들

자신이 속한 사분면을 바꾸려면 다음의 네 가지 지능이 필요하다.

1. 영적 지능

영적 지능은 내면의 조용한 지능이다. 당신 안에 더 위대한 사람, 꿈을 이룰 수 있는 사람이 있다는 것을 아는 힘이다.

2. 정신적 지능

정신적 지능은 배우고 싶은 것이라면 무엇이든 배울 수 있는 지식과 능력을 말한다.

3. 감정적 지능

실수로부터 배우는 능력이다. 특히 화가 났을 때와 같이 특정 상황에서 감정적 지능은 정신적 지능보다 최소 3배 이상 강력한 힘을 발휘한다. 다른 사람이 잘못을 저질렀더라도 비난하지 않도록 하라. 비난은 감정적 지능이 낮다는 신호일 뿐이다. 영어로 '비난blame'은 '형편없는be lame' 존재라는 뜻이다. 모든 동전에는 앞면, 뒷면, 그리고 옆면이라는 세 가지 면이 있다는 사실을 기억하라. 감정적 지능은 동전의 옆면에 서서 양쪽 면을 모두 이해하는 능력이다.

4. 신체적 지능

신체적 지능은 실천력이다. 배운 것을 받아들이고, 생각을 행동으로 옮기고, 넘어지면 다시 일어설 수 있는 능력이다.

위의 네 가지 지능을 모두 적절히 활용할 수 있다면, 경제가 어떻게 되든 당신은 승리를 쟁취할 수 있을 것이다. 네 가지 지능을 매일 사용할 수 있다면, 어떤 일이 일어나든 당신은 지금보다 더 강하고 위대한 사람이 될 것이다.

chapter 5

왜 폭락이 부자를 더 부자로 만드는가

가난한 아빠: 시장이 폭락하지 않았으면 좋겠다.
부자 아빠: 시장이 폭락해도 상관없다.

월마트에서 50퍼센트 할인 행사를 하면, 여러분은 매장에 들어갈 수도 없을 것이다.
월스트리트에서 50퍼센트 할인 행사를 하면, '이웃집 백만장자'는 도망가 숨는다.

지구의 친절한 천재

1983년에 나는 버크민스터 풀러 박사가 쓴 『자이언트 그런치*Grunch of Giants*』라는 책을 읽었다. 그 책을 읽은 후 나는 우리가 겪고 있는 오늘날의 금융위기가 다가오고 있다는 것을 예견할 수 있었다.

지오데식 돔geodesic dome을 설계한 것으로 잘 알려진 풀러 박사는 '지구의 친절한 천재'라는 별명으로 불리기도 한다.

1967년에 나는 '엑스포 67: 인간과 세계'라는 세계 박람회를 관람하기 위해 뉴욕 킹스포인트에 있는 우리 학교에서부터 캐나다 몬트리올까지 히치하이킹을 했다. 나는 특히 풀러 박사의 거대한 지오데식 돔인 엑스포의 미국관을 보고 싶었다. 돔은 믿을 수 없을 만큼 웅장했다.

1981년에 나는 캘리포니아 커크우드의 스키 리조트에서 풀러 박사를 만나 일주일 동안 함께 공부할 기회를 얻을 수 있었다. 그와 함께 한 그 일주일이 내 인생의 방향을 바꾸어 놓았다.

나는 1982년과 1983년에 다시 한번 그를 만나 강의를 듣고 함께 공부할 수 있었다. 그는 미래를 예측하는 방법에 대한 강의를 진행했다. 풀러 박사는 그 마지막 행사를 마친 후 몇 주 만에 세상을 떠났다.

풀러 박사는 여러 가지로 유명했다. 그는 과학자이자, 건축가, 수학자, 그리고 미래학자이기도 했다. 놀랍게도 그의 예측들은 대부분 현실이 되었다. 예를 들어, 그는 1990년 이전 또는 그 무렵이면 새로운 기술이 세상에 등장하리라고 예측했다. 그의 말대로 인터넷은 풀러 박사가 세상을 떠난 지 6년 후인 1989년에 ARPANET이라는 이름으로 세상에 나타났다.

그의 책 『자이언트 그런치』는 1983년에 출간되었다. 그런치Grunch는 '보편적 총 현금강탈Gross Universal Cash Heist'의 약자다. 책에서 그는 초부자들ultra-rich이 어떻게 세상을 뜯어먹고 있는지, 그리고 우리 모두의 미래가 어떻게 될지를 설명했다. 풀러 박사는 나의 부자 아버지가 수년간 말해 왔던 것과 같은 이야기를 하고 있었다.

그런치는 누구인가?

풀러 박사는 이렇게 적었다.

"누가 그런치를 움직이는가? 아무도 알 수 없다. 이 카르텔은 전 세계의 은행들을 모두 통제하고 있다. 은밀히 움직이는 스위스 은행도 마찬가지다. 그 조직은 자신들의 법률 전문가가 하라는 대로 한다. 이들은 기술적 합법성을 유지하고 증명할 준비를 갖추고 있다. 이들의 법률 사무소 이름은 '마키아벨리, 마키아벨리, 원자&석유Machiavelli, Machiavelli, Atoms&Oil'라고 하는데 두 번째 마키아벨리는 마피아를 상징한다고 생각하는 사람도 있다."

내가 말하고 싶은 가장 중요한 점은 우리 모두 돈의 게임이 조작되었다는 사실을 인식하고 있어야 한다는 점이다. 그 게임은 공정하지 않다. 그런치가 하는 돈의 게임은 우리의 돈과 우리의 통화 시스템을 통해 우리의 재산을 훔치는 것이다.

세상이 깨어나고 있다

2016년 3월 26일 자《이코노미스트》에는 다음과 같은 글이 실렸다.

"과거 미국은 기회와 낙관주의의 땅이었다. 이제 기회는 엘리트들의 전유물로 여겨지고, 미국인의 3분의 2는 경제가 기득권층에 유리하게 조작되었다고 믿는다. 그리고 낙관주의는 분노로 바뀌었다."

"미국은 자유 기업의 신전이어야 하지만 지금은 그렇지 못하다."

"게임이 실제로 조작되었을 수도 있다."

> Q: 우리가 그런치를 막을 수 있는가?
>
> A: 시도할 수는 있다. 하지만 나는 그런치를 상대하기보다는 그런치가 하는 게임을 배우고 이해하기로 했다. 그리고 피해자가 되지 말자고 결심했다. 그래서 1963년에 미래를 내다보기 시작했고 그런치가 우리를 유도하는 방식을 따르지 않기로 했다.
>
> Q: 그게 무슨 게임인가?
>
> A: "학교에 다니고 일 열심히 해서 세금도 내고 빚도 갚고 돈을 저축하라."는 설명으로 시작하는 게임이다. 나는 그런치를 이기려면 미래를 내다보고 미래를 준비하는 방법을 배워야 한다는 사실을 알게 되었다.

미래를 보는 방법

미래를 보는 방법은 과거를 연구하는 것이다. 풀러 박사는 그것을 '예지'라고 불렀다. 풀러 박사가 알려 준 미래를 보는 방법을 알려 주겠다. 우리가 이미 살펴봤던 120년간 다우존스 산업평균지수 차트를 사용해 보자.

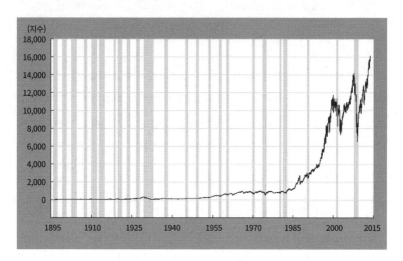

120년간 다우존스 산업평균지수 DJIA

도표의 음영 부분은 미국 경제의 침체기를 의미한다.

출처: FRED-Federal Reserve Economic Data

이제 지난 20년의 다우존스 산업평균지수를 다시 살펴보면서 미래를 보는 법을 배우게 될 것이다.

1913년: 연방준비은행이 설립되었다. 그리고 같은 해에 미국 수정 헌법 제16조가 통과되어 정부가 소득에 세금을 부과할 수 있게 되었다.

> Q: 연방준비제도는 소득세가 만들어진 해에 만들어졌는가?
>
> A: 그렇다. 연방준비제도는 달러를 만들기 위해 세금이 필요하다.
>
> Q: 그 연도가 왜 그렇게 중요한가?
>
> A: 오늘날의 세계적 위기가 시작된 때가 바로 1913년이기 때문이다. 오

늘날의 금융위기는 연방준비제도와 미국 국세청IRS, 다시 말해 세금 제도가 없었다면 발생하지 않았을 것이다.

전문가들은 연준이 없었다면 수조 달러 규모의 '양적완화', 즉 돈을 찍어 내는 일이 없었을 것이라는 데 의견을 같이한다. 연준이 없었다면 2007년 부동산 시장 붕괴도 없었을 것이다. 마찬가지로 연준이 없었다면 2008년에 거대 은행들이 무너지지 않았을 것이다. 그리고 연준이 없었다면 거대 은행들이 납세자 돈으로 구제될 수도 없었을 것이다.

이런 이유로 1913년은 오늘날의 위기에 얽힌 역사를 이해하는 데 중요한 해라고 할 수 있다.

1929년: 거대한 주식 시장 붕괴가 발생하고 이 붕괴가 대공황으로 이어졌다. 대공황은 미국 국민을 공포에 떨게 했다. 이런 재정적 불안정은 '위대한 사회Great Society' 정책으로 이어져 오늘날 시행되는 많은 사회 프로그램의 시초가 되었다. 여기에는 오늘날 미국을 파산 지경에 빠지게 한 재정 지원 프로그램의 미적립 채무unfunded liabilities도 포함된다.

사회보장이나 노인 의료보험 제도Medicare와 같은 부실 프로그램의 부외부채까지 포함하면 미국의 국가 부채는 220조 달러가 넘을 것으로 추산된다.

1935년: 프랭클린 D. 루즈벨트 미국 대통령에 의해 사회보장법이 제정되었다. 오늘날 수백만 명의 사람들이 은퇴할 때 정부가 자신을 돌봐주기를 기대하고 있다.

1943년: 미국의 세금 납부법이 의회를 통과함으로써 E 사분면에 있는 봉급생활자에게 급여가 지급되기도 전에 세금을 원천징수하는 근거가 마련되었다.

1944년: 미국 달러화의 통용을 결정한 브레턴우즈 협정이 체결되었다. 미국은 달러의 금 태환에 동의했다. 세계는 국제 거래에서 미국 달러화를 사용하게 되었다.

세계 각국의 중앙은행들은 이제 금 대신 미국 달러를 보유해야 했다. 달러는 '금만큼' 좋은 '세계 기축통화'가 되었다. 이로써 미국은 세계 경제에서 전례 없는 우위를 점하게 되었고 미국과 많은 미국인들은 엄청나게 부유해졌다.

1971년: 리처드 닉슨 대통령이 브레턴우즈 협정을 파기하고 달러와 금의 태환을 중단했다. 돈 찍어 내기가 시작된 것이다. 닉슨 대통령이 브레턴우즈 협정을 파기하지 않았다면 오늘의 금융위기는 발생하지 않았을 것이다.

1972년: 닉슨 대통령의 중국 방문으로 미국과 중국 간 수교의 문이 열리면서 일자리는 저임금 국가에게로 넘어갔다. 그리고 중국은 30년 만에 가난한 흙투성이의 나라에서 세계 강국으로 거듭났다.

1974년: 닉슨 대통령이 사우디아라비아와 페트로달러^{Petrodollar} 협정에 서명했다. 이제는 석유가 미국 달러를 뒷받침해 주었다. 모든 국가는 석유 대금을 미국 달러로만 결제하게 되었고, 미국 달러화는 역사상 가장 강력한 통화가 되었다.

페트로달러 협정 덕분에 미 연준은 미치광이처럼 돈을 찍어 낼 수 있었다. 좋은 소식이라면 미국 경제가 호황을 누렸다는 점이다. 그러나 나쁜 소식은 테러가 증가하게 되었다는 사실이다. 수천 명의 사람들이 테러리스트의 손에 희생당하고 있으며, 페트로달러가 원인이 된 전쟁을 피해 수백만 명이 고향을 떠나고 있다.

미국 정부는 세계의 경찰이라고 하지만 사실은 그렇지 않다. 미국은 미국 달러의 패권을 보호하기 위해 전쟁을 치른다.

Q: 패권이란 무슨 뜻인가?

A: 패권이란 한 국가가 다른 국가들에 대해 가지는 권위를 말한다. 사우디아라비아 등 산유국들과의 협정 덕분에 미국인들은 더욱 튼튼한 경제, 멋진 생활 양식, 높은 생활 수준, 그리고 세계의 다른 나라들에 비해 불공평할 정도로 큰 혜택을 누렸다.

Q: 통화로서 페트로달러의 생명이 끝나면 어떤 일이 일어나는가?

A: 좋은 질문이다. 아무도 그 결과를 정확히 알 수 없다. 각국의 중앙은행들이 보유하고 있던 달러를 처분하면서 수조 달러에 달하는 페트

로달러가 미국으로 돌아올 테고, 이렇게 되면 미국에 대규모 초인플
레이션이 발생할 수도 있다. 그러면 미국의 패권이 끝나고 빈부의
격차는 더 벌어질 것이다.

Q: 그렇다면 중동 위기는 달러가 페트로달러가 된 1973년에 시작된 것
인가? 페트로달러 때문에 수백만 명의 사람들이 유럽으로 이주하고
있다는 말인가?

A: 통찰력 있는 질문이다. 이렇게 과거를 살펴보면서 미래를 보는 법을
배우는 것이다.

1978년: 미국의 퇴직자 연금 제도인 401(k) 퇴직 연금이 시행되었다.
오늘날 베이비붐 세대의 80퍼센트는 자신이 은퇴 후 더 가난해지리라고
생각한다. 그러나 401(k) 퇴직 연금은 그들의 재정적 안정을 위해 설계
된 것이 아니라, 월스트리트를 더 부유하게 만들기 위해 설계된 것이다.

1983년: 버크민스터 풀러의 『자이언트 그런치』가 출간되었다.

1987년: 주식 시장이 폭락하여 당시 연방준비제도이사회 의장 앨런
그린스펀이 그린스펀 풋Greenspan Put을 시행한다. 이런 통화 정책을 실행
하는 이들의 공식 명칭은 '금융 시장에 대한 대통령 실무 그룹'이며, 내
부자들은 이를 '폭락 방지팀Plunge Protection Team'이라고 부른다.

Q: 폭락 방지팀은 무엇을 하는가?

A: 많은 사람이 연방준비제도가 자금을 지원한다고 의심하는 '정체불
명의 출처'에서 나오는 자금으로 시장이 폭락할 때마다 시장을 떠받
치는 일을 한다.

그린스펀과 연방준비제도가 1987년의 폭락을 막아 낸 후, 부자들은 연방준비제도가 자신들의 편인 것을 알게 되었다. 1987년을 살펴보면 그린스펀이 '그들의 은행가'가 되겠다는 신호를 보낸 후 시장이 급등했음을 알 수 있다. 연방준비제도는 부자들에게 '돈을 돌려주는' 지급보증서를 발행하여 시장 폭락을 대비한 일종의 안전장치를 제공했다. 부자들은 돈을 잃을 일이 없었다.

1987년~2000년: 다우지수는 포물선을 그리며 움직인다. 그리고 '이웃집 백만장자'는 부자가 된다. 수백만 명의 중산층 수동적 투자자가 주택, 401(k) 퇴직 연금, 개인 은퇴 연금^{IRA}, 그리고 기업과 정부 퇴직 연금의 가치 인플레이션을 통해 백만장자가 된다. 1970년에서 2000년 사이에 미국인들이 '부자 되기'는 매우 쉬웠다.

1996년: 『이웃집 백만장자』가 출간되었다. 저자 토머스 스탠리^{Thomas} ^{Stanley}는 집을 사고, 검소하게 생활하며, 주식 시장에 장기 투자하여 백만장자가 된 평범한 사람을 칭송한다.

그해에 연방준비제도이사회 의장 앨런 그린스펀은 '비이성적 과열'에 대해 경고한다. 그의 발언은 곧 파티가 끝나 가고 있다는 신호였다. 그는 상황을 알고 있었을 것이다. 그와 연방준비제도이사회가 그 파티에 자금을 지원했기 때문이다. '비이성적 과열'이란 그가 나름의 방식으로 "이봐 친구들, 너희들 취했으니 이제 '펀치볼'을 치울 거야."라고 말하는 것이었다.

1997년: 부자는 돈을 위해 일하지 않고, 저축하는 사람은 패배자며,

집은 자산이 아니라고 경고하는『부자 아빠 가난한 아빠』가 출간된다.

> Q: 경고의 메시지로『부자 아빠 가난한 아빠』를 쓴 것인가?
>
> A: 그렇다. '좋은 시절'은 끝났다고 경고한 것이다. 곧 시장이 무너지고 현금강탈이 시작될 터였다.
>
> Q: 베이비붐 세대가 어려움을 겪는 세대가 될 수도 있다는 말인가?
>
> A: 그렇다. 오늘날 중산층은 줄어들고 빈곤은 증가하고 있다.

　미국 사회보장제도의 역사와 상환 능력 상태를 보여 주는 다음의 그래프를 잠깐 살펴보자. 앞으로 베이비붐 세대와 그들의 자녀, 그들의 손자 손녀들에게 어떤 일이 일어날지 보이는가?

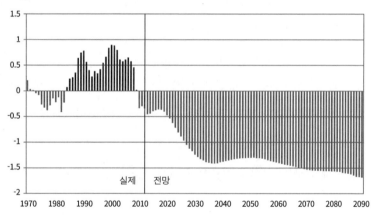

사회보장제도 흑자/적자

(GDP 비율)

출처: Peter G. Peterson Foundation

이제 여러분은 예지자가 되었다. 미래를 전망해 보니 무엇이 보이는가? 역사를 좀 더 살펴보자.

1999년: 유럽연합이 유로화를 발행했다.

2000년: 사담 후세인은 이라크 석유의 결제대금을 유로화로 받겠다고 발표했다.

2001년: 뉴욕의 세계 무역 센터가 테러리스트들의 공격을 받는다. 비행기 납치범 19명 중 14명은 사우디아라비아 출신이었다. 이라크 출신은 아무도 없었다.

1914년 6월 28일을 돌아보면

프란츠 페르디난트 대공이 사라예보에서 암살당하면서 1차 세계 대전이 발발한다. 같은 날, 영국은 오늘날 이라크로 알려진 메소포타미아 지역의 석유 판권에 대한 협정에 서명했다. 모술은 1914년 당시에도 중요한 도시였고 오늘날에도 중요한 도시다. 이라크군은 모술을 IS의 지배에서 되찾기 위해 오랫동안 싸워야 했다.

이처럼 석유는 오랫동안 세계의 역사와 경제에서 중요한 역할을 해왔다.

1941년, 미국이 일본에 대한 석유 공급을 차단한 후 진주만이 공격당했다. 베트남 전쟁은 공산주의가 아니라 석유 때문에 일어난 전쟁이었다. 미국은 중국이 베트남의 석유를 이용하는 상황을 원하지 않았기 때문이다.

나는 페트로달러가 계속되어야 한다고 생각한다. 석유가 미국 달러로 거래되지 않으면 미국의 경제는 무너진다.

세 차례의 대규모 폭락 사태

이번 세기의 처음 10년인 2000년부터 2010년까지 세 번의 주요한 폭락 사태가 발생했다. 그것은 닷컴 버블 사태(2000년), 서브프라임모기지 사태(2007년), 세계 금융위기(2008년)다. 세 차례의 대규모 폭락 사태는 1929년의 대공황보다 수천 배나 더 큰 규모였다. 이렇듯 2000년과 2010년 사이에 많은 '이웃집 백만장자'들이 몰락했다. 그리고 다가올 폭락에서는 더 많은 사람들이 몰락할 가능성이 높다.

2002년: 『부자 아빠의 미래 설계』가 출간되었다. 이 책에서 나는 2016년경에 대규모 주식 시장 폭락 사태가 일어날 것으로 예측했고, 2016년 이전에 좀 더 작은 폭락들을 겪게 될 것으로 전망했다. 그 폭락은 2007년과 2008년에 발생했다.

2008년: 세 번째 폭락은 은행의 폭락이었다. 2008년 9월 15일, 미국에서 가장 오랜 역사를 자랑하는 150년 전통의 은행인 리먼 브라더스가 파산 신청을 하고 문을 닫았다.

2008년 10월 3일에는 벤 버냉키와 전 골드만삭스 CEO 출신 재무부 장관 행크 폴슨이 부실 자산 구제 프로그램TARP을 도입했다. 이 프로그램은 폴슨의 전 고용주인 골드만삭스를 포함한 대형 은행들을 구제했다. 납세자들은 여러 세대에 걸쳐 이 구제비용을 납부해야 한다.

2009년: 무아마르 카다피가 리비아산 석유에 대한 대금을 금 태환 기반의 통화인 디나르로 결제할 것을 제안했다.

2011년: 카다피가 사망한다.

2015년: 이스라엘 총리 베냐민 네타냐후는 버락 오바마 대통령에게 버림받는다. 이스라엘은 이란과의 관계를 정상화하려는 오바마 대통령의 움직임을 달가워하지 않았다.

2016년 1월 다우지수가 급락했을 때 투자자들은 평균 6.3퍼센트의 손실을 보았다. 나스닥 투자자들의 평균 손실률은 8퍼센트였다. 연준과 폭락 방지팀이 구조에 나서면서 폭락은 멈췄다.

유가가 폭락했다. 세계 역사상 이자율이 이렇게 낮았던 적은 없었다.

2016년 8월, 거대 은행인 도이체방크가 심각한 위기에 처했다는 보도가 나왔다. 파생상품 포트폴리오에서 손실이 발생하고 있었다. 여러분이 이 책을 읽을 때쯤이면 이 금융위기가 얼마나 널리 퍼져 있는지 더 잘 알고 있을 것이다.

『부자 아빠의 미래 설계』에서도 나는 테러 확산을 예측했다. 미국을 넘어서는 한 가지 방법은 페트로달러를 넘어서는 것이다. 석유가 달러로 거래되지 않으면 미국 경제는 위기에 처하게 된다.

2016년, IS와 같은 테러 집단들이 기승을 부린다.

2016년, 미국 텔레비전 뉴스매거진 《60분》에서는 미국을 공격한 사우디아라비아를 상대로 제기된 소송에 관한 기사를 보도했다.

2016년, 오바마 대통령은 사우디아라비아로 날아가 국왕의 반지에

키스한다.

사우디아라비아와 이란은 숙명의 적이다. 사우디아라비아는 오바마 대통령이 이란에 대한 제재를 해제한 것이 달갑지 않다.

이란이 유로화로 석유를 판매하고 유가가 떨어지면서 사우디아라비아의 경제와 사회 복지 프로그램은 위기에 빠졌다. 사우디아라비아는 자국의 석유 회사인 아람코를 공개 시장에서 매각하겠다고 위협하고 있다. 그들은 지금 당장 돈을 원한다. 그들은 게임이 끝났다는 사실을 알고 있다.

중국과 러시아는 파이프라인을 건설하고 있으며 그들의 통화로 석유를 거래할 것이다. 페트로달러를 탄생시킨 1974년 협정이 무너지고 있는 셈이다.

폭락의 실태

실태를 좀 더 이야기해 보겠다. 2016년에 수백만 명의 미국인은 인상된 급여를 받지 못했고, 집을 살 여유도 없고, 은퇴를 위해 모아둔 돈도 거의 없으며, 자녀는 학자금 대출에 짓눌리고 있었다. 동시에 미국 정부는 빚의 수렁에 점점 더 깊이 빠져들고 있다. 수백만 명의 사람들에게는 이미 '대규모 폭락 사태'가 시작되었다.

2007년과 2008년 이후로도 상황은 크게 바뀌지 않았다. 그저 문제가 더 커졌을 뿐이다. 이게 진짜 문제다.

Q: 집을 잃은 사람들이 불쌍하지 않은가?

A: 불쌍하게 생각한다. 나는 사람들이 일자리, 집, 퇴직 연금, 그리고 미래를 잃는 모습을 보는 게 무척이나 싫었다. 그래서『부자 아빠 가난한 아빠』와『부자 아빠의 미래 설계』를 쓴 것이다. 나는 사람들에게 경고하고 그들이 금융 교육을 통해 스스로 준비할 수 있도록 돕는 일에 최선을 다했다. 도움이 될지 모르겠지만, 우리는 압류된 개인 주택은 매입하지 않았다.

Q: 폭락 사태를 일으킨 은행들이 집을 잃은 사람들의 주택을 매입했다는 말인가?

A: 실제로 그런 사례가 많이 있었다.

과거를 돌아보면 미래를 안다

때는 2013년 1월이었다. 대부분의 개인 주택을 매입한 기관은 월스트리트의 여러 은행으로부터 자금을 지원받은 헤지 펀드와 사모 펀드였다. 미국 최대의 민간 부동산 소유주인 블랙스톤 그룹은 단독 주택 가격이 예상보다 빠르게 상승하자 매입에 박차를 가했다.

블룸버그닷컴에 따르면, 블랙스톤은 임대 주택 1만 6000채의 관리를 위해 25억 달러 이상을 투입하였으며, 133억 달러 규모의 펀드로부터 자본을 조달했다. 이 회사는 소규모 투자자들이 주도하는 시장이 새로운 기관 자산 등급으로 바뀌기를 희망했는데, JP모건체이스는 그 가치가 1조 5000억 달러에 달할 것으로 추정했다.

2015년 후반에 주택 가격이 다시 오르기 시작하자 블랙스톤은 개인 주택 매입을 중단했다고 발표했다. 이렇게 역사상 가장 큰 부동산 거래가 끝났다.

이것이 바로 폭락이 부자를 더 부자로 만드는 이유다.

> Q: 시장이 조작되었다는 말인가?
>
> A: 질문에 구체적으로 답하기보다는 워런 버핏이 한 다음의 이야기를 들려주겠다. "포커판에 끼어들었는데, 누가 봉인지 모르겠다면, 바로 당신이 봉이다."

이제 풀러 박사가 『자이언트 그런치』를 쓴 이유를 알겠는가? 이제 1913년에 연방준비은행과 미국 국세청이 설립되지 않았다면 애초에 이 위기가 발생하지 않았을 것이라는 이유를 알겠는가? 이제 우리들의 학교에 진정한 금융 교육이 없는 이유를 알겠는가?

이제 미래를 예측하는 방법을 알게 되었으니, 여러분은 무엇을 할 것인가?

쇼핑은 언제 해야 하나

누구나 할인을 좋아한다. 원하는 물건이 할인 중일 때가 '쇼핑하기 가장 좋은 때'라는 사실은 누구나 알고 있다.

안타깝게도 대부분의 사람들은 화려한 새 자동차, 새 옷, 보석 등 자신을 더 가난하게 만드는 것들을 찾는다. 반면 부자들은 자신을 더 부유하게 만들어 줄 할인품을 찾는다. 그들은 주식 시장이 폭락할 때를 기다렸다가 최고의 주식을 할인된 가격에 매수한다. 그들은 부동산을 싼 가격에 매입하기 위해 폭락을 기다린다. 그들은 금과 은, 그리고 기업을 헐값에 매수한다.

부자들은 장기 투자하거나 분산 투자하여 모든 것을 조금씩 사거나, 혹은 누군가가 사라고 하는 것은 무엇이든 사거나 하지 않는다. 워런 버핏이 분산 투자에 대해 한 말이 바로 그런 것이다.

"분산 투자는 무지에 대비한 보호 수단이다. 자신이 무엇을 하고 있는지 알고 있다면 굳이 그렇게 할 필요가 없다."

뮤추얼 펀드의 문제점은 뮤추얼 펀드가 이미 분산 투자되어 있다는 점이다. 상장 지수 펀드ETF와 부동산 투자 신탁REIT도 마찬가지다. 모태펀드fund of funds도 역시 그렇다.

> Q: 모태펀드가 무엇인가?
>
> A: 모태펀드란 뮤추얼 펀드, 상장 지수 펀드, 부동산 투자 신탁과 같은 다양한 펀드들로 구성된 재간접 펀드다. 이것들은 극단적인 분산 투자 상품이라고 할 수 있다.

이러한 분산 투자 상품들은 모두 '이웃집 백만장자'를 위해 만들어졌다. 안타깝게도 분산 투자는 이번 세기 초의 세 차례의 폭락과 같은 엄청난 폭락 사태에서 여러분을 보호해 주지 못한다. I 사분면에서 진정한 투자자가 되려면 '체리 피킹'하는 법, 즉 좋은 투자 기회를 식별하는 능력을 배워야 한다. 재정적으로 눈먼 사람이 볼 수 없는 것을 보는 법을 배워야 한다.

폭락에 대비하기

진정한 금융 교육은 폭락이 닥치기 전에 폭락에 대비할 수 있도록 해준다.

> Q: 폭락이 언제 올지 어떻게 알 수 있는가?
>
> A: 방법은 여러 가지가 있는데, 역사 공부, 차트, 독서, 현자들의 이야기에 귀 기울이기 등도 방법이 될 수 있다.

내 경험에 비춰 보면, 바보들이 '투자자'가 되는 때가 오면 폭락이 임박했음을 알 수 있다.

수년 동안 나는 부동산 폭락이 다가오고 있다는 것을 알고 있었다. 사회는 지난친 행복감에 빠져, 소득도 없고 일자리도 없는 사람들까지도 집을 사고 있었다. 내 아파트에는 공실이 많았다. 임대료를 감당할 수 없는 세입자가 갑자기 고급 주택을 사고 있었다. 식료품점의 계산원이 내게 명함을 건네며 "전화 주세요. 당신이 투자하고 싶어 할 부동산이 몇 개 있습니다."라고 말하던 그때 나는 끝이 가까웠다는 사실을 알게 되었다. 그녀는 거래를 성사하기 위해 "가격이 오르고 있으니 서두르세요."라고 덧붙였다.

그 해가 2007년이었다. 나는 그녀에게 감사를 표하고 그녀의 새 명함

을 받았다. 나는 끝이 가까웠고 곧 할인된 물건들을 사러 갈 때가 되었
다는 사실을 깨달았다. 이때부터 킴과 나는 파트너이자 리치 대드 자문
가인 켄 맥엘로이Ken McElroy와 함께 부동산을 구매하기 시작했다.

chapter 6

왜 부채가 부자를 더 부자로 만드는가

가난한 아빠: 빚 때문에 가난해진다.
부자 아빠: 빚 때문에 부자가 된다.

빚은 돈이다. 부자가 더 부자가 되는 한 가지 이유는 그들이 더 부자가 되기 위해 부채를 사용하기 때문이다.

그렇지만, 금융 교육이 없다면 불행히도 부채로 인해 빈곤층과 중산층은 더욱 가난해진다.

이에 대해 도널드 트럼프는 다음과 같이 말했다. "알다시피 나는 부채의 왕king of debt이다. 나는 부채를 좋아하지만, 부채는 까다롭고 위험하다."

주택 시장 붕괴는 은행들이 (대부분 직장이 없는) 서브프라임 차용인에게 감당할 수 없는 집을 사도록 권유하며 돈을 빌려 주기 시작하면서 발생했다.

수백만 명의 중산층 주택 소유자들은 자신의 집을 ATM으로 사용하기 시작하면서 집을 잃게 되었다. 오늘날 학자금 대출 부채는 1조 2000억 달러가 넘는데, 이는 전체 신용카드 부채보다 더 큰 규모다. 이는 미국 정부의 가장 큰 수입원이기도 하다. 학자금 대출로 인해 학생은 가난해지지만, 미국 정부는 부유해진다.

데자뷔
2016년 5월 21일 자《월스트리트 저널》기사

다음의 기사에서 데자뷔가 느껴지지 않는가?

"은행들이 적극적으로 신용카드를 판매하고 소비자들이 부채에 익숙해지면서 올해 미국의 신용카드 대금이 1조 달러에 이를 것으로 예상된다."

"이는 금융위기 직전인 2008년 7월에 기록한 사상 최고치인 1조 200억 달러에 근접한 금액이다."

"또한 대출 기관들은 기존에는 신용대출이 어려웠던 수백만 명의 서브프라임 소비자들을 가입시켰다."

"신용카드는 현재 은행에서 돈벌이가 되는 몇 안 되는 사업 중 하나다."

달러는 부채가 되었다

1971년 닉슨 대통령이 금본위제 폐지를 선언하면서 달러는 부채가 되었다. 이는 세계 역사상 가장 큰 경제적 변화 중 하나였다.

1971년, 저축하는 사람은 패배자가 되었고, 부채가 있는 사람은 부자가 되었다.

부채의 힘

전 세계의 여러 청중에게 강의하다 보면 가끔 이런 질문을 받는다. "어떻게 부채가 부자를 더 부자로 만드는가?"

이를 설명하기 위해 신용카드를 예로 들어 보겠다. 새로운 신용카드를 발급받았다고 가정해 보자. 그 신용카드에는 돈이 없다. 당신이 가진 것이라곤 신용뿐이다. 매장에 가서 100달러짜리 신발 한 켤레를 살 때 새로운 신용카드를 사용했더니 마치 마법처럼 100달러라는 '돈'이 생겨났다. 그리고 동시에 100달러의 부채도 생겨났다. 이 100달러는 경제로 흘러 들어가고 사람들은 행복하게 잘 산다. 그런데 문제는 이제 당신이 일해서 그 100달러의 부채를 갚아야 한다는 것이다.

> Q: 그럼 100달러 부채를 갚을 수 있는 내 능력이 100달러를 만든 것인가? 나의 차용증, 나의 약속이 100달러를 만든 것인가?
>
> A: 그렇다.
>
> Q: 그럼 100달러가 부채인가? 약속인가? 내 차용증에 불과한 것인가?
>
> A: 그렇다.
>
> Q: 그럼 내가 아무것도 없이 그 돈을 만든 것인가?

A: 이론적으로는 그렇다.

Q: 그래서 신용카드 회사에서 항상 내게 점점 더 많은 신용카드를 주는 것인가?

A: 바로 그 얘기다.

Q: 왜 그런가?

A: 거기에는 여러 가지 이유가 있다.

그중 한 가지 이유는 당신과 내가 돈을 빌려서 돈을 만들어 내야 경제가 성장하기 때문이다. 당신이 빚을 갚으면 경제는 축소된다.

또 다른 이유는 부채가 부자를 더 부유하게 만든다는 것이다. 만일 부채가 부자를 더욱 부유하게 만들지 않았다면, 부자들은 당신에게 신용카드를 발급해 주지 않았을 것이다.

부자들은 당신이 좋아서 신용카드를 발급해 준 것이 아니다. 당신이 신용카드를 사용하면 그들은 이자를 통해 돈을 벌 수 있기 때문에 당신에게 외상을 해 주는 것이다. 그러므로 당신이 신용카드 대금의 최소 결제금액만 납부하면 그들은 더 많은 돈을 벌 것이다.

Q: 그렇다면 정부는 경제 성장과 일자리 창출을 위해 부자들이 신용카드를 발급하도록 허용하는 것인가?

A: 이론적으로는 그렇다. 은행은 신용카드 사용자와 마찬가지로 국가도 부채를 갖지 않기를 원한다. 그리스나 미국령 푸에르토리코와 같은 국가는 '채무 불이행'에 직면해 있으며, 이는 부채에 대한 최소한

의 이자도 갚을 수 없다는 것을 의미한다. 은행은 국가가 부채를 '구조 조정'할 수 있도록 한다. 구조 조정이란 국가가 부채를 차환하도록 허용한다는 것을 의미하며, 이는 은행이 국가에 더 많은 돈을 빌려 주어 국가가 이자를 계속 갚을 수 있도록 한다는 뜻이다.

Q: 은행은 실제로 더 많은 돈을 빌려 줄 텐데, 그러면 국가는 '최소 결제금액'을 납부할 수 있는가?

A: 그렇다. 그들은 그렇게 할 것이다.

Q: 이런 이유로 신용카드 회사가 최소 결제금액만 요구하는 것인가? 전액을 갚지 않아도 되는가?

A: 그렇다. 당신의 신용카드 대금의 최소 결제금액은 세입자가 내는 임대료와 같다. 당신은 신용카드 대금을 모두 갚지 않고 세입자는 자신이 사는 집이나 아파트를 소유하지 않는다. 월 임대료가 부동산 투자자를 부유하게 만드는 것과 같은 방식으로 당신의 월 신용카드 최소 결제금액은 부자를 더 부유하게 만든다.

무無에서 생기는 돈

앞에서 언급한 신용카드로 새 신발을 구매하는 예에서 100달러가 무無에서 생겨났다. 신용카드를 사용하는 순간, 100달러의 부채가 부자에게는 자산이 되었고, 같은 100달러가 빈곤층과 중산층 신용카드 사용자에게는 부채가 되었다.

Q: 그럼 부자가 되고 싶다면, 부자가 되기 위해 부채를 사용하는 법을 배워야 하는가?

A: 이론적으로는 그렇다. 부채는 매우 조심히 다뤄야 한다. 부자가 되기 위해 부채를 사용하는 법을 알려면 금융 교육이 필요하다.

부채는 양날의 검이다. 부채는 당신을 부자로도 만들 수 있지만, 갑자기 상황이 바뀌면서 그 부채가 당신을 매우 곤란한 상황에 빠지게 할 수도 있다.

2007년 부동산 시장이 폭락하기 시작할 때 발생한 일이 바로 그 좋은 예다. 수백만 명의 사람들이 자신의 집을 마치 개인용 ATM(자동입출금기)처럼 여기면서, 그 자산 때문에 자신을 부자라고 믿었다. 그런데 갑자기 시장이 폭락하자 상황은 완전히 뒤집혔다. 그들은 집의 가치보다 더 많은 빚을 지게 되었고, 한순간에 가난뱅이가 되었다. 수많은 이들이 모든 것을 잃어버렸다.

그래서 킴과 나는 캐시플로 보드게임을 만들었다. 이 게임은 플레이어가 승리를 위해 부채를 활용하도록 유도하는 유일한 금융 교육 게임이다.

Q: 실제 돈을 사용하기 전에 가짜 돈으로 부채를 활용하는 법을 배우는 것인가?

A: 그렇다. 하지만 부채는 위험할 수 있다는 사실을 명심하라. 부채는 총알이 장전되어 있는 총과 같다. 당신의 생명을 구할 수도 있지만, 당신을 죽일 수도 있다.

금융 바보들의 행태

내가 "부채를 사용해 자산을 매수한다."라고 말하면 많은 사람이 "위험하다."라고 말한다. 그러나 역설적이게도 이들은 100달러짜리 신발한 켤레를 구매하기 위해 신용카드를 망설임 없이 사용하는 데에는 아무런 문제를 느끼지 않는다.

애플, 부유한 채무자

세계에서 가장 부유한 기업들 가운데 하나인 애플의 현금보유액은약 2,460억 달러였다.(2017년 기준 — 옮긴이) 그러나 애플은 금리가 낮았던 지난 몇 년 동안 수십억 달러를 차입했다. 애플은 왜 돈을 빌리는가?애플이 돈을 빌리는 이유는 현금을 미국으로 송금해서 미국에서 세금을 내는 것보다 빚을 내는 것이 더 저렴하기 때문이다.

부유한 CEO들

많은 기업의 경영진들이 돈보다는 스톡옵션으로 급여를 받는다. 그러면 CEO들은 돈을 빌려 자사 주식을 더 사들인다. 주가가 오르면CEO와 경영진들은 '옵션'을 높은 가격에 매도하여 더 부유해지지만,회사의 직원들과 주주들은 더 가난해진다.

1970년대부터 많은 CEO들이 회사를 키우거나 일자리를 더 창출하기 위해서가 아니라 주식 시장에서의 투기 거래를 목적으로 부채를 사용해 왔다.

부채를 활용하는 방법

그렇다면, 부채를 돈으로 사용하는 법을 어떻게 배우는가? 여러분이 들어 보았을 법한 이야기로 시작해 보겠다.

베트남에서 하와이로 돌아온 1973년에 나의 가난한 아버지는 내가 대학원에 가서 MBA를 취득하기를 바라셨다. 부자 아버지는 부동산 투자를 배우라고 했다. 가난한 아버지는 내게 E 사분면의 고임금 직장인이 되라고 권유했고, 부자 아버지는 I 사분면의 전문 투자자가 되라고 권유한 것이다.

어느 날 텔레비전을 보던 중 부동산 투자 관련 무료 세미나 광고를 보았다. 나는 그 무료 세미나에 참석했고, 거기서 들은 내용이 마음에 들어서 385달러를 내고 3일짜리 부동산 수업에 등록했다. 당시 나는 아직 해병대 소속이었고 돈을 많이 벌지는 못했기 때문에 385달러는 큰 금액이었다.

3일의 수업은 훌륭했다. 강사는 가르치는 일을 좋아하는 부유하고, 경험이 풍부하며, 성공적인 실제 부동산 투자자였다. 나는 그에게서 많은 것을 배웠다. 프로그램이 끝날 무렵 강사는 이제껏 들어 본 것 중 최고의 조언을 해 주었다. "여러분의 교육은 이 수업을 마친 순간부터 시작됩니다."

그가 내준 과제는 우리 모두 3~5명씩 조를 이루어 매물로 나온 100개의 부동산을 살펴보고 평가서를 작성하는 것이었다. 90일 안에 과제를 완료해야 했다. 그는 우리가 적어도 90일 동안은 부동산을 매입하거나 돈을 투자하지 않기를 원했다.

처음에 우리 조는 다섯 명이었다. 첫 번째 회의가 끝났을 땐 서너 명으로 줄었다. 90일이 끝날 무렵에는 두 명으로 줄었다.

첫 투자에서 배운 교훈

90일 동안 100개의 부동산을 살펴보고 그에 대한 한 페이지 분량의 평가서를 작성한 후, 나는 첫 번째 부동산 투자 기회를 발견했다. 침실 1개와 욕실 1개를 갖춘 마우이섬 해변 옆 콘도였다. 개발업자가 파산한 상태였고 콘도 가격은 1만 8000달러였다. 판매자는 90퍼센트의 융자를 제안했다.

나는 계약금으로 전체 금액의 10퍼센트인 1,800달러를 마련하기만 하면 되었다. 나는 계약금을 내기 위해 부동산 중개인에게 신용카드를 건네주었고, 그 부동산은 내 것이 되었다. 나는 100퍼센트 차입금, 즉 남의 돈으로 첫 번째 투자 부동산을 구매했다. 투자금에 내 돈은 한 푼도 없었다.

매달 말, 부채 상환과 관리비를 포함한 모든 비용을 뺀 후 그 부동산에서 내 주머니로 들어오는 돈은 약 25달러였는데, 이는 '무한수익'을 가져다주는 투자였다. 이 거래에 내 돈은 전혀 들어가지 않았기 때문에 말 그대로 무한한 수익이었다.

한 달에 25달러는 많은 돈이 아니지만, 이를 통해 값을 매길 수 없이 소중한 교훈들을 얻었다. 그런 교훈 중 하나는 '부채는 돈'이라는 것이고 다른 하나는 '부채는 비과세'라는 것이다.

Q: 어째서 부채는 비과세인가?

A: 금융 지식에서 매우 중요한 두 단어가 '부채'와 '자본'이다. 간단히 말
해서 자본은 당신의 돈이다. 부채는 차입금, 즉 다른 사람의 돈이다.
부동산을 구매하는 과정은 일반적으로 먼저 계약금을 납부하면서
시작된다. 대부분의 경우 그 계약금, 즉 소유자의 자본은 세후 금액
이므로 소유자는 이미 그 돈에 대한 소득세를 납부한 것이다.

Q: 부채를 계약금으로 사용하면 납부해야 할 소득세가 없는가?

A: 그렇다. 부채를 활용하여 돈 버는 방법을 안다면 부채는 매우 저렴
한 돈이 될 수 있다. 부채를 사용하여 신용카드로 (예를 들어 신발 한
켤레 등) 물건을 구매하고 최소 결제금액을 납부한다면 부채는 엄청
나게 비싸진다.

Q: 그러면 첫 번째 부동산 투자는 100퍼센트 부채로 진행하고 매달
25달러의 현금흐름 수입을 얻은 것인가?

A: 그렇다. 그리고 그 현금흐름 수입인 25달러도 비과세였다.

Q: 어떻게 그렇게 했는가?

A: 이것이 바로 금융 교육의 목적이다. 공인회계사이자 세무 전문가인
톰 휠라이트가 앞서 '왜 부자들은 세금을 이용해 더욱 부자가 되는
가'에서 세금과 세무 전략을 설명한 바 있다.

왜 부채는 비과세인가

모든 소득이 과세의 대상이라는 것이 일반적인 세법 규정이다. 소득은 당신이 받게
되는 돈이며, 아무런 조건 없이 당신이 원하는 대로 쓸 수 있는 돈이다. 부채는 소득
이 아니고 갚아야 하는 돈이다. 따라서 투자를 위해 돈을 빌린다면 그 돈은 실제로
비과세다. 이런 이유로 부채가 자기자본보다 저렴한 것이다. 자기자본은 이미 세금
이 부과된 당신의 돈이다. 따라서 이자율이 5~6퍼센트라고 해도 40퍼센트의 세금
을 내는 자기자본을 사용하는 것보다 부채가 훨씬 저렴하다.

고급 전략

물론 마우이섬의 1만 8000달러짜리 부동산은 지나치게 단순화된 예
시다. 오늘날 그 부동산의 가치는 약 30만 달러에 달한다. 팔지 않았더
라면 얼마나 좋았을까!

킴의 첫 번째 부동산 투자 금액은 4만 5000달러였다. 그녀는 계약금
으로 5,000달러를 내고 매달 50달러의 현금흐름을 얻었다.

은행은 킴이 판매자의 부채를 '인수'하는 것을 허용했다. 은행은 집을
원한 것이 아니라 저당권자의 월 상환금을 원했던 것이다. 2년 후에 킴
은 그 집을 9만 달러에 팔았고 '자본 이득capital gain'을 다른 부동산에 재
투자했다.

오늘날, 킴과 나는 리치 대드 자문가인 켄 맥엘로이와 함께 약 1만 채
의 임대 주택을 보유하고 있다. 우리는 일하지 않고도 매달 비과세 현
금흐름을 유지하고 있으며, 많은 사람들이 평생 버는 것보다 더 많은

돈을 벌고 있다. 부동산 투자의 과정은 기존과 같은데, 단지 장부에 적히는 입금액에서 0의 개수만 달라졌을 뿐이다. 그러는 동안 우리의 금융 교육과 경험도 증가했다. 파블로프의 개처럼 그저 시키는 대로 하거나 혹은 하라는 대로 행동하고, 아무 생각 없이 월스트리트에 돈을 맡기고 장기 투자하면서 아무것도 배우지 않는 사람들이 안타깝게 느껴진다.

이것이 부자가 점점 더 부자가 되는 매우 큰 이유다.

Q: 계약금으로 신용카드, 즉 부채를 사용하는 것은 위험하지 않은가?

A: 그렇기는 하지만 1,800달러짜리 신발을 사는 것보다는 훨씬 덜 위험하다. 일반적으로 부동산은 그 가치를 유지한다. 반면 신발은 신는 순간 그 가치가 90퍼센트에서 100퍼센트까지 떨어진다. 누가 그 신발을 빌리려고 하겠는가? 하지만 많은 사람들이 하와이 백사장에 있는 멋진 콘도는 빌리려고 한다.

이것이 부자가 더 부자가 되는 또 다른 이유다. 부자는 소득보다 자산에 더 집중하고 부채를 사용하여 자산을 획득하고 키운다.

캐시플로 게임에는 빅딜Big Deals과 스몰딜Small Deals이 있다. 게임을 하는 사람들의 모습을 관찰하면 참 재미있다. 나는 사람들의 행동을 관찰하는 것만으로도 언제나 패배자를 알아볼 수 있다는 사실을 알았다. 패배자는 항상 빅딜로 시작한다.

손익계산서

수입
지출 빈곤층은 (음식, 옷, 가스 등) 생활비를 위해 신용카드를 사용한다.

대차대조표

자산	부채
부자들은 빚으로 자산을 구매한다.	중산층은 빚으로 (집이나 자동차 등) 물건을 구매한다.

은행은 부동산을 좋아한다

기본적인 자산의 종류에는 네 가지가 있다. 사업체, 부동산, 종이 자산(주식 및 채권), 상품이다.

네 가지 자산 모두에서 융자금을 확보할 수 있다. 네 가지 중에서는 부동산이 가장 쉽다. 은행은 부동산에 돈을 빌려 주는 것을 좋아한다. 여기에는 그럴 만한 이유가 있다.

사업 대출

은행에 가서 "사업을 시작하기 위해 백만 달러를 빌리고 싶다."라고 말하면 은행원이 당신을 쳐다보지도 않을 것이다. 그들이 좀 더 친절하다면, 중소기업청의 대출인 SBA 대출을 신청하라고 권할 수도 있다. 부동산이 없다면 사업 대출을 받기가 쉽지 않다.

은행은 담보를 원한다

은행이 스타트업 기업에 대출을 내주지 않으려는 이유 중 하나는 은행이 담보를 좋아하기 때문이다. 부동산은 안전자산이다. 은행은 부동산이 그 가치를 유지할 가능성이 높다는 것을 알고 있다. 따라서 부동산 대출에서는 당신이 대출금을 갚지 못하면 은행이 부동산을 인수하고 그 부동산을 매각을 통해 대금을 회수한다.

그러나 당신의 사업이 실패한다고 했을 때, 은행은 그 사업을 매각할 수 없다. 따라서 사업 대출에서는 은행이 확보할 수 있는 담보가 거의 없다. 이런 이유로 은행은 당신의 사업이 실패하더라도 대금을 회수할 수 있도록 중소기업청이 대출을 보증해 주기를 바라는 것이다.

주식 및 채권 대출

증권 중개인은 당신이 '신용거래on margin'로 주식 및 채권에 투자할 수 있게 해 주는데, 이는 당신이 중개인에 대해 어느 정도의 신용이 있거나 신용 한도를 가지고 있다는 의미다. 하지만 이때 당신의 실수로 손실이 발생하면 증권 중개인은 즉시 '마진콜margin call'을 발행하고 당신이 담보로 제공한 모든 자산을 매도한다.

차익 대출 Margin Loans

주식은 현금화가 쉽기 때문에 대출 신청 시 꽤 좋은 담보가 된다. 그러나 주식의 가격은 매우 빠르게 오르내린다. 따라서 중개인은 당신의 주식 포트폴리오 가치의 일부(대개 50퍼센트 이하)만 대출해 준다. 또한 대출금을 상환하지 않거나 주식 가치가 하락하면 중개인은 신속하게 주식을 현금화해야 한다.

상품 대출Commodity Loans

빚을 내서 금이나 은을 살 계획이라면, 은행들은 대부분 당신에게 한 푼도 빌려 주지 않을 것이다. 은행이 금과 은을 담보로 잡을 수는 있지만, 금이나 은을 사라고 나에게 15년 동안 5퍼센트의 이자로 백만 달러를 빌려 주는 경우는 본 적이 없다.

금화와 은화에는 발이 달려 있다. 그러나 부동산은 움직이지 않는다. 정부는 수년간의 문서, 부동산의 법적 설명, 소유권의 역사적 연속성, 부동산 매매 방법을 보관한다. 이런 것들 말고도 은행이 부동산을 좋아하는 이유는 다양하다.

사업을 시작하거나 부동산에 투자한다면, 먼저 금융 교육에 투자한 다음, 실제 경험을 얻기 위해 소규모로 시작하는 것이 필수적이다. 다행히도, 금융 교육을 받았다면 네 가지 자산 모두에서 부자가 될 수 있다.

현명하게 자신의 사분면을 선택하라

부동산 천국으로 가는 길은 다양하다. 내가 쓴 『부자 아빠 가난한 아빠의 부동산 강의*Real Book of Real Estate*』는 실제 부동산 투자자들이 기록한 전략과 공식을 모아 놓은 책이다. 이 책에서 도널드 트럼프의 아들 두 명, 도널드 주니어와 에릭은 자신들이 아버지로부터 배운 내용을 알려준다.

> Q: 해병대를 제대하기 전에 부자 아버지가 부동산 투자 수업을 들으라고 조언한 이유가 그것 때문인가?
>
> A: 그것도 한 가지 이유였다. 주된 이유는 내가 인생 초기에 I 사분면에 집중하도록 하기 위해서였다. 가난한 아버지는 내가 E 사분면인 고임금의 일자리를 찾는 데 집중하길 원했다.

어디에 투자해야 하는가

옛날 옛적에 정부는 세수보다 더 큰 지출을 충당할 목적으로 발행된 국채의 구매를 장려하기 위해 당신에게 이자 소득을 제공했다.

옛날 옛적에 은행은 당신의 저축을 유치하기 위해 경쟁했다. 은행은 당신이 돈을 예치하도록 장려하기 위해 토스터와 스테이크 나이프, 심지어 현금까지 무료로 제공했다.

오늘날에는 유럽, 미국, 아시아에서 점점 더 많은 은행이 적극적으로 예금을 권장하지 않는다. 오늘날 유럽과 일본에서는 저축하는 사람들에게 보관료를 부과한다. 이것을 마이너스 금리 정책NIRP이라고 한다.

나머지 국가들에서도 이를 따르는 일은 시간문제일 뿐이다. 이것은 저축하는 사람이 패배자가 되었다는 확실한 증거다.

이것은 무엇을 의미하는가? 결국 세상에 돈이 너무 많다는 뜻이다. 당신의 저축이 은행에게는 부채이기 때문에 은행은 당신의 저축을 원하지 않는다. 은행은 돈을 빌릴 줄 아는 채무자를 원한다. 그래서 이자율이 그렇게 낮은 것이다.

옛날 옛적에 사람들은 은행가들이 저축을 생산적인 프로젝트에 투자하여 경제를 성장시킬 것이라고 믿었다. 오늘날 은행가와 기업의 경영진은 저축하는 사람들의 돈을 경제 성장을 위해 재투자하지 않는다.

나는 6개월 만에 MBA 과정을 그만두었다. 내가 기대했던 사업 성장 방법이 아니라 '시장을 조작하여 많은 돈을 버는 방법'을 가르치고 있었기 때문이다. 오늘날, 우리의 경영대학원들은 영리하고 뛰어난 학생들에게 연구 개발에 투자하고, 사업을 키우고, 일자리를 창출하는 법을 가르치기보다는 시장을 조작하여 많은 돈을 버는 법을 가르치고 있다.

은행과 주식 시장은 기업이 사업을 성장시키기 위한 자금을 조달하고, 저축하는 사람과 투자하는 사람이 기업과 함께 성장하는 것을 돕기 위해 만들어졌다. 부유한 기업들이 돈이 필요하지 않은 상황에서도 은행에서 돈을 빌리고 주식 시장에 투자하는 것이야말로 아이러니의 극치다. 빈곤층과 중산층이 더 가난해지는 또 다른 이유가 바로 이것이다.

마지막으로, 미국 국민은 경제가 얼마나 심각하게 망가졌는지, 그리고 그것이 대부분의 미국인에게 얼마나 문제가 되는지 깨닫고 있다. 이런 까닭에 미국 대선 후보였던 버니 샌더스 상원의원이 다음과 같은 선거 구호를 외친 것이다.

"부와 소득 불평등 문제는 우리 시대의 가장 큰 도덕적 문제다."

그 도덕적 위기는 바로 학교에서 시작된다. 유치원에서 고등학교까지 우리의 교육기관들은 돈에 대해 거의 또는 전혀 가르치지 않는다. 사람들은 1971년 이후 부채가 돈이라는 사실을 깨닫지 못한 채 여전히 돈을 저축해야 한다고 믿고 있다. 금융 교육을 받지 않으면 사람들은 대부분 돈의 규칙이 바뀌었다는 사실을 깨닫지 못한다.

더 부자가 되고 싶다면 부채를 돈으로 사용하는 연습을 하기 전에 먼저 금융 교육에 투자하라. 부채를 활용하여 부자가 되는 법을 배우면 극소수만이 경험할 수 있는 믿을 수 없는 힘을 얻게 된다.

빈부 격차는 다음의 요인들에 의해 발생한다.

1. 재정 자문가
2. 세금
3. 부채
4. 실수
5. 저축
6. 폭락

이제 1부를 모두 읽은 당신은 동전의 양면을 더 잘 볼 수 있을 것이다. 동전의 반대편으로 가는 길은 진정한 금융 교육을 통해서라는 점을 이해하게 되었으리라 생각한다.

하지만 금융 교육을 시작하기 전에 어떤 것이 금융 교육이 아닌지, 그리고 인생에서 금융 문맹의 대가가 무엇인지 이해하는 것이 매우 중요하다. 2부에서는 이 점을 보다 자세히 살펴볼 것이다.

WHY THE
RICH
ARE GETTING
RICHER

PART 2

왜
돈의 언어를
배워야 하는가

두 선생님 이야기

많은 사람들은 자신이 금융 교육을 받았다고 생각한다. 이 책을 읽으면 자신이 금융 교육의 스펙트럼에서 어디에 속하는지 더 잘 이해하게 될 것이다. 당신은 부자 아버지의 의견에 동의하고 돈과 투자에 대해 배울 것들이 많다고 느끼게 될 것이다.

"금융 교육이란 어떤 것이다."라고 하기 전에 '금융 교육이 아닌 것'은 무엇인지 알아보는 게 먼저다. 예를 들어, 사람들은 대부분 집이 자산이라고 믿는다. 그러나 집이 실제로는 '부채'인 경우가 많다. '부채'를 '자산'으로 잘못 분류하는 것은 부자와 그 외의 사람들 간의 격차가 커지는 주된 이유 중 하나다.

금융 문맹

금융 교육이 아닌 것이 무엇인지 정의한 후, 다음 장에서는 금융 문해력에 대해 알아보고, 또다시 경제 상황에 변화가 생기면 금융 문맹인 사람들에게 어떤 일이 일어날 것인지에 대해 알아본다.

따라서 자신의 '금융 교육'이 얼마나 탄탄한지, '금융 문해력'이 얼마나 높은지 알아볼 준비가 되었다면, 이제 2부를 시작해 보자.

chapter 7

금융 교육이 아닌 것은 무엇인가

가난한 아빠: 왜 금융 교육이 필요하지? 나는 고등교육을 받았다. 나는 좋은 직업을 가지고 있다. 나는 집, 은행에 넣어 둔 돈, 그리고 정부 퇴직연금도 있다.

부자 아빠: 바보와 말다툼하면 똑같이 바보가 된다.

금융 교육에는 빈곤층과 중산층을 위한 교육이 있다. 그리고 동전의 반대쪽에는 부자들을 위한 금융 교육이 있다.

워런 버핏이 다음과 같이 얘기한 데에는 다 이유가 있다.

"롤스로이스를 타는 사람이 지하철을 타는 사람에게 조언을 구하는 곳은 월스트리트밖에 없다."

진정한 금융 교육이 무엇인지를 알기 전에 먼저 동전의 이면, 즉 '금융 교육이 아닌 것'은 무엇인지 따져 보는 게 중요하다.

금융 교육이 아닌 것

『부자 아빠 가난한 아빠』는 2002년 《뉴욕타임스》의 베스트셀러 목록에 올랐다. 그 후 나는 「오프라 쇼」에 출연했고, 갑자기 유명인이 되었다. 여기저기서 전화가 왔고, 나는 금세 여러 텔레비전 쇼와 라디오 프로그램의 단골손님이 되어, 전 세계의 여러 잡지와 신문과도 인터뷰했다. 인터뷰는 대부분 나의 두 아버지, 즉 부자 아버지와 가난한 아버지에 대한 이야기였다. 아무도 나에게 금융 교육에 관해 물어본 사람은 없었다.

나와 인터뷰한 사람들은 거의 모두가 고등교육을 받은 사람들이었고 금융 교육이 무엇인지 알고 있다고 확신했다.

부자 아버지의 말씀처럼 "바보와 말다툼하면 똑같이 바보가 된다." 금융 교육에 대한 '그들의 생각'이 부자 아버지의 생각과 같지 않다는 점을 설명하기 위해서는 수완이 필요했다. 우리는 동전의 같은 면에 서 있는 것이 아니었다.

고학력자들이 생각하는 금융 교육으로는 다음과 같은 것들이 있다.

1. 경제학

기자들은 경제학을 금융 교육이라고 생각하는 경우가 많았다. 경제학에 대한 이해도 중요하긴 하지만, 나의 부자 아버지가 생각한 금융 교육이 경제학은 아니었다. 그는 자주 이렇게 말했다. "경제학을 공부해서 부자가 될 수 있었다면, 왜 경제학자들이 대부분 가난하겠니?"

오늘날, 미국 연방준비은행은 다른 어떤 기관보다 많은 경제학 박사들을 고용하고 있다. 만약 박사 학위를 가진 경제학자들이 우리를 부자로 만들어 줄 수 있다면, 왜 미국 경제가 이런 곤경에 처해 있는 것인가? 다음의 도표를 살펴보자.

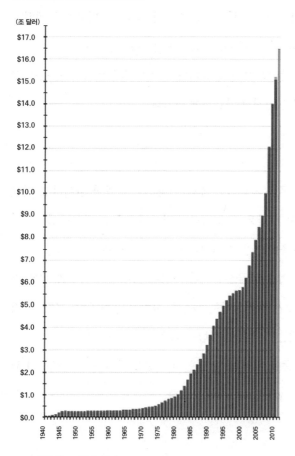

미국의 국가 부채(1940~2010년)

출처: National Debt Clock

경제학 박사 학위가 없어도 경제학자들이 너무 많은 보수를 받고 있다는 사실은 알 수 있다.

2. 장부의 잔액 맞추기

미국의 한 유명 TV 진행자가 인터뷰 도중에 "금융 교육은 장부의 잔액을 맞추는 방법을 아는 것"이라고 말했다. 내가 그 의견에 동의하지 않자, 그는 내 말을 끊고 다른 주제로 넘어가 버렸다.

장부의 잔액을 맞추는 일은 중요하다. 하지만 장부의 잔액을 맞출 수 있던 나의 부모님은 여전히 가난하게 살았다.

3. 저축

많은 사람들이 돈을 저축하는 것을 현명하고 똑똑한 일이라고 믿었다. 내가 "저축하는 사람은 패배자"라고 말하자 그들은 당황해했다.

진정한 금융 교육에는 돈의 역사가 반드시 포함되어야 한다. 1971년 닉슨 대통령의 선언으로 금본위제가 폐지된 이후부터 미국과 세계 각국이 돈을 찍어 내기 시작했다는 사실을 사람들은 잘 알지 못했다. 정부가 돈을 찍어 내는데 똑똑한 사람이 왜 돈을 저축하겠는가?

다음은 정부가 돈을 찍어 낼 때 일어나는 일을 다시 한번 강조하기 위해 이 책의 앞에서 살펴본 두 개의 도표다.

연방준비은행의 통화 기반 확대

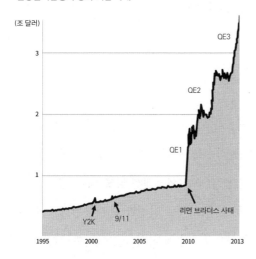

미국 달러화의 구매력(1900년~2002년)

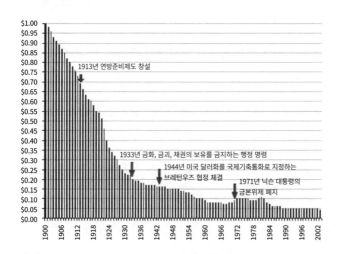

출처: Financial Sense

금융에 대해 잘 아는 사람이라면 은행과 정부가 돈을 찍어 낼 때 돈의 가치는 떨어지고 생활비가 오른다는 사실을 알 것이다.

잘 알다시피 "문제는 돈이야, 바보야."

4. 신용 점수

미국이라면 파이코FICO라는 기업이 제공하는 신용 점수인 파이코 스코어를 이용할 수 있다. 신용 점수는 대출을 제때 갚을 가능성을 예측하는 데 사용되는 수치다. 신용 점수는 회사에서 담보 대출, 융자, 또는 신용카드를 제공할지 여부 등 신용 가치를 결정할 때 사용된다.

신용 점수도 물론 중요하지만 그것이 금융 교육은 아니다. 많은 빈곤층과 중산층 사람들도 높은 신용 점수를 가지고 있다.

5. 부채에서 벗어나기

가난한 아버지는 부채가 나쁘다고 생각해서 '빚지지 않고 살기'를 원했다. 금융 교육을 제대로 받지 못한 아버지에게 빚 없이 산다는 건 좋은 생각이었다. 빚지지 않고 살라고 하는 것은 빈곤층과 중산층에게 좋은 조언이다.

부자 아버지는 종종 "부채가 돈이다."라고 했다. 또한 "좋은 부채와 나쁜 부채가 있는데, 좋은 부채는 부자로 만들어 주고 나쁜 부채는 가난하게 만든다. 부채를 이용해서 부자가 되고 싶다면, 금융 교육에 투자해서 좋은 부채와 나쁜 부채의 차이를 알고 부채를 이용하는 방법을 이해해야 한다."라고 하셨다.

아래 그림은 은행 시스템을 잘 보여 준다.

진정한 금융 교육은 은행 시스템의 큰 그림을 설명해야 한다. 은행 시스템은 저축하는 사람과 돈을 빌린 사람으로 구성된 시스템이다. 위 그림에서 볼 수 있듯이 돈을 빌리는 사람이 없다면 세계의 화폐 시스템은 붕괴할 것이다.

이런 이유로 대부분의 은행 신용카드가 공짜 여행이나 캐시백 등 각종 '혜택'을 제공하면서 사람들에게 빚을 지도록 유도하는 것이다. 은행은 저축하는 사람들이 아니라 돈을 빌리는 사람들로부터 돈을 벌고 있다. 2007년의 부동산 폭락 사태 이후 신용카드는 많은 은행의 주요 수입원이 되었다.

가난한 아버지는 빚을 내서 집과 차를 샀다. 그게 나쁜 부채다. 나쁜 부채는 채무를 만든다. 나쁜 부채는 갚아야 하는 빚이다.

부자 아버지는 투자용 부동산을 매입하고 사업을 키우기 위해 부채를 이용했다. 그건 좋은 부채이고, 좋은 부채는 당신을 더 부자로 만들어 준다. 좋은 부채는 다른 사람들이 대신 갚아 주는 빚이다. 정부는 좋은 부채를 사용하는 방법을 아는 사람들에게 세금 감면 혜택을 제공한다.

세계의 은행 시스템은 부분지급준비금 제도Fractional Reserve Banking System에 기반을 두고 있다. 즉, 저축하는 사람이 은행에 넣은 1달러에 대해 은행은 그 금액의 배수를 채무자에게 대출할 수 있다. 예를 들어, 부분지급준비금이 10이라면 은행은 예치한 1달러에 대해 10달러를 대출할 수 있다는 뜻이다. 인플레이션이 너무 높으면 (미국의 연방준비제도와 같은) 중앙은행은 여러 방법을 통해 은행이 대출할 수 있는 지급준비율을 효과적으로 낮출 수 있다. 예를 들어 지급준비율을 10에서 5로 낮추면 예치한 1달러에 대해 은행은 5달러만 대출할 수 있게 된다.

은행들이 오늘날처럼 이자율을 낮추는 것은 "저축하는 사람은 필요 없다. 우리는 돈을 빌리는 사람을 원한다."라고 말하는 것과 같다.

저금리로 인해 중산층은 더 나은 수익률을 기대하며 주식 시장과 부동산 시장으로 몰리고 있다. 중산층은 금융 시장의 '거품'을 쫓고 있다. 거품이 터지면 많은 중산층이 전 재산을 잃을 수 있다.

저금리는 "돈을 빌리러 오세요. 돈이 할인 중입니다."라는 메시지를 보내는 것이다. 저금리는 부자들이 더욱 부자가 되기 쉽게 해 준다. 빈곤층과 중산층, 특히 저축하는 이들에게 저금리는 재정적 재앙을 의미한다. 아이러니하게도 저축은 과세 대상이지만 부채에는 세금이 붙지 않는다. 이것이 부자들이 더 부자가 되는 또 다른 이유다.

톰의 세무 조언

저축과 부채는 세금이라는 동전의 반대편이다

저축에는 세금이 부과되고 부채에는 세금이 부과되지 않는다. 저축과 부채에 대한 이자는 다른 세율이 적용되는데, 자산을 매수하는 데 사용되는 좋은 부채에 대한 이자는 공제도 가능하다. 따라서 부채는 실제로 세금을 내려 주고 저축은 세금을 올린다.

---

6. 형편에 맞게 생활하기

옛날에는 형편에 맞게 살면서 돈을 저축하는 것이 옳은 일이었다. 검소하게 생활하고 미래를 위해 저축하면 재정적 안정을 얻을 수 있었고 더 나아가 부자가 될 수도 있었다.

1971년 닉슨 대통령의 선언으로 금본위제가 폐지되면서 은행과 정부가 돈을 찍어 낼 수 있게 된 이후로는 형편에 맞게 살면서 돈을 저축하는 것은 '의미 없는 일'이 되었다.

1970년대 이후로 중산층의 소득이 정체되었을 뿐만 아니라 중산층 소득 가구의 비중 또한 점차 감소했다. 중위 소득의 50퍼센트에서 150퍼센트 사이에 속하는 미국 가구의 비율은 1970년의 50.3퍼센트에서

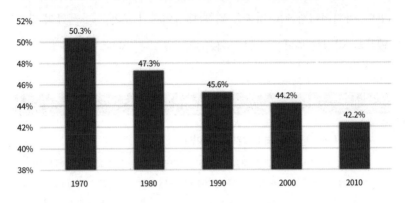

연간 중위 소득의 50퍼센트 구간 이내인 가구의 비율 (중산층 소득 가구 수의 감소 추이)

출처: Alan Krueger

2010년에는 42.2퍼센트로 감소했다.

이 도표는 중산층에게 무슨 일이 일어나고 있는지를 보여 준다. 소득보다 적게 지출해 형편에 맞게 생활하고 돈을 저축하는 것은 재정적으로 현명한 일이 아니다. 오늘날, 형편에 맞게 생활하면 빈곤층과 중산층은 더욱 가난해질 뿐이다.

7. 장기 투자

지난 120년 동안 주식 시장에서 무슨 일이 일어났는지 보여 주는 다음의 그래프를 다시 살펴보자. 보다시피, 1895년부터 2000년까지는 '장기 투자'가 의미 있는 일이었다.

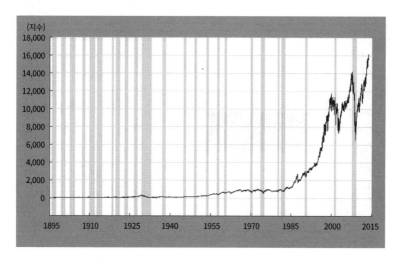

120년간 다우존스 산업평균지수 DJIA

도표의 음영 부분은 미국 경제의 침체기를 의미한다.

출처: FRED-Federal Reserve Economic Data

2000년부터 2010년 사이에 전 세계는 세 번의 큰 폭락을 경험했다. 2000년에는 닷컴 붕괴를 목격했다. 2007년에는 서브프라임모기지 사태가 있었다. 그리고 2008년에는 금융위기가 발발했다.

1장에서 워런 버핏의 버크셔 해서웨이 차트를 통해 확인했듯이, 세계 최고의 투자자조차도 2000년 이후에는 손실을 막을 수 없었다.

나는 이보다 더 큰 폭락이 다가오고 있다고 믿고 있다.

"걱정 마세요. 1929년 대공황만큼 큰 폭락 사태는 없을 거예요."라고 말하는 사람들도 있지만, 나는 그렇게 생각하지 않는다.

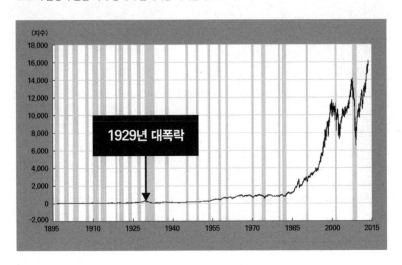

120년간 다우존스 산업평균지수 DJIA

도표의 음영 부분은 미국 경제의 침체기를 의미한다.

(지수)

1929년 대폭락

출처: FRED-Federal Reserve Economic Data

그래서 당신에게 묻겠다. 다음에 올 폭락이 1929년 대공황보다 수천배 더 큰 규모라면 장기 투자를 해야 하는가?

2002년 출간된 『부자 아빠의 미래 설계』에서 나는 2016년 전후로 역사상 가장 큰 폭락이 일어날 가능성이 높다고 예측했다. 다음 차트는 다음과 같은 중요한 질문을 던진다. 앞으로는 어떻게 될 것인가?

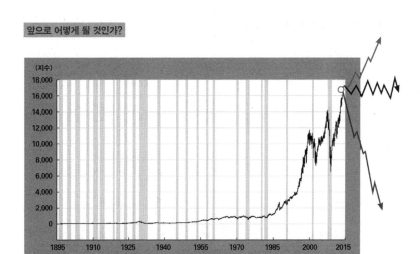

출처: FRED-Federal Reserve Economic Data

시장이 꾸준히 상승한다면 장기적으로 투자하는 것이 옳은 일이다.
시장이 폭락하면 부자는 더 부자가 될 것이다. 반면에 불행히도 수백만
명의 사람들은 파산할 것이다. 더 부자가 되고 싶다면 이제 지하철을
타는 사람들의 조언은 그만 듣는 것이 좋을 것이다.

Q: 누군가가 광기를 멈추고 세계 경제를 구할 수 있을까?

A: 무엇이든 가능하다. 문제는 세계 경제가 사상누각이라는 점이다.

Q: 경제가 얼마나 빨리 무너질 수 있을까?

A: 경제가 무너진다면 아마 단계적으로 쓰러질 가능성이 높다. 하지만
준비가 되어 있는 사람이라면 흐름에 맞춰 변화할 시간이 있을 것
이다.

경제의 미래에 관심이 있다면

세계 경제의 미래에 관심이 있는 사람들에게 추천하고 싶은 책은 필립 하슬람Philip Haslam의『돈이 국가를 파괴할 때When Money Destroys Nations』이다. 이 책은 돈에 대해 재정적으로 정확하고 이해하기 쉽게 쓴 훌륭한 책이다.

필립 하슬람은 공인회계사, 경제 자문가, 작가, 연설가로 활동 중인 매우 똑똑한 청년이다. 그는 남아프리카공화국의 요하네스버그에 살고 있다. 필립은 톰과 내가 남아프리카공화국에 방문했을 때 우리와 함께했고, 톰 휠라이트를 도와서 남아공의 세법, 돈을 찍어 내면 나타나는 일, 비트코인, 세계 경제에 대해 강연했다.

남아공에 살던 필립은 한때 굉장히 부유했던 나라에서 벌어지고 있는 금융 붕괴, 즉 전쟁이나 자연재해가 아니라 무분별한 화폐 발행으로 인해 발생하는 붕괴를 직접 목격하기 위해 국경을 넘어 짐바브웨로 떠났다.

여섯 개의 협곡

필립은 자신의 책에서 '초인플레이션의 여섯 개 협곡의 순간'을 설명한다. 남아공에는 산으로 이어지는 깊은 계곡에 위험한 폭포 여섯 개가 이어져 있는데, 이곳을 자살 협곡이라고 한다.

그는 첫 번째 폭포 절벽에서 아래의 깊은 웅덩이로 뛰어내린 경험을 이야기한다. 그리고 뒤돌아보니 나갈 수 있는 곳이 하나뿐이라는 사실을 깨달았다. 그래서 그는 계속해서 더 커지는 폭포들에서 뛰어내려 더 작고 얕아지는 웅덩이들로 넘어가야만 했다.

그는 자살 협곡에서 겪은 경험에 빗대어 여섯 단계의 금융 붕괴를 설명한다. 그러면서 경제 붕괴를 실제로 겪은 사람들의 눈을 통해 짐바브웨의 여섯 단계 붕괴에 관한 이야기를 들려준다. 그 이야기는 충격적이다. 지금 무언가를 하려는 동기부여가 필요하다면 이 책을 읽어 보기를 바란다.

다음은 붕괴를 겪은 사람들의 진술을 필립의 책에서 발췌한 것이다.

"결국 그들은 3년 동안 삶을 이어 온 집을 팔아야 했어요. 그렇게 그 사람과 그의 아내는 극빈층으로 전락했고 아들과 함께 살기 위해 남아공으로 이주해야 했죠. 2년 후 두 사람 모두 세상을 떠나고 말았어요."

"아버지 친구분은 법률 회사에서 50년 동안 근무하셨습니다. 그 기간 내내 그는 퇴직 적금을 올드뮤추얼Old Mutual이라는 투자 회사에 맡겼는데, 초인플레이션이 되자 그 적금이 거의 다 사라져 버리게 되었어요. 올드뮤추얼은 그의 퇴직 적금이 매월 지급할 가치도 안 되니 전액을 한 번에 지급하겠다는 편지를 보냈습니다. 그렇게 그분은 평생 모은 연금을 받았고, 그 돈으로 석유를 한 통 샀습니다."

"가치가 떨어지는 돈을 어떻게 가져갈 수 있나요? 정부는 우리에게 강제로 지폐를 쓰라고 했어요."

"식료품이 우리에겐 돈이나 마찬가지였기 때문에 식료품 창고는 자물쇠로 잠그고 다녔어요. 그게 우리의 투자이자 저축이었죠. 우리는 식료품으로 뭐든 살 수 있었어요. 일꾼, 설탕, 쌀, 연료 등등 무엇이든지요. 식료품이 우리에겐 돈이었거든요."

"여성 교도소에서는 탐폰과 생리대가 부족했어요. 미국 달러보다 이 것들을 찾는 사람이 더 많았고, 곧 교도소에서 위생용품이 교환 수단으로 유통되었습니다."

"초인플레이션으로 인해 모든 사람이 범죄자가 되었습니다. 살아남으려면 법을 어겨야 했기 때문이죠."

"우리를 위해 일하시던 한 아주머니께서 우리가 돕는 고아들을 위해 책을 사러 갔습니다. 그녀는 책을 한 무더기 사고 서점 주인에게 미국 달러로 계산했죠. 바로 그때 잠복하고 있던 정부 요원이 들이닥쳤어요. 우리는 어쩔 수 없이 뇌물을 줘야 했습니다. 저는 뇌물을 싫어하지만, 아주머니가 감옥에 가게 놔두느냐 아니면 뇌물을 쥐여 주느냐 하는 상황에서는 뇌물을 주는 수밖에 없었어요."

"그들의 삶은 시들어 버렸습니다. 약품, 음식, 물을 구할 수도 없었고, 돈으로 아무것도 살 수 없는 이유를 아는 사람도 거의 없었습니다. 집에서 죽어 가는 연금 수급자들과 벼랑 끝으로 내몰려 함께 조용히 삶을 마감하는 노부부들의 이야기도 많이 들었습니다."

부유했던 나라의 몰락

"짐바브웨는 가난한 나라라서 그런 일이 일어났다."고 말하는 사람들도 있다. 나는 그런 사람들에게 50년 전만 해도 짐바브웨가 '아프리카의 곡창지대'라고 불렸을 만큼 굉장히 부유했던 나라였다는 점을 상기시켜 준다.

오늘날 베네수엘라는 짐바브웨와 같은 상황을 겪고 있다. 세계 최대 석유 매장량을 자랑하는 베네수엘라도 역시 매우 부유했던 나라다. 그렇다면 한때 부유했던 나라의 사람들이 어쩌다가 이런 일이 일어나도록 내버려 두게 되었을까?

필립의 책에는 다음과 같은 이야기가 나온다.

"인플레이션이 증가하면서 짐바브웨 국민은 짐바브웨 달러에 대한 신뢰를 잃었고, 정부는 광범위한 통제 조치를 시행해 물가를 관리하면서 물가 상승률을 조작했으며, 무슨 일이 일어나고 있는지 명확하게 이해할 수 없도록 '모호한 언어'를 사용했다."

페드스피크

(1987년부터 2006년까지 활동한) 전 연방준비은행 총재 앨런 그린스펀은 페드스피크Fedspeak(미 연준의 인사들이 사용하는 모호한 화법 — 옮긴이)로 유명한 인물이다. 그린스펀이 하는 말을 들어 보자.

"중앙은행의 총재가 된 이후로 나는 매우 일관성 없이 중얼거리는 법을 배웠다. 내가 과도하게 분명해 보인다면, 내가 한 말을 오해한 것이 틀림없다."

페드스피크나 중앙은행 총재의 말을 듣는 게 물론 금융 교육은 아니다. 그것은 잘못된 금융 정보에 가깝다. 만약 그린스펀, 벤 버냉키, 그리고 현재는 재닛 옐런인 연준 의장들이 솔직했다면, 그들은 그냥 "문제는 돈이야, 바보야."라고 했을 것이다.

2016년에 나는 필립 하슬람에게 세상이 어떤 협곡으로 뛰어들고 있다고 생각하는지 물었다. 그는 이렇게 답했다. "제 생각에는 3번 협곡, 어쩌면 아마도 4번 협곡일 것 같습니다."

이제 금융 교육이 아닌 것은 무엇인지에 어느 정도 알게 되었으니, 다음 장에서는 금융 문맹이 치러야 할 대가에 대해 설명하겠다.

chapter 8

당신은 금융 문해력이 있는가

가난한 아빠: 집은 자산이다.
부자 아빠: 집은 부채다.

나의 가난한 아버지는 고학력자였다. 그는 수석 졸업생으로 2년 만에 대학을 졸업하고 학업을 이어 나가 스탠퍼드대학, 시카고대학, 노스웨스턴대학을 거쳐 결국 박사 학위를 받았다.

그러나 불행히도 금융에는 문맹이었다. 그는 돈의 언어를 구사하지 못했기 때문에 '자산'과 '부채'의 차이를 알지 못했다.

'금융 문맹'이었던 그는 더 열심히 일했지만, 재정적으로 넉넉한 적은 한 번도 없었다. 매년 급여는 인상되었지만, 지출도 증가했다. 그는 최선을 다해 돈을 관리했지만, 돈은 마치 손가락 사이로 빠져나가는 것 같았다.

그는 네 자녀를 둔 고학력에 정직하고 근면한 가장이자 지역 사회의 기둥이었지만, 평생을 가난하게 살았다.

문맹에 따른 대가

우리는 모두 문해력, 즉 읽고, 쓰고, 말하고, 기본적인 수학을 할 수 있는 능력의 중요성을 잘 알고 있다. 문해력은 인간과 외부 세계의 연결 고리다.

다음은 문맹에 대한 다섯 가지 통계 자료다.

- 초등학교 4학년을 마칠 때까지 글을 능숙하게 읽을 수 없는 학생의 3분의 2는 결국 감옥에 가거나 복지 수급자가 된다.
- 미국 교도소 수감자의 70퍼센트 이상이 초등학교 4학년 수준 이상의 글을 읽지 못한다.
- 미국 어린이 4명 중 1명은 읽는 법을 배우지 못한 채 자란다.
- 초등학교 3학년까지 글을 능숙하게 읽지 못하는 학생은 학교를 중퇴할 확률이 4배나 높다.
- 2011년 기준으로 미국은 OECD(경제협력개발기구) 국가 중 현세대의 교육 수준이 이전 세대보다 낮은 유일한 자유시장 국가다.

금융 문맹에 따르는 대가

마찬가지로 금융 교육이 부족하면 치러야 할 대가가 크다는 데 대부분 동의할 것이다.

1. 금융 문맹은 사람을 무력하게 만든다.

금융에 문맹인 사람들은 두려움에 사로잡힌 채 거짓 안정감에 집착하며 산다. 두려움은 사람들을 가난하게 만든다. 금융에 문맹인 사람들은 인생의 기본적인 금융 문제도 해결할 수 없다.

2. 금융 문맹은 자존감을 무너뜨린다.

금융 문해력이 없으면 자존심과 자아 존중이 낮아져서 효과적이고 단호하게 행동할 수 없게 된다. 금융에 문맹인 사람은 돈을 어떻게 다루는지 아는 척하며 살아간다.

3. 금융 문맹은 사람을 좌절시키고 화나게 한다.

가장 큰 이혼 사유는 돈 문제로 인한 다툼이다. 금융에 문맹인 사람들은 그 문제의 올바른 답을 찾지 못한다. 항상 돈이 부족할까 봐 걱정하기 때문에 행복하고 풍요롭고 만족스러운 삶을 살기가 어렵다.

4. 금융에 문맹인 사람들은 고정관념에 사로잡혀 있다.

나는 금융에 문맹인 사람들의 마음이 열려 있지 않다는 사실을 발견했다. 그들은 대체로 부자는 사악하고 탐욕스럽고 잔인하다고 믿는다. 또한 돈이 많으면 자신이 가진 문제를 해결할 거라고 믿는 사람이 많다.

금융에 문맹인 사람들은 "여기서는 그렇게 할 수 없어요."라는 말을 자주 한다. 그 사람들은 금융 문해력이 있는 사람들이 바로 눈앞에서 그렇게 하고 있는데도 자신의 믿음을 고집한다. 금융 문맹은 그들의 삶을 제한한다. 고정관념이 교육 부족으로 인한 고통, 혼란, 어리석음, 무력감도 덮어 버린다.

5. 금융에 문맹인 사람들은 자신이 피해자라고 믿는다.

금융 문해력이 없는 사람은 세계 경제에서 무슨 일이 일어나고 있는지 알지 못한다. 그들은 자신의 돈 문제를 다른 사람 탓으로 돌리는 경향이 있다. 그들 중 대다수는 자신의 돈 문제에 대해 부자들을 탓한다.

금융 문맹인 사람들은 대부분 자신이 세금 제도의 희생자라고 믿는다. 그래서 부자들이 세금을 거의 내지 않는다는 말을 들으면 화를 내는 것이다. 이런 사람들은 부자들이 어떻게 세금을 적게 낼 수 있었는지 그 방법(또는 자신들이 내야 할 세금을 최소화하는 방법)을 찾기보다는 부자들을 "도둑놈", "사기꾼"이라고 부른다.

6. 금융 문맹은 사람들의 눈을 멀게 한다.

금융에 문맹인 사람들은 수백만 달러를 벌 기회가 바로 눈앞에 있어도 보지 못한다. 그리고 이들은 만난 적도 없는 낯선 사람을 자기 자신보다 더 신뢰한다. 그래서 수백만 명의 사람들이 "내 돈은 어떻게 해야 할까요?"라며 묻고, 실제로 누가 자기의 돈을 '관리'하는지도 모르면서 장기 투자만 하고 있는 것이다. 심지어 다가오는 시장 붕괴를 보지 못하고 신뢰에 의존해 투자한다.

부자는 왜 더 부자가 되는가

7. 금융 문맹은 빈곤의 원인이 된다.

아이러니하게도 돈이 넘쳐나는 세상에서 중산층은 줄어들고 빈곤층은 증가하고 있다.

은행이 수조 달러를 찍어 냈는데도 수십억 명의 사람들은 계속해서 "돈이 없다."고 말한다. 그리고 이자율이 사상 최저 수준이지만 여전히 수십억 명이 대출을 받지 못해 집을 사지 못한다.

8. 금융에 문맹인 사람들은 가난한 투자자가 된다.

금융에 문맹인 사람들은 잘못된 시기에 잘못된 장소에 있으며, 대개 잘못된 이유로 잘못된 시기에 잘못된 것에 투자하는 경우가 많다. 그들은 비싸게 사서 싼값에 팔아 버린다. 월마트에서 할인 행사를 하면 그들은 잽싸게 달려가 물건을 산다. 그렇지만 월스트리트에서 할인 행사를 하면 낮은 가격으로 '할인 중'인 최고의 투자로부터 도망가기에 바쁘다.

9. 금융 문맹은 판단력을 떨어뜨린다.

금융에 문맹인 사람은 가치를 이해하지 못한다. 이런 사람은 종종 품질을 보지 않고 값이 싼 것을 구매한다. 금융에 문맹인 사람은 무엇이 중요한지, 무엇이 가치 있는지, 무엇을 해야 하는지, 자기의 행동이 어떤 결과를 낳는지 이해하지 못한다.

10. 금융 문맹은 삶을 혐오하게 만든다.

수백만 명이 자기가 원하고 필요한 만큼 돈을 벌지 못한 채 자기가 싫어하는 일을 하고 있다. 미국 근로자의 70퍼센트가 실제로 자기의 일을 싫어하는 것으로 추정된다. 그들은 급여를 받기 위해서 가장 귀중한 자산인 자신의 삶을 팔고 있다.

11. 금융 문맹은 비윤리적인 행동으로 이어질 수 있다.

금융 문맹은 도덕적, 윤리적, 법적 가치를 갉아먹는다. 조금이라도 돈을 벌어 보겠다고 '마약 거래'나 '매춘' 또는 '도박'에 손댄 사람들의 끔찍한 이야기를 한 번쯤 들어 보았을 것이다. 마찬가지로 수백만 명이 돈을 위해 속임수를 쓰고, 거짓말하고, 도둑질을 한다. 많은 사람이 합법적으로 세금을 줄이는 방법을 배우기보다는 세금을 조작하려고 한다.

톰의 세무 조언

세금 조작

매년 몇 번씩은 세금을 속이게 도와달라거나 적어도 묵인해 달라는 사람을 만나곤 한다. 그럴 때면 나는 세법을 이해하면 속일 필요가 없다고 설명한다. 어떤 사람들은 내 말을 듣고 세금 조작을 멈출 것이다. 또 어떤 사람들은 너무 게을러서 올바른 방법을 쓰지 않고 계속 속임수를 쓸 것이다. 이탈리아 세법에는 실제로 두 가지 수준의 세금 조작 행위를 구분해서 다룬다. 경미한 세금 조작 행위와 중대한 세금 조작 행위에 대한 처벌이 따로 있다. 여행을 하면서 세금 조작이 일반적으로 벌어지는 나라의 사람들을 만나기도 했다. 그러나 금융 교육을 받으면 누구나 합법적으로 세금을 적게 낼 수 있으니, 세금을 속이거나 조작이 발각될까 봐 두려워할 필요가 없다.

12. 금융 문맹은 현실을 왜곡한다.

재정적인 어려움에 빠져 스트레스를 받고 불안해지면 사람들은 현실을 명확하게 인식하지 못하게 된다. 그들은 자신에게 열려 있는 선택권과 기회를 보지 못한다. 예를 들어, 사람들은 대부분 큰 집, 화려한 자동차, 멋진 옷, 비싼 포도주, 반짝이는 장신구가 자신을 부자로 만들어 준다고 믿는다.

단계별로 한 걸음씩

인생의 여러 가지 일들과 마찬가지로, 금융 교육도 하나의 과정이며 다음의 단계를 거친다.

- 금융 교육을 통해 금융 문해력을 높인다.
- 금융 문해력이 높아져 금융 문제 해결 능력도 높아진다.
- 금융 문제를 해결하면서 금융에 대해 더욱 현명해진다.
- 금융에 대해 더 현명한 사람은 더욱 부유해진다.

> Q: 돈 문제를 많이 해결할수록 더 부자가 된다는 말인가?
>
> A: 그렇다. 대개 부자는 빈곤층과 중산층이 해결할 수 없는 금융 문제를 해결할 수 있다.
>
> Q: 그럼 돈 문제를 해결하지 않으면 더 가난해진다는 말인가?
>
> A: 그렇다. 그 문제를 해결하지 않으면 미납 청구서처럼 쌓이고 쌓여서 더 큰 문제를 일으킨다.

Q: 우리 정부도 같은 짓을 하지 않은가?

A: 그렇다.

Q: 그러면 우리가 어떻게 세상을 바꿀 수 있을까?

A: 바로 그게 문제다. 나의 부자 아버지는 종종 "세상을 바꾸고 싶다면, 너 자신 먼저 바꿔라."라고 말했다. 그는 내가 무언가에 대해 불평하고 징징거릴 때마다 나 스스로에게 이렇게 되뇌라고 했다. "세상이 바뀌려면 먼저 내가 변해야 해."

금융 문해력이란 무엇인가?

부자 아버지의 가장 중요한 교훈 가운데 하나는 바로 이것이다.

"문제를 어떻게 해결하느냐에 따라 남은 인생이 결정된다."

『부자 아빠 가난한 아빠』는 아홉 살 소년 두 명, 즉 부자 아버지의 아들과 나의 금융 문해력에 관한 책이다. 『부자 아빠 가난한 아빠』를 읽은 사람들에게 지금 이 책은 일부 내용이 보강된 복습 자료가 될 것이다.

재무제표, 금융 문해력의 핵심

다음에 나오는 그림은 부자 아버지가 우리의 금융 문해력을 키우기 위해 사용한 간단한 다이어그램이다. 이것이 부자 아버지의 재무제표인 셈이다.

이 간단한 다이어그램이 내 인생의 방향을 바꾸어 놓았다. 수입과 지출, 자산과 부채를 시각화해서 이해하는 이 간단한 방법이 없었다면 나

부자는 왜 더 부자가 되는가

는 가난한 아버지의 뒤를 따라 평생 돈과 씨름하며 힘들게 일하는 봉급생활자가 되었을지 모른다.

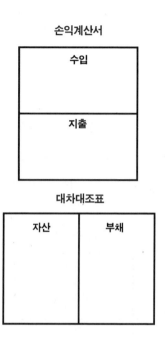

손익계산서

수입
지출

대차대조표

자산	부채

재무제표는 금융 문해력의 핵심이다. 그래서 부자 아버지는 종종 이렇게 말했다. "은행에서는 학교 성적표를 요구하지 않는다. 은행은 내가 다닌 학교나 내가 받은 평균 학점에 신경 쓰지 않는다. 은행원은 나의 재무제표를 보고 싶어 하지. 재무제표는 학교를 졸업한 이후의 성적표란다."

어린 나이에 쌓은 금융 문해력은 내 삶에 더 명확한 방향을 제시해 주었다.

재무제표를 읽지 못하는 사람들은 '금융 문맹'이다. 알다시피 재무제표를 읽지 못하는 고학력자들도 많다. 이것이 우리가 직면한 진짜 금융 위기다.

백문이 불여일견

부자 아버지의 아들과 내가 금융 교육을 시작했을 때 우리는 겨우 아홉 살이었기 때문에 부자 아버지는 말보다는 그림을 사용했다. 어른이 된 지금도 나는 여전히 말보다는 그림을 사용하는 방식을 선호한다.

손익계산서

수입
가난한 아버지는 이곳에 집중했다.
지출

대차대조표

자산	부채
부자 아버지는 이곳에 집중했다.	

나의 가난한 아버지는 안정적인 직장과 꾸준한 급여를 위해 일했다. 부자 아버지는 현금흐름을 창출하는 자산을 위해 일했다. 당신은 수입과 자산 중 어떤 칸에 집중하고 있는가?

재무제표의 힘

나는 어떤 재무제표를 어떻게 사용하는지만 보고도 그 사람의 금융 문해력을 알 수 있다. 봉급생활자는 소득만 보는 경향이 있다. 세무 신고를 할 때에도 봉급생활자들은 소득만 신고하면 된다. 그들의 경비 중 공제가 가능한 것은 거의 없다. 따라서 E 사분면에 속하는 봉급생활자에게는 급여 명세서가 곧 재무제표다.

소규모 사업가, 자영업자 또는 전문직 종사자들은 수입과 지출을 살펴보는 경향이 있다. 이것이 손익계산서다. 거기에는 그들이 어떤 돈을 벌었고 어떤 돈을 썼는지에 대한 이야기가 담겨 있다. 세무 신고 시 자영업자 또는 전문직 종사자들은 수입과 지출만 신고하면 된다. 대차대조표가 필요하지 않다. 따라서 S 사분면에 있는 사람들에게는 손익을 파악할 수 있는 손익계산서가 유일한 재무제표다.

B와 I 사분면에 속한 사람들은 최소한 두 개 이상의 재무제표를 사용한다. 그들은 자산과 부채를 알려 주는 대차대조표를 사용하고, 또한 현금이 들어오고 나가는 흐름을 보여 주는 현금흐름표를 사용한다. 세무 신고 시 대기업 소유자와 전문 투자가는 손익계산서와 대차대조표를 제출해야 하며, 손익계산서 및 대차대조표와 함께 현금흐름표도 준비해야 한다.

내가 운영하는 공인회계사 사무소에서는 세무 신고를 준비할 때 규모와 관계없이 모든 고객에게 손익계산서와 대차대조표를 준비하도록 요구한다. 이렇게 하면 고객들이 제공하는 정보가 정확하리라는 확신이 더욱 커지기 때문이다. 세무관의 입장도 마찬가지다. 세무 신고 시 손익계산서만 제출하는 사업체는 대차대조표와 함께 제출할 때보다 세무 감사를 받을 확률이 다섯 배나 높다.

여섯 개의 핵심 단어

금융 문해력을 관통하는 여섯 개의 단어는 다음과 같다.

수입 / 지출 / 자산 / 부채 / 현금 / 흐름

이 중에서 가장 중요한 두 단어가 무엇인지 기업가들에게 물어본다면 그들은 모두 '현금' '흐름'이라고 답할 것이다.

> Q: 어째서 현금과 흐름이 가장 중요한 단어인가?
>
> A: 어떤 것이 수입, 지출 또는 자산 또는 부채인지를 결정하는 것이 '현금'과 '흐름'이기 때문이다. 예를 들어, '수입은 유입되는 현금'이고, '지출은 유출되는 현금'이다.

현실 세계에서는 다음의 그림이 수입과 지출을 보여 주는 장부일 것이다.

> Q: 그래서 장부의 잔고를 맞추는 일이 진정한 금융 교육이 아니란 말인가?
>
> A: 그렇다.
>
> Q: 장부에는 자산과 부채가 포함되어 있지 않기 때문인가?
>
> A: 정확히 맞는 말이다. 우리 부모님도 장부의 잔고를 맞췄지만, 자산이나 부채가 무엇인지는 전혀 몰랐고, 그래서 가난하게 살았다.
> 그들은 매달 돈이 어디로 갔는지 궁금해하곤 했다. 그들의 돈은 집

부자는 왜 더 부자가 되는가

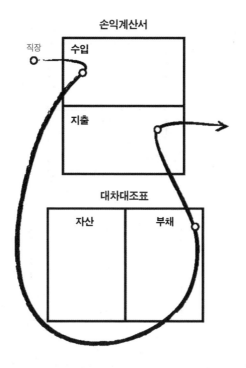

이나 자동차 같은 물건을 사면서 빠져나가고 있었다. 그들은 그 '부채'를 '자산'이라고 부르고 있었다.

Q: 그렇다면 누가 부유층이고, 빈곤층이고, 중산층인지를 결정하는 것이 자산과 부채인가?

A: 그렇다. 다음의 그림과 같이 이들은 각각 재무제표의 서로 다른 곳에 초점을 맞춘다.

손익계산서

수입
지출 빈곤층

대차대조표

자산 부유층	부채 중산층

Q: 가난한 사람들이 지출에 초점을 맞춘다는 것은 이들이 항상 비용을 줄여서 돈을 아끼려고 한다는 말인가?

A: 그렇다.

Q: 부자들은 자산에 집중하는가?

A: 그렇다.

Q: 그렇다면 중산층이 부채에 초점을 맞추는 이유는 무엇인가?

A: 왜냐하면 그들은 '자산'과 '부채'의 차이를 모르는 경우가 대부분이 기 때문이다.

Q: 그래서 가난한 아버지는 집을 자산이라고 하고, 부자 아버지는 집을

부자는 왜 더 부자가 되는가

부채라고 한 것인가?

A: 그렇다.

Q: 왜 그런 차이가 생기는가?

A: 답은 금융 문해력, 그리고 동전의 다른 면인 금융 문맹에 있다.

말의 힘

자산과 부채의 차이를 이해하는 데 도움을 준 부자 아버지의 두 가지 중요한 정의가 있다.

'자산'은 일을 하든 하지 않든 주머니에 돈을 넣어 준다.

'부채'는 비록 그 가치가 올라가더라도 주머니에서 돈을 빼 간다.

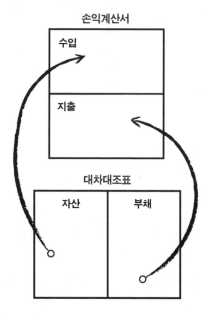

Q: 그럼 현금흐름의 방향이 자산인지 부채인지를 결정하는 건가?

A: 그렇다.

Q: 집이 당신 주머니에 돈을 넣어 주고 있다면 집도 자산이 될 수 있
나?

A: 제대로 보았다. 현금흐름의 방향에 따라 어떤 것이라도 자산이나 부
채가 될 수 있다. 사람들은 대부분 집이나 자동차가 자산이라고 주
장하기 때문에 돈이 손가락 사이로 빠져나가는 것이다.

톰의 세무 조언

부채와 현금흐름

재무제표를 설명하는 또 다른 방법은 '재무 상태표'를 확인하는 것이다. 현금 유입
이 현금 유출을 초과하면 재무 상태가 양호한 것이다. 의존할 직업이 없다면 현금
유입은 자산에 의해서만 결정되고 현금 유출은 부채에 의해서만 결정될 것이다. 따
라서 '자산'은 말 그대로 현금 유입을 일으키는 것으로, '부채'는 현금 유출을 일으
키는 것으로 정의할 수 있다. 자산과 부채의 차이, 즉 현금 유입과 현금 유출의 차이
를 당신의 순자산, 즉 재산이라고 부른다.

다시 정리하면, 금융 문해력의 핵심을 이루는 여섯 가지 단어는 수입,
지출, 자산, 부채, 현금, 흐름이다.

Q: 그래서 현금과 흐름을 하나로 합쳐 '현금흐름'이라는 뜻의 캐시플로
CASHFLOW로 게임 이름을 정한 것인가?

A: 그렇다. 현실 세계에서는 현금흐름의 방향을 통제하는 능력이 가장

중요하기 때문이다. 부자는 현금 유입을 통제하는 방법을 알지만, 빈곤층과 중산층은 현금 유출을 통제할 수 없다.

Q: 그래서 세계가 금융위기에 처한 것인가? 우리의 지도자들이 부채를 만들고 현금이 빠져나가게 만들고 있어서?

A: 그렇다. 게다가 우리 지도자들은 빠져나가는 현금을 충당하기 위해 돈을 찍어 내고 있다.

초점을 바꿔라

'이웃집 백만장자'는 다음의 두 가지 자산에 집중한다. 그것은 '저축' 과 '주식'이다.

손익계산서

수입
지출

대차대조표

자산	부채
저축 주식	

8 당신은 금융 문해력이 있는가

오늘날 가장 큰 문제는 저축과 주식이라는 두 가지 자산이 유독하다는 것이다. 1971년부터 2000년까지는 돈을 저축하고 주식 시장에 장기간 투자한 사람들이 잘 지내고 있었다. 그러나 앞서 이야기했듯이 이제는 세상이 바뀌었다.

금융에 대해 이해하는 사람이라면 앞서 살펴보았던 아래의 차트가 우리에게 말하는 내용을 알 수 있을 것이다.

120년간 다우존스 산업평균지수 DJIA

도표의 음영 부분은 미국 경제의 침체기를 의미한다.

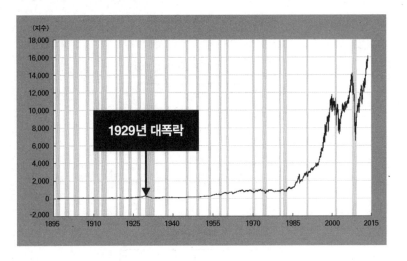

출처: FRED-Federal Reserve Economic Data

Q: 왜 겁을 주고 그러나?

A: 내 의도는 아니다. 겁이 난다는 건 알지만, 내가 금융 교육에 힘쓰는

이유는 앞으로 벌어질 일에 대비해야 한다고 알리기 위해서다.

Q: 앞으로 어떤 일이 일어나겠는가?

A: 나도 잘 모르겠다. 사실 아무도 알 수 없다. 누구도 이런 상황을 겪어 본 적이 없다.

2010년 9월 7일에 워런 버핏은 이렇게 얘기했다.

"내가 여러분에게 말하고 싶은 것은 바로 현금이야말로 최악의 투자라는 점이다. 모두가 현금이 왕이라는 등의 이야기를 하고 있지만, 현금은 시간이 지날수록 가치가 떨어질 것이다."

버핏의 조언을 따랐던 사람들, 즉 2010년에 현금 포지션에서 벗어나 주식 시장에 뛰어든 사람들은 아주 좋은 성과를 거두었다. 그런데 문제

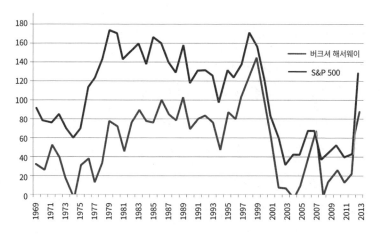

버크셔 해서웨이 vs S&P 500 (5년 주가수익률)

출처: Business Insider

는 2017년 주식 시장이 사상 최고치를 경신하고 있다는 점이다. 워런이 다음 폭락에서도 그들을 구할 수 있을까?

금세기의 처음 세 번의 폭락 동안 버핏의 성과를 다시 살펴보자. 이 차트는 시장이 다시 상승하는 모습을 보여 주고 있다. 투자자들은, 심지어 워런 버핏처럼 현명한 투자가라도, 다가올 폭락에서 손실을 보지 않을 수 있을까?

당신은 금융 문해력이 있는가?

금융 문해력과 금융 문맹에 관한 이러한 행동과 반응을 보면서 당신은 어떻게 반응했는지 떠올려 보라. 당신은 무슨 생각을 하고 어떤 느낌을 받았는가? 만약 또 다른 폭락이 발생하면 금융에 문맹인 사람들은 현실 세상에서 어떻게 반응하는지를 아래와 같이 정리해 보았다.

금융 문맹은 사람을 무력하게 만든다.

금융 문맹은 자존감을 무너뜨린다.

금융 문맹은 사람을 좌절시키고 화나게 한다.

금융 문맹은 고정관념에 사로잡히게 한다.

금융 문맹은 자신이 피해자라고 믿게 만든다.

금융 문맹은 눈을 멀게 한다.

금융 문맹은 빈곤의 원인이 된다.

금융 문맹은 가난한 투자자를 만든다.

금융 문맹은 판단력을 떨어뜨린다.

금융 문맹은 삶을 혐오하게 만든다.

금융 문맹은 비윤리적인 행동으로 이어질 수 있다.

> Q: 그렇다면 금융에 문맹인 사람이 할 수 있는 일은 무엇인가?
>
> A: 먼저 금융 문해력을 갖춰야 한다. 우선 금융 문해력의 여섯 가지 기본 단어 '수입, 지출, 자산, 부채, 현금, 흐름'을 이해하는 것부터 시작하라.
>
> 그리고 다음의 것들을 도전해 보라.
>
> 현금흐름이 자산과 부채를 결정하는 이유를 이해하라.
>
> 집이 자산이 아닌 이유를 이해하라.
>
> 저축하는 사람이 패배자인 이유를 이해하라.
>
> 자신의 투자 포트폴리오가 자산이 아닌 부채가 될 수 있는 이유를 이해하라.
>
> 시장이 혼란스러운 이유를 이해하라.
>
> '이웃집 백만장자'들의 두 가지 주요 자산인 저축과 주식이 부채가 될 수 있는 이유를 이해하라.
>
> "문제는 돈이야, 바보야."라고 하는 이유를 이해하라.

이러한 원리와 개념을 이해하고 설명할 수 있다면 당신은 금융 문맹에서 벗어나 금융 천재가 되는 길을 걷고 있다고 할 수 있다.

돈은 언어다. 부자가 되는 법을 배운다는 것은 외국어를 배우는 것과 굉장히 비슷하다. 시간, 연습, 그리고 노력이 필요하기 때문이다.

가난한 사람들은 같은 언어를 사용한다. 그들은 가난의 언어를 사용한다. 그들은 가난한 사람들의 말로 생각하고 소통할 때도 그 말을 사용한다. 그들이 가장 자주 사용하는 말은 "그럴 여유가 없다."와 "할 수 없다."이다. 이런 말들을 바꾸지 않는 이상 그 외의 것들도 거의 변하지 않을 것이다.

헨리 포드는 이렇게 말했다.

"할 수 있다고 생각하면 할 수 있고, 할 수 없다고 생각하면 할 수 없다. 어느 쪽이든 당신이 생각한 대로 된다."

중산층 역시 같은 언어를 사용한다. 중산층이 가장 좋아하는 말은 '안정된 일자리', '꾸준한 급여', 그리고 '혜택'이다. 이들은 '위험'과 '빚'이라는 말을 피한다. 이들은 '저축'이 현명하다고 생각한다. 물론 1971년까지는 그 생각이 맞았다. 사용하는 말을 바꾸지 않으면 다른 것들은 거의 변하지 않을 것이다.

부자들의 언어는 다르다. 부자들, 금융 교육을 받은 사람들은 다른 언어를 사용한다. 기업가들은 직원들과는 다른 언어를 사용한다. 부동산 투자자는 주식 시장 투자자와는 다른 언어를 사용한다. 부동산 투자자는 '자본환원율cap rate'과 같은 말을 사용하고 주식 시장 투자자는 '주가수익비율P/E ratio'을 말하는데, 사실 그 두 가지는 거의 같은 의미다. 여기서 중요한 건 이것이다. "말은 현실이 된다."

당신은 진정한 금융 교육을 받았는가?

2부에서는 다음 두 가지를 다뤘다.

• 금융 교육이 아닌 것은 무엇인가?

• 금융 문맹이란 무엇인가?

3부에서 다룰 주제는 이것이다.

진정한 금융 교육이란 무엇인가?

진정한 금융 교육은 말을 배우는 것에서 시작한다. 즉, 진정한 돈의 언어인 부자들의 언어를 배우는 것이 그 첫 번째다. 더 기쁜 소식은 말이 '정말로' 현실이 되는 데다가 돈도 들지 않는다는 것이다.

WHY THE
RICH
ARE GETTING
RICHER

진정한
금융 교육이란
무엇인가

부채와 세금에 대하여

세계 금융 용어 중에서 가장 지저분한 단어 두 개가 '부채'와 '세금'이라고 하면 많은 사람들이 동의할 것이다. 부채와 세금이야말로 부자와 부자가 아닌 사람들 사이의 격차가 점점 벌어지는 진짜 이유다.

1913년은 세계 역사에서 중요한 해다. 1913년에는 미국 연방준비은행이 설립되었고 같은 해에 미국 수정 헌법 제16조가 비준되었는데, 이를 계기로 무섭고 공포스럽기까지 한 미국 국세청이 탄생하게 되었다.

풀러 박사가 '그런치GRUNCH'라고 부르는 보편적 총 현금강탈Gross Universal Cash Heist이 일어나기 전에는 이 두 기관이 공존할 필요가 있었다.

오늘날 부채와 세금은 빈곤층과 중산층에게는 마음과 영혼을 갉아먹는 암과 같은 존재다. 미국의 국가 부채는 언제 터져도 이상하지 않을 재앙이다. 그러나 동전의 다른 면에서는 부채와 세금이 계속해서 부자들을 부유하게 만들고 있다.

진정한 금융 교육은 주식, 채권, ETF, 뮤추얼 펀드 중 어떤 것을 사야 하는지에 대한 것이 아니다. 진정한 금융 교육은 분산 투자에 대한 것이 아니다. 워런 버핏이 말했듯이, "분산 투자는 무지에 대비한 보호 수단이다. 자신이 무엇을 하고 있는지 알고 있다면 굳이 그렇게 할 필요가 없다."

부채와 세금에 대해서도 잘 모른다면 자신이 무엇을 하고 있는지는 어떻게 알 수 있을까?

내가 "수백만 달러를 버는데 합법적으로 세금도 거의 내지 않는다."

라고 말할 때마다, 사람들은 심장이 멈추고 정신이 혼미해진다. 세무관보다 더 두려운 대상은 그리 많지 않을 것이다. 정부의 세무조사보다 더 고통스러운 일도 거의 없다. 하지만, 만약 버핏의 말처럼 "자신이 무엇을 하고 있는지 알고 있다면" 꼭 그렇게 무서워할 것도 아니다. 톰 휠라이트를 나의 멘토이자 스승, 그리고 세무 자문가로 영입하면서 나는 기업가이자 전문 투자가로서 매일 하는 일에 대단한 자신감을 얻게 되었다. 선을 넘을 수도 있는 일을 하기 전에 나는 톰과 상의한다. 규정, 특히 세법상의 규정들을 준수하면 삶이 훨씬 더 쉬워진다. 톰이 항상 말하듯이, "세법은 원래 정부가 원하고 필요로 하는 일을 해주는 정부의 파트너에 대한 정부의 지침이자 인센티브다." 이런 까닭에 전 세계의 세법이 기업가와 대기업에 유리하게 적용되는 것이다.

간단하게 정리하면,
세법은 E와 S 사분면에 있는 사람들에게 불이익을 준다.
세법은 B와 I 사분면에 있는 사람들에게 혜택을 준다.

이것이 바로 '진정한 금융 교육'이 부채와 세금에서 출발해야 하는 이유다. 진정한 금융 교육은 부채와 세금이라는 동전의 이면을 살펴야 한다. 진정한 금융 교육은 학생들에게 어떻게 해서 부자가 부채와 세금을 통해 더 부자가 되는지 알려 줘야 한다. 또한 학생들에게 어떻게 하면 자신도 부채와 세금을 통해 더 부유해지는지 알려 줘야 한다.
나는 이런 이유로 개인 세무 자문가인 톰 휠라이트에게 이 책에 들어가면 도움이 될 내용을 써 달라고 부탁한 것이다. 부채와 세금은 진정한 금융 교육의 핵심이다.

세법의 진정한 목적

세법은 정부의 세수를 늘리기도 하지만, 사람들이 정부 정책을 따르도록 유도한다는 매우 중요한 목적도 수행하고 있다. 세계 각국의 정부는 기업들이 더 많은 사람을 고용하고 투자자들이 더 많은 주택, 에너지, 식량을 생산하기를 바란다. 이런 이유로 B 사분면과 I 사분면에 많은 세제 혜택이 제공된다.

chapter 9

왜 부자들은 모노폴리를 하는가

가난한 아빠: 일자리를 구해라.
부자 아빠: 돈을 위해 일하지 마라.

오랫동안 나는 돈에 관한 여러 세미나, 회담, 강연에 참석하고 있다. 그런데 연사들은 내용을 복잡하고 혼란스럽고 답답하게 만드는 공통점이 있다.

그들 중 대다수가 마치 외국어를 말하는 것처럼 들렸다. 그 사람들이 효과적인 의사소통을 위해서가 아니라 우월감을 느끼기 위해서 '금융 전문 용어'를 사용하는 것은 아닌지 의심이 들었다. 그들은 자신이 우리보다 더 똑똑하다는 사실을 증명하고 싶어 했다.

진정한 금융 교육은 복잡하거나 혼란스러워야 할 필요가 없다. 흔히 알베르트 아인슈타인이 말했다고 알려진 다음의 말을 떠올려 보자. "여섯 살짜리 아이에게 설명하지 못한다면 제대로 이해하지 못한 것이다."

진정한 금융 교육은 '모노폴리' 게임처럼 굉장히 단순할 수 있다.

세 가지 소득을 구분하라

청년들에게 "학교에 다니고, 일자리를 구하고, 열심히 일하고, 돈을 저축하고, 퇴직 연금에 장기적으로 투자하라."고 하는 조언에는 세금에 관한 금융 교육이 빠져 있다.

청년들에게 "학교에 다니고, 일자리를 구하고……"라는 성공 공식을 따르라고 조언하는 사람은 "그러면 가장 높은 비율의 세금을 내야 한다."라고도 덧붙여야 한다.

만약 그 청년이 그런 작은 정보를 알고 있었더라면 "어떻게 하면 세금을 더 적게 낼 수 있는가?"라는 질문을 할 수도 있다. 그리고 이 질문이 "진정한 금융 교육은 무엇인가?"와 같은 다른 질문들로 이어질 수 있다.

이 질문, 그리고 이와 유사한 질문들은 동전의 '옆면'에 서서 양쪽 면을 모두 볼 수 있는 유리한 위치에 서도록 안내할 것이다. 거기에 서면 '돈을 위해 일하지 않는' 부자들이 살고 있는 동전의 면을 볼 수가 있다.

세금에 관한 진정한 금융 교육은 복잡할 필요가 없다.

돈이라는 주제는 사람이 벌어들이는 소득의 유형으로 시작한다. 소득에는 세 가지 유형이 있다. 일반 소득, 투자 소득, 수동적 소득이다.

일반 소득은 세 가지 소득 중 가장 높은 세금이 부과되는 소득이다.

누군가에게 "일자리를 구하라."고 조언하거나 격려하면 그 사람은 봉급생활자처럼 생각하고 '일반 소득'을 위해 일하기 시작한다. "학교로 돌아가서 경력을 한 단계 더 끌어올려라."라고 말하는 사람도 결국은 '일반 소득'을 위해 일하라고 하는 것이다.

누군가가 "돈을 저축하라."고 조언하는 것은 세금에 대한 말이기도 하다. 저축에서 발생하는 이자는 재산 소득인 '일반 소득'으로 세금이 부과된다.

누군가가 "은퇴를 위해 퇴직 연금인 401(k)에 저축하라."고 조언하는 경우, 장기적으로 볼 때 401(k) 퇴직 연금의 소득은 '일반 소득'에 해당한다.

> Q: 그러면 학교에 다니고, 일자리를 구하고, 돈을 모으고, 정부가 운용하는 퇴직 연금에 장기적으로 투자하는 것이 전부 일반 소득을 위한 것인가?
>
> A: 그렇다.
>
> Q: 그리고 어떤 사람이 E 사분면인 봉급생활자에서 S 사분면인 자영업자나 전문직 종사자로 이동하면, 소득의 더 많은 부분을 세금으로 납부하는가?
>
> A: 그렇다.
>
> Q: 왜 그런가?
>
> A: 짧고 간단하게 답하자면, 그들은 돈을 위해 일하기 때문이다. 『부자 아빠 가난한 아빠』의 첫 번째 교훈이 "부자는 돈을 위해 일하지 않는다."라는 사실을 기억하라. 또한 1971년 이후, 모든 돈은 부채가 되

었다는 사실도 기억하라. 점점 더 많은 돈을 찍어 내고 있는데 무엇 때문에 돈을 위해 일하는가? 부채는 돈인데 왜 부채에서 벗어나려 하는가? 모든 것이 다음의 한 마디로 귀결된다는 사실을 명심하라. "문제는 돈이야, 바보야."

톰의 세무 조언

일반 소득은 최악의 소득이다

투자 소득과 수동적 소득에는 특별 세율이 적용되며 특별한 세제 혜택이 있다. 정부는 투자 소득과 수동적 소득을 선호하기 때문에 투자를 통해 소득을 얻거나 혹은 수동적으로 소득을 얻도록 인센티브를 제공한다. 그 외의 다른 소득들은 모두 일반 소득이다. 정부는 사람들이 일을 하거나 돈을 저축하는 데에는 세금 인센티브를 주지 않으려 한다.

미국의 401(k) 또는 캐나다의 RRSP와 같이 은퇴 후의 생활을 위해 돈을 별도로 적립하는 경우, 연금을 수령할 때까지 소득에 대한 세금 납부를 미룰 수 있는 세금 인센티브가 있다. 그렇지만 세법은 401(k) 퇴직 연금에 일반 세율을 적용할 뿐만 아니라 은퇴 연령 이전에 수령하는 사람에게는 세법상의 불이익을 준다. 다시 말해, 은퇴할 때까지 퇴직 연금을 그대로 두었다가 연금 수령 시 최고 세율의 세금을 내든지, 아니면 벌금을 납부해야 하는 것이다.

학교에서는 학생들에게 돈을 벌기 위해 일하라고 가르친다. 이것이 빈곤층 혹은 중산층과 부자들 사이의 격차가 벌어지는 주된 이유다.

사람들에게 돈을 더 많은 주는 것은 도움이 되지 않는다. 복지 프로그램이 많아질수록 빈곤층과 중산층은 더 가난해질 뿐이다. 왜냐하면 복지 프로그램은 돈을 위해 일하는 사람들, 즉 빈곤층과 중산층이 납부한 세금으로 충당되기 때문이다.

> Q: 그게 공평한가?
>
> A: 또 공평이라는 단어가 등장하고 말았다. 누가 '공평'이란 말을 꺼냈나? 나는 공평하다고 말한 적이 없다. 삶이 공평했다면 나도 브래드 피트처럼 생겼어야 할 것이다. 학교에서 '진정한' 금융 교육을 가르치지 않는 것이야말로 공평하지 못한 것이다. 진정한 금융 교육이 없다면 수십억 명이 금융위기에 처하게 된다.

부자의 소득

부자는 투자 소득과 수동적 소득을 위해 일한다.

투자 소득은 자본 이득이라고도 한다. 자본 이득은 낮은 가격에 매수하고 높은 가격에 매도할 때 발생한다. 예를 들어 어떤 주식을 10달러에 매수하고 16달러에 매도하면 주당 6달러의 자본 이득이 발생하는데, 그 6달러가 '투자 소득'이다. 부동산이 폭락할 때 부동산을 매수한 후 가치가 상승할 때까지 기다렸다가 매도하는 경우도 마찬가지다. 이득을 위해 부동산을 사고파는 것도 낮은 가격에 사서 높은 가격에 파는 것이다.

개념적인 측면에서 말하면, 일반 소득은 돈을 위해 일할 때 발생한다.

역시 개념적인 측면에서 말하면, 투자 소득은 돈을 벌기 위해 열심히 일하는 것이 아니라 돈이 나를 위해 일할 때, 즉 저가에 매수하고 고가에 매도할 때마다 발생한다.

미국에서는 투자 소득에 20퍼센트의 세금이 부과된다.

수동적 소득은 자산에서 발생하는 현금흐름을 말한다. 자산이 수익
을 창출하는 것이다. 부동산에서는 수동적 소득을 임대 소득이라고 한
다. 예를 들어, 10만 달러에 임대 부동산을 구입하고 월 순수 임대 소득
이 1,000달러인 경우, 그 1,000달러가 수동적 소득이다. 부동산에서 발
생하는 수동적 소득은 세금이 가장 낮은 소득으로, 때로는 0퍼센트로
과세되기도 한다.

눈치챘겠지만, 여기서부터 복잡해지기 시작한다. 기본적으로 하나의
대상을 표현하는 다양한 단어가 존재한다. 어떤 것을 이야기할 때 부동
산 전문가는 이런 단어를 쓰고, 주식 전문가는 저런 단어를 쓰며, 채권
전문가는 또 다른 '생소한' 용어를 사용하기도 한다.

그래서 나는 단순하게 일반 소득, 투자 소득, 수동적 소득이라는 세
가지 소득 유형만 기억하고 있다. 만약 컨퍼런스에 참석 중인데 발표자
가 '생소한' 용어를 사용한다면, 나는 손을 들고 이렇게 물어본다. "그게

일반 소득입니까, 투자 소득입니까, 아니면 수동적 소득입니까?" 발표자가 세 가지 소득 유형의 차이점을 모른다면 자신이 무슨 말을 하는지 이해하지 못하는 것이다. 이 장의 앞부분에서 인용한 말처럼, "여섯 살짜리 아이에게 설명하지 못한다면 제대로 이해하지 못한 것이다."

> Q: 그렇다면 진정한 금융 교육에는 세 가지 소득 유형의 차이점을 아는 것이 포함되어야 하는가?
>
> A: 그렇다. 부유층, 빈곤층, 중산층 사이의 격차는 바로 여기에서 시작된다. 그것은 어떤 유형의 소득을 위해 일하느냐에서 시작된다.

모노폴리 게임을 활용하면

부자 아버지는 '모노폴리' 게임을 교육 도구로 사용했다. 그 보드게임은 그의 교실이었다. 그는 우리에게 돈을 위해, 즉 일반 소득을 위해 일하지 말라고 가르치셨다. 그는 우리에게 투자 소득과 수동적 소득을 위해 일하라고 하셨다. 예를 들어, 그 게임에서 내가 초록색 집을 하나 가지고 있고 그 집의 임대 수입이 10달러라면, 그 10달러는 세 가지 소득 중 가장 세율이 낮은 수동적 소득이 된다.

> Q: 그럼 어린 나이에 세 가지 다른 소득 유형의 차이를 알고 있었나?
>
> A: 그랬다. 3부 인트로에서 말한 것처럼, 진정한 금융 교육은 학생들에게 부채와 세금에 대해 알려 주는 것이다. 가장 중요한 것은 학생들이 '어떻게 하면 자신도 부채와 세금을 통해 더 부유해지는지'를 이해하는 것이다. 나의 경우, 모노폴리 게임을 하면서 세 가지 소득 유

형을 이해했고, 부채와 세금이 어떻게 나를 부유하게 만들 수 있는지 이해하는 기반을 마련했다.

모노폴리 게임을 한 후, 부자 아버지는 그의 진짜 '초록색 집', 즉 임대 부동산에 우리를 데려가곤 했다. 그는 '임대 소득'이나 '현금흐름'과 같은 단어를 사용했다. 그는 항상 우리에게 "언젠가 이 초록색 집들은 빨간색 호텔이 될 거야."라고 말했다.

부자 아버지의 초록색 주택을 보고 우리 집으로 돌아가면 가난한 아버지는 "숙제는 다 했니? 성적이 안 좋으면 좋은 학교도 못 가고 취직도 안 된다."라고 했다.

Q: 한 아버지는 일반 소득을 위해, 다른 아버지는 투자 및 수동적 소득을 위해 일하라고 했단 말인가?

A: 그렇다. 물론 아홉 살이었던 나는 아직 세 가지 소득 유형이나 부채와 세금에 대해 이해하지 못했다. 하지만 부자 아버지는 내 미래를 위한 기초를 마련해 준 것이었다. 나는 동전의 반대편에 서서 내 미래를 볼 수 있었다. 그리고 동전의 반대편으로 가는 길은 현실에서 '모노폴리' 게임을 하는 법을 배우는 것임을 알 수 있었다.

빨간색 대형 호텔을 사라

그로부터 10년이 지난 후, 열아홉 살인 나는 뉴욕에서 학교를 마치고 하와이로 돌아와 와이키키 해변 한가운데에 있는 부자 아버지의 빨간색 호텔 개업식에 참석했다. 그 호텔은 하와이에서는 물론이고 전 세계에서 가장 명성 높은 부동산 중 하나였다.

오늘날 아내 킴과 나는 애리조나에 있는 다섯 개의 골프장이 포함된 부동산에 수백 명의 직원이 근무하는 빨간색 대형 호텔을 보유하고 있다. 우리가 한 일이라곤 현실에서 모노폴리 게임을 한 것뿐이다.

킴과 나는 일반 소득을 위해 일했기 때문에 부유해진 것이 아니었다. 우리는 투자 소득과 수동적 소득을 위해 일했다.

> Q: 그래서 아내와 함께 캐시플로 게임을 개발한 것인가? 투자를 이해 하는 방법을 알려 주려고?
>
> A: 그렇다. 1996년에 킴과 나는 경제적으로 자유로워졌다. 킴은 서른일 곱 살이었고 나는 마흔일곱 살이었다. 그렇게 되기까지 10년이 걸렸다. 젊은 부부였던 우리는 아무것도 가진 것 없이 시작했다. 우리는 돈을 저축하지 않고, 일자리도, 401(k) 퇴직 연금도 없이 경제적인 자유를 얻었다.

어떻게 경제적 자유를 얻었느냐고 사람들이 물어보면, 우리가 정확히 어떻게 했는지 설명할 수 없었다. 우리는 심지어 우리가 사용한 과정을 설명하기 위해 사람들과 모노폴리 게임을 하기도 했다. 그 덕분에 우리는 '캐시플로' 게임을 개발하게 되었고, 1996년에는 상업용 버전을 출시할 수 있었다.

우리는 1997년에 『부자 아빠 가난한 아빠』를 자비로 출간했는데, 이 것은 책이라기 보다는 캐시플로 게임을 설명하는 홍보 책자 성격이 더 강했다. 게임을 판매하기 위해 쓴 홍보 책자였던 셈이다. 이제는 잘 알

겠지만, 우리가 연락했던 출판사들 모두가 우리의 출판 제안을 거절
했다.

> Q: 연락했던 출판사들은 동전의 다른 면을 볼 수 없었던 것인가?
>
> A: 우리도 그렇게 생각했다. '부자들은 돈을 벌기 위해 일하지 않는다.'
> '저축하는 사람은 패배자다.' '집은 자산이 아니다.' 같은 이야기들을
> 이해하기가 어려웠던 것 같다. 출판사 사람들은 대부분 일반 소득,
> 즉 돈을 위해 일하는 봉급생활자였다. 내 책과 캐시플로 게임은 투
> 자 소득, 특히 수동적 소득에 대해 알려 준다.
>
> Q: 출판사들은 당신의 책에 담긴 메시지를 이해하지 못했을 수도 있지
> 만, 오프라 윈프리는 분명히 이해했던 것 같다. 그래서 2000년에 당
> 신을 자신의 토크쇼에 초대한 것인가?
>
> A: 오프라는 세계에서 가장 부유한 여성 가운데 한 명이다. 그녀는 부
> 자 아버지와 가난한 아버지의 이야기를 이해했다. 그녀의 인생은 동
> 전의 가난한 면에서 시작해 나중에는 부유한 면으로 옮겨 갔다. 오
> 늘날 그녀는 확실히 동전의 반대편에 살고 있다. 오프라는 일자리가
> 필요하지 않다.

왜 주식 시장 거품이 발생하는가?

이 책 앞부분에서 나는 부자들이 부자가 되는 한 가지 이유로 '금융화
financialization'를 꼽았다. 금융화는 '파생상품'이라는 신비한 상품, 즉 금융
계의 대량살상무기를 만들어 금융위기를 가져왔다. 금융화는 세계 경
제를 거품 상태로 유지하고 수조 달러의 부채를 쏟아부으며 마이너스

금리를 유지하면서 마지막 붕괴가 발생하지 않기를 바라고 있다.

금융화는 기업 경영진의 급여에 영향을 미친다. 경제 정책 연구소에 따르면 1970년 이후 CEO의 급여는 기하급수적으로 증가했다. 1970년 이후 CEO의 급여는 거의 1,000퍼센트 상승했다. 같은 기간 동안 직원들의 급여는 약 11퍼센트 상승했다.

기업 임원진은 돈을 위해 일하지 않는다

기업의 세계에서 임원진이 받는 보상의 상당 부분은 급여가 아닌 '스톡옵션'이다. 최고경영자는 많은 급여를 원하지 않는다. 그들은 일반 소득을 원하지 않는 것이다.

CEO에게 주당 10달러에 회사 주식을 매수할 수 있는 옵션이 있다고 가정해 보자. CEO가 훌륭한 성과를 내서 주가가 16달러까지 올라갔다. 그러면 CEO는 주당 10달러에 주식을 매수할 수 있는 '옵션을 행사'하고 바로 주식을 16달러에 매도해서 주당 6달러의 차익을 얻는다. 그가 100만 주를 보유했다면 자본 이득은 600만 달러가 된다.

투자 소득 600만 달러에 대한 양도소득세는 급여 600만 달러에 대한 근로소득세보다 훨씬 적다. CEO가 '일반 소득'인 급여로 600만 달러를 받았다면 미국 연방정부 및 주정부에 세금으로 약 45퍼센트를 납부했을 것이다.

〔일반 소득〕 600만 달러의 45% = 세금 270만 달러

600만 달러를 장기 자본 이득, 즉 투자 소득으로 선택했다면, 그는 연방정부 및 주정부에 세금으로 약 25퍼센트를 납부했을 것이다.

[투자 소득] 600만 달러의 25% = 세금 150만 달러

직원들은 일반 소득을 위해 일하지만, 같은 기업의 임원진은 투자 소득을 위해 일한다. 이것이 부자가 더 부자가 되는 또 다른 이유다.

직원들을 열심히 일하게 하고 회사 주가를 올릴 수 있다고 확신한다면, 임원진은 일반 소득인 급여를 1달러로, 나머지는 투자 소득인 스톡옵션으로 가져갈 수 있다. 리 아이아코카가 크라이슬러의 CEO로 일할 때 그렇게 했고, 스티브 잡스도 애플에서 그렇게 했다. 다시 말하지만, 부자들은 돈을 위해 일하지 않는다. 그 이유 중 하나는 세금이다.

거품 낀 비전을 바로 보려면

2008년 폭락 이후, 미국 기업들은 성장하기 위해 고군분투하고 있었다. 기업이 성장하지 않고 주가가 오르지 않는다면, CEO와 경영진은 많은 돈을 벌 수 없었다.

이때가 바로 대규모 금융화가 시작된 시기다. 이자율이 사상 최저 수준으로 떨어지면서 CEO들은 은행에서 기업의 우량한 신용을 이용해 돈을 빌리고 기업의 주식을 매수하기 시작했다. 이를 '자사주 매입'이라고 부른다. 자사주 매입은 CEO와 직원들이 사업을 성장시킬 수 없음을 의미한다. 즉, CEO가 기업의 경쟁력을 키울 수 있는 연구 개발R&D, 다시 말해 신제품 개발 및 시장 창출에 투자하는 게 아니라, 빌린 돈을 주식 시장에 투자해 자사의 주식을 매수하고 기업의 주가를 끌어올리는 것이다. 그런 다음 CEO는 자신의 주식을 매도하여 '일반 소득'이 아닌 '투자 소득'을 얻는다.

대부분 '이웃집 백만장자' 부류의 투자자들은 자사주 매입이 훌륭하다고 생각한다. 주가가 오르면 그들의 은퇴 자금도 올라가기 때문이다. 그들은 그 회사가 더 강해졌다고 믿고, CEO가 사업을 성장시키는 큰일을 했다고 생각한다.

그러나 문제는 이런 기업들이 대부분 새로운 제품이나 미래에 대한 비전이 없어서, 경쟁력이 떨어지고 빚만 잔뜩 진 채로 힘을 잃고 만다는 것이다. 그러면 임원은 '투자 소득'으로 꽉 채운 가방을 들고 '황금 낙하산'을 타고 그 회사에서 탈출한다.

부채만 가득 싣고 가라앉는 배에 남겨진 직원들은 여전히 '일반 소득'을 위해 일하고, (역시 '일반 소득'인) 이자를 벌기 위해 돈을 저축하고, 마찬가지로 '일반 소득'을 위해 401(k) 퇴직 연금에 투자하고 있다.

진정한 금융 교육이 없다면, 봉급생활자가 '일반 소득'을 위해 일하고, 저축하고, 투자하는 것이 최선이 아닌 이유를 어떻게 알 수 있겠는가? 직원이 부자와 자신 사이의 격차가 계속 벌어지는 이유를 어떻게 알 수 있겠는가?

선택의 시간

얼마 후, 근로자들은 무언가 잘못되었다는 것을 알아차린다. 그들은 낌새를 알아챈다. 그들의 임금은 오르지 않는다. 노조 위원장들은 임금 인상을 요구하며 파업을 촉구한다. 노동자들은 승리하고 더 많은 '일반 소득'을 얻는다.

임금이 높아질수록 회사는 경쟁력을 잃는다. 회사는 '인수 대상'이 된다. '투자 소득'으로 수백만 달러를 벌어들인 임원들로 구성된 이사회는 이제 변화가 필요한 시점이라는 데 동의한다. 그들은 충분한 돈을 벌었다. 그래서 그들은 회사를 새로운 소유주에게 매각한다. 회사가 매각되면 새로운 소유주는 '구조 조정'을 실시한다. 종종 그들이 하는 가장 먼저 하는 일 중 하나가 직원을 해고하는 것이다.

해고된 근로자들은 다시 '일반 소득'을 위해 일할 수 있는 새로운 일자리를 찾겠다는 희망으로, 최악의 부채인 학자금 대출을 받아 다시 학교로 돌아간다. 그러는 사이에 부자와 그 외의 다른 사람들 사이의 격차는 더욱 벌어진다.

노조 회의에 가거나, 더 많은 일반 소득을 요구하거나, 혹은 더 많은 일반 소득을 위해 학교로 돌아가는 대신, 직원들은 점심시간에 모노폴리 게임을 했어야 했다. 그랬더라면 그들은 초록색 집에서 나오는 임대료가 월급보다 더 나은 이유를 배울 수 있었을 것이다.

교육세

취업을 위해 학교로 돌아갈 때, 교육 비용은 세금 공제 대상이 아니다. 이는 완전히 새로운 직업을 얻는 것이기 때문이다. 그러나 투자 능력 향상을 위해 금융 교육 세미나에 가는 경우, 해당 교육은 사업 및 투자 기술 향상 명목으로 세금을 공제받을 수 있다.

chapter 10

부자의 소득은 유령 소득이다

가난한 아빠: 나는 급여가 필요하다.
부자 아빠: 나는 급여가 필요 없다.

유령 소득phantom income을 설명하는 것은 방 안의 유령을 설명하려는 것과 같다. 이번 장은 매우 중요한 장이며 나는 이것을 간단하게 설명하고자 최선을 다했다. 유령 소득은 매우 부유한 사람들의 소득이다. 이것은 극소수의 사람들만이 알고 있는 소득이기도 하다.

이렇게 제안하고자 한다. 이번 장의 내용이 어렵다면 수학을 좋아하는 친구와 함께 이 장을 읽은 다음 그 내용을 토론해 보라. 유령 소득의 개념이 여전히 명확하지 않다면, 회계사와 얘기해 보고 굉장히 중요한 이번 주제를 이해하기 위해 최선을 다하라.

진정한 금융 교육을 받지 않은 사람들은 유령 소득을 잘 모른다. 유령 소득은 부자의 소득이기 때문에 이번 장의 내용을 이해하는 것이 굉장히 중요하다.

더 높은 수준의 금융 지능

내가 1973년에 베트남에서 돌아왔을 때, 부자 아버지는 나에게 부동산 투자 수업을 듣는 것으로 금융 교육을 시작하라고 제안했다.

"부동산 자격증을 따라고요?"

내가 물었다.

부자 아버지는 웃으며 말했다.

"아니란다. 부동산 자격증은 S 사분면에 있는 사람들을 위한 것이지. 너는 I 사분면에 속한 사람들을 위한 금융 교육을 들어야지."

부동산 중개인은 '일반 소득'을 위해 일하고 부동산 투자자는 '투자 소득'과 '수동적 소득'을 위해 일한다. 부동산 자격증이 있다고 해서 전혀 문제 될 것은 없지만, 대부분 부동산 중개인들이 부동산 투자자는 아니다. 부자 아버지가 종종 말했듯이, "그 사람들이 중개인broker이라고 불리는 이유는 당신보다 더 빈털터리broke이기 때문이다."

당시 나는 아직 해병대 소속 조종사로 복무 중이었다. 어느 날 밤, 야간 임무를 마치고 와이키키에 있는 숙소로 돌아왔다. 밤늦은 시간에 TV를 켜니 부동산 투자에 대한 광고가 나오고 있었다. 광고 속 인물은 '계약금 없이' 부동산을 구매하는 방법을 가르쳐 주겠다고 약속했다. 해병대 조종사의 급여는 많지 않았기 때문에 세계에서 가장 비싼 부동산 지역 가운데 하나인 하와이에서 '계약금 없이' 부동산을 구매한다는 말이 흥미로웠다. 나는 TV 화면에 나온 번호로 전화를 걸어 첫 번째 '무료 세미나' 참석을 예약했다.

무료 세미나에는 나와 똑같은 사람들, 인생의 다른 길을 찾는 사람들, 아침부터 저녁까지 정해진 업무에 지친 사람들이 많이 보였다. 홍보하고 있던 유료 세미나는 3일짜리 과정이었고 참가비는 385달러였는데, 이 금액은 당시로서는 큰돈이라 해병대 조종사인 내 급여의 거의 절반에 가까운 액수였다.

부자 아버지에게 세미나에 참석하는 것이 좋을지 어떨지 물었을 때, 그는 미소를 지으며 이렇게 답했다. "내가 어떻게 알겠니? 내가 그 과정을 들어 보지 않았으니 말이다. 알아 낼 방법은 딱 하나뿐이지. 그냥 해 보면 된단다. 그럼 항상 무언가를 배울 수 있을 거야. 무언가를 해 본다는 건 대부분의 사람들처럼 아무것도 하지 않는 것보다 낫단다."

학구형 인간 vs 세미나형 인간

이것이 부자 아버지와 가난한 아버지의 또 한 가지 차이점이었다. 가난한 아버지는 학구형 인간이었다. 그는 전통적인 교육을 믿었다. 알 만한 대학에서 진행하는 과정이 아니라면 그것은 진정한 교육이 아니었다. 이름 뒤에 박사 학위가 따라오지 않는 강사라면 진정한 선생님이 아니었다.

부자 아버지는 세미나형 인간이었다. 그는 특히 데일카네기 코스Dale

Carnegie course를 좋아했다. 그가 생각하기에 그 과정들은 실용적이고 유용하면서 비용과 시간 측면에서도 비교적 저렴한 투자였다. 부자 아버지는 강사의 자격에 관심이 없었다. 그는 강사의 카리스마에 더 관심이 많았다. 강사가 지루하다면 카네기센터가 그 강사를 그냥 두지 않고 해고할 거라는 확신이 있었다. 그래서 그는 강사들이 자신의 관심을 끄는 것들을 가르쳐 줄 것이라고 믿고 있었다.

가난한 아버지는 특히 학위와 직함에 관심이 많았다. 그는 고등학교 수석 졸업을 시작으로, 학사 학위, 석사 학위, 박사 학위를 취득한 것을 자랑스러워했다. E와 S 사분면의 세계에서는 직함과 학위가 중요하다.

부자 아버지는 B와 I 사분면에서 성공하는 일에만 관심이 있었다.

워런 버핏은 세미나형 인간

워런 버핏도 여러 세미나에 참석한다. 그는 이렇게 말한 적도 있다. "나는 사무실 벽에 대학 학위를 걸지 않지만, 데일카네기 코스의 연설 과정 수료증은 자랑스럽게 걸어 놓고 있다. 주주총회에서 연설할 때마다 손과 발이 떨리지 않는 법을 배워야 했기 때문이다."

워런은 세계에서 가장 인기 있는 세미나 중 하나인 버크셔 해서웨이 연례 투자자 회의를 주최하는데, 그 행사를 '자본가들의 우드스탁 축제 Woodstock for Capitalists'라고 부른다.

진정한 스승

3일간의 부동산 세미나는 환상적이었다. 그 강사는 실제 부동산 투자자였다. 그는 부유했고, 재정적으로 자유로웠으며 행복했다. 모든 것이 내가 원하던 모습이었다.

수업은 실용적이었고, 쓸데없는 내용은 하나도 없었다. 강사는 교과서적인 이론이 아니라 실제 사례를 들어 설명했다. 그는 자신의 성공담과 실패담을 들려 주었다. 그리고 부자 아버지와 마찬가지로 실수의 중요성을 강조했는데, 실수란 넌지시 어깨를 토닥이며 "정신 차리고 일어나. 네가 모든 걸 아는 건 아니야. 여기에 네가 배워야 할 일이 생겼어." 라고 말하는 소중한 알림이라고 했다.

그는 좋은 파트너의 중요성에 대해 말하면서, 나쁜 파트너, 특히 부정직한 파트너를 통해 얻은 고통스러운 교훈도 알려 주었다. 그는 신뢰, 명예, 겸손의 가치, 그리고 함께 일하는 모든 사람을 친절과 존중으로 대하는 자세의 가치에 대해서도 말했다. 그가 생각하기에 자신이 다른 사람보다 더 똑똑하거나 더 뛰어나다고 생각하는 것은 죄악이자 인간에 대한 범죄 행위였다.

3일 동안 수업을 듣고 난 후에 나는 부동산 투자자가 된다는 것이 돈만 버는 일은 아니라는 점을 깨달았다. 부동산 투자자가 된다는 것은 사람들에게 안전하고 저렴한 주택을 제공하는 주거용 부동산 사업가가 된다는 것이었다. 일을 잘하면 많은 돈을 벌 수 있었다. 일을 잘하면 은행에서 더 많은 돈을 빌려 줄 것이었다. 그리고 일을 잘하면 정부에서 세금 감면 혜택을 제공할 것이었다. 정부와 협력하여 정부가 원하는 일을 하는 파트너가 되는 것이다.

진정한 부동산 투자자가 된다는 것은 '자본 이득'을 위해 부동산 자산property을 '투기 매매flipping'하는 게 아니었다. 주택을 투기로 매매하는 사람은 '부동산 거래꾼'이며, 이들은 다른 부류의 부동산 자산 투자자다. 부동산 자산을 투기로 매매하는 사람들은 주택을 더 비싸게 만드는 경향이 있다. 그들은 주택 가격이 오르기를 원하기 때문에 더 높은 세율의 세금을 납부한다.

톰의 세무 조언

투기 매매는 일반 소득을 창출한다

투기 매매는 투자자의 개인적 노력이 필요하다. 따라서 투기 매매는 일반 소득으로 과세되며, 투기 매매자는 S 사분면에 속한 사람들과 동일한 세율의 세금을 납부한다.

주식 시장 투자자들은 대부분 부동산 투기 매매자와 같다. 이들은 실제로 자산을 원하는 게 아니라 자산 가격이 오르기만을 원한다. 충분한 자본 이득이 생기면 며칠 만에, 혹은 몇 시간 만에도 매도한다. 이들은 그런 식으로 돈을 번다. 그래서 '자본 이득'에 대한 세금, 특히 '주식 투기매매로 얻은 이득'에 대한 세금이 수동적 투자자, 특히 현금흐름을 위해 투자하는 부동산 투자자의 세금보다 높은 것이다.

거래꾼들은 투자의 '더 큰 바보 이론Greater Fool Theory'을 믿는다. 그들은 자산을 매수한 다음 자신보다 더한 바보, 즉 자신이 매수한 가격보다 더 높은 가격에 구매할 마음이 있는 바보가 나타나길 기다린다. 일반적으로 거래꾼은 자산에 가치를 더하지 않는다. 일부 부동산 투기 매매자들은 부동산을 '정비'한 다음 비싼 값에 판다. 부동산 자산이나 주식을 투기로 매매하는 것은 소득을 위해 일하는 것이다. 주식과 부동산 투기 매매자들은 부동산 투자자보다 더 높은 세율을 납부한다.

시장 폭락은 언제 일어나는가

투기 매매자들이나 거래꾼들은 비싸게 구매해 줄 더 큰 바보가 나타나는 동안에는 문제가 없다. 그런데 바보들이 매수를 멈추면 시장이 폭락하기 시작한다. 2000년, 2007년, 2008년에 바로 그런 일이 일어났다. 폭락은 바보들이 더 이상 바보짓을 하지 않을 때 발생한다.

현금흐름 투자가는 시장 폭락을 기다린다. 이때 바보들은 도망쳐 숨고 진정한 투자가는 겨울잠에서 일어나 할인된 물건을 물색한다.

유령 현금흐름

3일간 진행된 수업에서 부동산 강사는 계약금 없는 부동산을 찾아 구매하는 방법 외에도 많은 것들을 알려 줬다. 부자 아버지와 마찬가지로 그는 유령 현금흐름phantom cash flow, 즉 보이지 않는 소득에 대해 말했다. "유령 현금흐름이야말로 부자들의 '진짜' 소득입니다. 유령 소득은 빈곤층과 중산층이 볼 수 없는 소득이죠."

다시 말해 '유령 현금흐름'은 일반 소득, 투자 소득, 수동적 소득처럼 보이는 소득이 아니다. 유령 현금흐름은 금융 교육을 받지 않은 사람에게는 보이지 않는다. 유령 현금흐름은 보이지 않는 소득이며 부채와 세금의 파생상품이다.

> Q: 부채와 세금이 유령 현금흐름을 만드는가?
>
> A: 그렇다. 그래서 진정한 금융 교육은 부채와 세금을 중심으로 이루어진다. 진정한 금융 교육은 부채, 세금, 그리고 부자들의 보이지 않는 소득인 유령 현금흐름을 다룬다는 점을 항상 명심하라.

이 장의 나머지 부분에서는 어떻게 하면 유령 소득이라고 하는, 보이지 않는 방 안의 유령을 볼 수 있는지 알아볼 것이다.

여기서 제시하는 모든 사례는 교육만을 목적으로 한 지극히 단순한 것들이다. 더 자세한 내용을 원하는 사람들을 위해 I 사분면에서의 삶을 살고자 하는 사람들에게 꼭 필요하다고 생각되는 책 일곱 권을 뒤에서 소개하겠다.

부채는 유령 현금흐름이다

사람들이 보증금 명목으로 계약금을 낼 때, 일반적으로 세후 금액을 사용한다. 예를 들어, 10만 달러짜리 부동산에 20퍼센트의 계약금이 필요하다고 가정해 보겠다. 즉, 구매를 하려면 매수자는 2만 달러를 마련해야 한다. 매수자가 40퍼센트의 소득세 과세표준 구간에 속한다면, 그

2만 달러는 실제로는 매수자가 약 3만 5000달러의 일반 소득, 즉 급여를 받아야 마련할 수 있는 금액이다. 약 1만 5000달러가 이미 세금으로 정부에 납부된 것과 같다.

돈을 빌려라

이렇게 질문해 보자. 매수자가 세후 급여로 받은 돈을 사용하지 않고, 그냥 2만 달러를 빌리면 어떤가? 그러면 매수자가 1만 5000달러를 아꼈단 얘기가 된다. 그 1만 5000달러가 바로 유령 소득이며, 매수자가 일할 필요도 없고, 세금도 내지 않고, 저축할 필요도 없는 돈이다.

> Q: 그렇다면 부채를 사용함으로써 투자자는 1만 5000달러만큼 앞서 나가는 셈인가? 마치 달리기에서 남보다 앞선 지점에서 출발하는 것처럼?
>
> A: 맞는 말이다. 보통의 사람들이 계약금으로 받은 세후 금액을 저축하는 동안, 부채를 돈으로 사용하는 방법을 아는 전문 투자가는 그보다 훨씬 더 앞서 나간다. 그리고 곧바로 다음 투자처로 넘어간다.
>
> Q: 전문 투자가는 부채를 이용하고 아마추어는 세후 금액을 저축하는 차이 때문인가?
>
> A: 제대로 이해했다. 2만 달러의 계약금을 모으기 위해 일하지 않아도 되고, 세금도 내지 않고, 검소하게 살 필요도 없다면, 얼마나 많은 시간과 돈을 절약할 수 있을지 생각해 보라.
>
> Q: 그냥 2만 달러를 빌리라는 말인가?

A: 그렇다. 이렇게 생각해 보자. 여러분들에게 2만 달러는 그렇게 큰돈 이 아닐 것이다. 그렇지만 20만 달러, 200만 달러, 2000만 달러의 계 약금이 필요하다면 어떻게 할 것인가?

Q: 나는 그만한 계약금을 마련할 수 없을 것이다. 그러면 부자들은 부 동산 거래 시 더 많은 계약금을 위해 돈 빌리는 방법을 알고 있어서 더 부자가 되는 건가?

A: 그렇다. 만약 당신이 E 사분면에 있는 근로자인데 일하고 저축하는 방식으로 부자가 되려고 한다면, I 사분면으로 넘어가기가 쉽지 않 다. I 사분면은 부채와 세금, 그리고 유령 소득과 관련이 있는 영역이 다. E 사분면에 있는 사람들은 진정한 금융 교육 없이는 I 사분면에 서 실제로 무슨 일이 일어나고 있는지 볼 수 없다.

그런 이유로 주식, 채권, 뮤추얼 펀드가 E와 S 사분면에 있는 사람들 에게 가장 적합하다. 종이 자산에는 계약금이 필요하지 않고, 대부분이 그냥 현금으로 거래되기 때문이다.

Q: 그렇다면 부채가 I 사분면의 핵심인가?

A: 그렇다. 그리고 세금과 유령 소득도 마찬가지다. '부채는 비과세'라 는 점을 명심하라. 돈을 위해 일하기보다는 돈을 빌려서 많은 시간 과 돈을 절약할 수 있다.

Q: 하지만 그렇게 하려면 많은 기술이 필요하지 않은가?

A: 그렇다. 바로 여기서 금융 교육이 등장한다. 도널드 트럼프의 말을 다시 들려 주겠다. "알다시피 나는 부채의 왕이다. 나는 부채를 좋아 하지만, 부채는 까다롭고 위험하다."

Q: 그래서 부자 아버지가 당신에게 부동산 투자자가 되기 전에 부동산 강의를 들으라고 한 건가? 부동산은 부채, 세금, 그리고 유령 소득과 관련이 있기 때문인가?

A: 그렇다.

Q: 왜 그가 직접 가르쳐 주지 않았나?

A: 그는 자신이 할 수 있는 곳까지 나를 이끌어 왔지만, 이제는 내가 더 나은 스승을 찾아야 한다고 했다. 그리고 자신도 실제로 그렇게 했다. 그는 다른 도시에서 열리는 여러 세미나에 참석하면서 끊임없이 새로운 스승들을 찾아다녔다.

가끔 부자 아버지는 하늘의 별을 따라간 동방박사 세 사람을 떠올리게 했다. 이미 부유하고 현명했지만, 더 현명한 스승을 찾는 일을 멈추지 않았기 때문이다.

정교한 투자자는 유령 소득을 위해 일한다

복습하자면, 앞서 언급했듯이 금융 교육에는 여섯 가지 기본 단어가 있다. '수입, 지출, 자산, 부채, 현금, 흐름'이다. 이 단어들이 바로 재무제표에 사용되는 용어들이다.

은행은 성적표를 요구하지 않는다는 점을 기억하라. 은행은 당신의 재무제표를 보고 싶어 한다. 그리고 슬프게도 사람들은 대부분 재무제표를 가지고 있지 않다.

다음으로, '일반 소득, 투자 소득, 수동적 소득'이라는 세 가지 유형의

부자는 왜 더 부자가 되는가

소득을 살펴보아야 한다.

아래 나오는 세율의 숫자는 대략적인 값이며 설명과 이해를 돕기 위해 사용한 것이다.

- 일반 소득 40%
- 투자 소득 20%
- 수동적 소득 0%

대부분의 경우, 빈곤층과 중산층은 세 가지 소득 중 가장 높은 세금이 부과되는 일반 소득만 있다. 저축과 401(k) 퇴직 연금 소득도 일반 소득으로 과세된다. '이웃집 백만장자'는 일반 소득과 투자 소득을 위해 일한다.

반면 정교한 투자자는 유령 소득을 위해 일한다. 유령 소득은 보이지 않는 소득이기 때문에 훨씬 더 높은 수준의 진정한 금융 교육과 금융 문해력이 필요하다.

유령 소득의 예로는 다음과 같은 것들이 있다.

부채는 유령 소득이다

부채에서 나오는 유령 소득이란, 돈을 벌기 위해 일하고 그 돈에 붙는 세금을 내면서 저축하는 대신에 '돈을 빌려서 절약한 시간과 돈'이다.

앞서 살펴본 예에서, 계약금 2만 달러가 실제로는 3만 5000달러만큼의 일반 소득이라고 설명했다. 1만 5000달러의 차액이 유령 소득이며, 그만큼의 돈과 시간을 절약하였다.

부채를 돈으로 사용하는 방법을 안다면 더 빨리 부자가 될 수 있다.

자산가치 상승은 유령 소득이다

자산가치 상승은 부동산 가격이 상승할 때 발생한다. 예를 들어, 10만 달러짜리 부동산의 가치가 15만 달러로 상승했다면, 5만 달러는 자산가치 상승이라는 유령 소득이다.

문제는 그 5만 달러를 실제로 손에 넣으려면 부동산을 팔아야 한다는 것이다. 매도를 통해 과세 대상인 자본 이득이 발생하면 이에 대한 세금인 양도소득세도 발생한다.

자본 이득이 5만 달러라면, 다음과 같은 식으로 계산할 수 있다.

5만 달러 × 세금 20% = 세금 1만 달러

비용이 덜 드는 방법 찾기

킴과 켄 맥엘로이, 그리고 나는 부동산 매각 대신 다른 전략을 사용한다. 부동산을 매각하지 않고 그 대신 부채를 통해 5만 달러의 자산가치 상승분을 끌어온다. 주택 소유자는 항상 이렇게 하는데, 이를 '주택 담보 대출'이라고 한다. 자산가치 상승은 부채가 되어 유령 소득으로 세금 납부 없이 우리 주머니로 들어온다.

큰 차이점은 세입자가 임대 부동산에 대한 5만 달러의 이자 비용을 지불한다는 것이다. 주택 담보 대출의 경우에는 주택 소유자가 대출에 대한 이자를 지불한다.

대부분의 주택 소유자는 5만 달러 대출을 받고 신용카드 부채와 학자금 대출과 같은 다른 고금리 대출을 갚는다. 이렇게 하면 가족의 총 월 이자 비용이 줄어들 수 있지만 재정적으로 앞서 나가지는 못한다.

전문 투자가는 5만 달러를 가져와 더 많은 임대용 부동산에 대한 계약금으로 사용할 것이다. 전문 투자가가 기존 부동산에서 5만 달러를 가져와 임대용 부동산을 두 개 더 인수한다고 가정해 보자. 이제 재무제표의 자산 칸에 임대용 부동산은 하나가 아닌 세 개가 된다.

> Q: 하지만 투자자의 부채는 두 개의 새로운 융자로 인해 증가하지 않았는가?
>
> A: 그렇다. 하지만 훌륭한 투자자라면 수동적 소득도 증가했을 것이다. 그것으로 새로운 융자에 대한 이자를 지불하고 남은 수동적 소득을 자신의 주머니에 넣을 수 있다.
>
> Q: 그렇게 투자자는 더 많은 유령 소득을 얻는 것인가?
>
> A: 그렇다. 투자자가 얻는 유령 소득은 이 외에도 다양하다.

톰의 세무 조언

더 많은 부동산 = 더 많은 유령 소득

임대 부동산 건물 한 채의 가격이 10만 달러라고 가정해 보겠다. 세후 소득으로 10만 달러를 마련하고 부채 없이 부동산을 보유하는 대신 20만 달러를 빌려 부동산 건물 세 채를 구매한다. 그러면 이제 30만 달러 상당의 부동산을 보유하게 된다. 부동산 건물의 가치 상승분이 10퍼센트라고 가정해 보겠다. 부동산 건물이 하나라면 자산가치 상승 또는 유령 소득은 1만 달러(10만 달러 X 10%)다. 그러나 부동산 건물 셋을 합친 30만 달러의 자산가치 상승 또는 유령 소득은 3만 달러(30만 달러 X 10%)다. 이 경우 부채가 유령 소득을 3배로 늘려 주었다.

상환은 유령 소득이다

상환은 부채가 줄어드는 것을 뜻한다. 융자금, 자동차 구매 비용 또는 신용카드 대금을 납부할 때마다 대출 잔액을 상환하는 것이고, 다른 말로 하면 빚을 갚는 것이다.

보통은 세후의 일반 소득으로 부채를 '상환'한다. 그들은 돈을 사용한다. 이는 '세입자가 상환해 주는' 부동산 투자자의 부채와는 매우 다르다. 전문 투자가에게 부채 감소는 또 다른 유령 소득의 원천이 된다.

내가 부동산을 좋아하는 이유는 나의 부채를 내가 아니라 세입자들이 상환하기 때문이다. '좋은 부채란 다른 사람이 대신 갚아 주는 부채'라는 사실을 명심하라. 매달 세입자가 우리의 부채를 상환해 주고 있어서 나와 킴은 매달 더욱 부자가 된다.

감가상각은 유령 소득이다

감가상각은 '손상 및 마모'라고도 한다. 이론적으로 당신의 투자 부동산 가치는 손상 및 마모로 인해 하락하기 때문에 세무 부서는 당신에게 세금 공제 혜택을 제공한다. 부동산의 가치가 상승하고 있더라도 세무

당국은 마치 부동산 가치가 하락하는 것처럼 감가상각에 대한 세금 감면을 제공한다.

전문 부동산 투자가에게 이러한 '감가상각'은 유령 소득의 주요 원천이라고 할 수 있다.

톰의 세무 조언

감가상각의 마법

『세금에서 자유로운 부자되기』 7장에서 나는 감가상각의 마법을 아주 자세히 설명했다. 감가상각이야말로 진짜 유령 소득이다. 납부할 필요도 없는 세금을 공제받는다고 상상해 보라. 부동산을 매입하기 위해 돈을 빌릴 때도 감가상각에 대한 공제를 받을 수 있다. 부동산 가치가 오르더라도 감가상각에 대한 공제를 받을 수 있다. 대부분의 국가에 이런 공제가 있기는 하지만 오직 현금흐름을 만들어 내는 부동산에만 적용된다. 개인 주택은 감가상각 공제가 적용되지 않는다.

저축하는 사람의 두 가지 실수

저축하는 사람이 패배자인 이유는 크게 두 가지다. 저축하는 사람은 대개 일반 소득에서 발생한 세후의 금액인 '이자 소득에 대한 세금'을 낸다. 또한 저축하는 사람은 은행 시스템으로 인해 '저축의 구매력'이 떨어지면서 그들의 돈을 잃고 있다.(양적완화와 부분지급준비 이 둘 모두가 그 원인이다.)

Q: 저축하는 사람은 자기 돈의 가치가 떨어지는데도 세금을 내나?

A: 그렇다.

Q: 부동산 투자자는 부동산 가치가 상승할 때 세금 감면 혜택을 받기 때문에 이득을 얻나?

A: 그렇다.

맥도널드의 유령 현금흐름

유령 소득이 실제로 부자를 더 부자로 만드는 방법이 되기도 한다. 레이 크록은 맥도널드가 부동산 회사라고 말한 적이 있다. 맥도널드가 세계 최대의 패스트푸드 체인 중 하나이자 부동산 회사인 이유는 바로 유령 소득 때문이다.

현금흐름 사분면을 통해 살펴보자.

맥도널드의 햄버거 사업

맥도널드의 부동산 사업

맥도널드의 패스트푸드 사업이 '과세 소득'으로 100만 달러를 번다고 가정해 보겠다. 그리고 맥도널드의 부동산 사업은 100만 달러의 '감가상각'이 있다고 가정해 보자.

사업에서 발생한 과세 소득 100만 달러는 부동산 사업에서 발생한 감가상각으로 상쇄된다. 즉, 맥도널드의 패스트푸드 사업은 '세금을 전혀' 내지 않는다.

과세 소득

맥도널드에 부동산이 없다면 100만 달러의 과세 소득에 대해 약 45만 달러의 세금을 내야 한다.(100만 달러 X 세율 45%) 감가상각 공제는 맥도널드의 과세 소득을 0으로 줄여 준다.(100만 달러 소득에서 100만 달러 공제액 차감) 따라서 맥도널드는 패스트푸드 사업에서 발생한 100만 달러의 소득에 대해 세금을 내지 않고 45만 달러의 세금을 절약할 수 있다.

Q: 그렇다면 맥도널드는 수입 외에도 여러 방식으로 더 부유해지는가?

A: 그렇다. 몇 가지 예를 더 들어 보면 다음과 같다.

1. 부동산에서 100만 달러의 감가상각은 유령 소득이다.

2. 부동산 자산가치 상승은 유령 소득이다.

3. 맥도널드 햄버거 사업 가치의 증가는 유령 소득이다.

4. 사업과 부동산 모두에 대한 부채는 사업에 의해 상환되고 있으며, 이로써 유령 소득은 더 많아진다.

5. 많은 미국 기업이 미국 밖에서 소득을 올리고 그 소득을 미국 세금의 적용을 받지 않는 해외에 보관한다. 이로써 유령 소득은 더 많아진다.

6. 기업의 세금 전략이 얼마나 현명한지, 세무 전략가인 톰 휠라이트가 얼마나 현명한지에 따라 이 항목들은 계속 늘어날 수 있다.

맥도널드 직원들처럼 일하지 말라

한편 맥도널드의 직원들은 급여를 위해 일하고, 돈을 저축하고, 빚에서 벗어나기 위해 노력하고, 401(k) 퇴직 연금에 투자하는데, 이 모든 것에는 일반 소득세가 부과된다. 그러면서 왜 부자가 더 부자가 되는지 궁금해한다.

> Q: 당신의 사업도 맥도널드의 공식을 따르고 있는가?
>
> A: 우리도 그렇게 하고 있다. B 사분면에서 '맥도널드'를 '리치 대드 컴퍼니'로 바꾸기만 하면 된다.

현금흐름 사분면을 통해 살펴보자.

리치 대드 컴퍼니

로버트 기요사키의 부동산 회사

부자는 왜 더 부자가 되는가

한 가지 차이점이라면 우리는 해외에서 벌어들인 모든 소득을 본사가 있는 미국으로 다시 가져온다는 것이다. 우리는 그것이 옳은 일이라고 믿는다.

Q: 리치 대드 컴퍼니의 모든 소득을 미국 내로 가져와도 세금을 전혀 내지 않는가?

A: 그렇다. B 사분면의 리치 대드 컴퍼니에서 더 많은 돈을 벌면 I 사분면의 사업에서 더 많은 부동산을 구매한다.

Q: 그럼 B 사분면과 I 사분면 모두에서 더 부자가 되는데, 소득도 늘고, 부채도 늘고, 세금도 덜 내고, 유령 소득도 늘어나는 건가?

A: 제대로 이해했다.

Q: E와 S 사분면에 있는 사람도 같은 일을 할 수 있는가? 이들도 유령 소득을 얻을 수 있나?

A: 그렇다. 하지만 그러기 위해서는 이들이 I 사분면의 전문 투자가여야 한다. 이웃집 백만장자 같은 사람은 그럴 수 없다. 그들은 주식, 채권, 뮤추얼 펀드, ETF, 퇴직 연금에 투자하는 경향이 있다. 수동적 투자만으로는 동일한 수준의 유령 소득을 얻지 못한다.

Q: 그래서 투자하기 전에 부동산 수업을 들으라고 말한 것인가?

A: 그렇다. 부동산에 투자하려면 주식, 채권, 뮤추얼 펀드, ETF에 투자하는 것보다 훨씬 더 많은 금융 교육이 필요하다.

자산 종류 이해하기

종이 자산은 현금화가 쉬워서 유동적이다. 종이 자산에 투자할 때는 실수를 하면 재빨리 들어가고 나올 수 있다. 따라서 즉시 손실을 줄일 수 있다.

반면에 부동산에서 실수를 하면 그 실수로 인해 파산할 수도 있다. 부동산은 유동적이지 않기 때문에 손실을 재빨리 줄일 수 없다.

> Q: 어떤 부동산 수업을 추천하는가?
>
> A: 부동산 수업을 제공하는 회사는 많다. 리치 대드 컴퍼니도 마찬가지로 다양한 부동산 교육 과정과 강의를 제공한다. 나는 리치 대드 컴퍼니가 제공하는 강의와 교육 프로그램이 최고라고 생각하지만, 어떤 프로그램이든 자신에게 가장 적합한 것을 선택하고 결정하기를 바란다.
>
> 또 다른 방법으로는 리치 대드 라디오를 듣는 방법도 있다. 이 프로그램은 RichDad.com을 통해 전 세계 어디에서나 팟캐스트에 접속할 수 있는 주간 라디오 프로그램이며, 매주 킴과 내가 선구적인 생각을 가진 분들을 만나서 주로 기업가나 전문 투자가와 관련성이 높은 다양한 주제에 관해 이야기를 나눈다.

책은 배움의 시작점이 되어 준다

책을 통해 세상에서 가장 위대한 스승들을 만날 수 있다. 게다가 책은 저렴할 뿐더러 상세한 설명을 읽을 수 있어서 더욱 좋다. 그리고 그중에서도 가장 좋은 점이라고 한다면 일정을 마음대로 정할 수가 있어서, 당신이 시간이 날 때 책 속의 스승이 당신에게 찾아와 가르쳐 준다는 점이다. 이해가 안 되는 부분은 다시 돌아가 읽어 볼 수도 있다.

나는 오랫동안 개인 자문가들에게 그들이 하는 일을 자세히 설명하는 책을 써 달라고 부탁해 왔다. 리치 대드 자문가들은 모두 자수성가한 기업가이며, 각자의 분야에서 활약하고 있는 인재들이기 때문이다. 이들의 책에는 S와 B 사분면을 위한 조언이 담긴 책도 있고 I 사분면을 위한 책도 있다. 특히, 유령 소득과 I 사분면에 대해 더 알고 싶다면, 내가 추천하는 서적들을 참고하면 좋겠다.

리치 대드 자문가인 켄 맥엘로이는 I 사분면에 속한 부동산 투자에 관심 있는 사람들을 위해 세 권의 책을 썼다. 켄과 킴, 그리고 나는 주로 100퍼센트 부채를 사용해 수백만 달러를 벌었는데, 이 중 대부분은 비과세다. 켄은 현재 부동산 분야에서 가장 유능한 인재 가운데 한 명으로, 부채를 사용하여 수백만 달러 규모의 부동산 프로젝트를 인수하는 부동산 전문가다. 켄 맥엘로이가 쓴 책들은 다음과 같다.

『부동산 투자의 ABC*The ABCs of Real Estate Investing*』
『부동산 관리의 ABC*The ABCs of Property Management*』
『부동산 투자 고급 가이드*The Advanced Guide to Real Estate Investing*』

변호사이자 부동산 투자자인 개럿 서튼Garrett Sutton의 책 『부동산 틈새 찾기*Loopholes of Real Estate*』도 추천한다.

당연하겠지만, 부동산이 모든 사람에게 적합한 것은 아니다. 종이 자산을 선호하는 사람들을 위해 나의 자문가인 앤디 태너Andy Tanner의 책 『주식 시장 현금 흐름Stock Market Cash Flow』을 소개한다. 이 책은 실적이 저조한 (또는 실적이 없는) 종이 자산에 많은 돈이 묶여 있는 이웃집 백만장자에게 큰 도움이 되는 책이다.

앤디는 '시장이 상승할 때와 시장이 폭락할 때 돈을 버는 방법'이라는 모든 투자자가 알아야 할 주제를 알려 준다. 앤디가 종종 말하듯이, "시장 폭락은 부자를 더 부자로 만든다." 비록 종이 자산은 부동산과 같은 부채, 세금, 유령 소득의 이점들을 제공하지는 않지만, I 사분면의 전문 투자가에게 다른 여러 가지 이점을 제공한다.

이제 여러분도 나의 공인회계사이자 세무 전략가인 톰 휠라이트가 합법적으로 세금을 적게 내는 방법에 있어서 천재라는 데 동의할 것이다. 그는 킴과 내가 수백만 달러의 세금을 절약할 수 있게 해 주었다. 톰은 리치 대드 어드바이저 시리즈인 『세금에서 자유로운 부자되기』의 저자이기도 하다.

I 사분면에서 부자가 되려면 소송과 세금이라는 두 가지 약탈자로부터 자산을 보호하는 방법을 알아야 한다.

개럿 서튼은 변호사이자 자산 보호에 관한 나의 법률 자문가다. 개럿이 없었다면 킴과 나는 이런저런 소송들로 인해 모든 것을 잃었을 것이다. 그는 다른 사람과 정부로부터 재산을 보호하는 자산 보호 분야에서 천재적인 능력을 발휘한다.

당신의 자산을 보호하려면 B 사분면에 속한 기업들의 자산 보호 방식을 알아야 한다. 자산 보호에 관한 개럿 서튼의 책들은 다음과 같다.

『자신의 회사를 세워라 *Start Your Own Corporation*』
『자신의 회사를 운영하라 *Run Your Own Corporation*』
『유한책임회사와 합자회사 사용법 *How to Use LLCs and LPs*』

이 책들은 I 사분면의 전문 투자가가 되고 싶은 사람들을 위한 필독서다.

정부와 협력하라

오래전 3일짜리 부동산 수업에서 강사가 말했듯이, "주거용 부동산 투자자의 목적은 안전하고 안심할 수 있는 저렴한 주택을 제공하는 것이다." 만약 당신이 부동산 투자자가 된다면, 세계 각국의 정부는 E와 S 사분면에서 이용할 수 없는 세금 감면 혜택과 유령 소득 기회를 제공함으로써 당신과 협력할 것이다.

톰의 세무 조언

정부는 당신이 부자가 되기를 원한다

정부는 투자자 및 사업주와의 협력을 좋아한다. 정부는 부동산 투자에 대해 45만 달러의 세금 혜택을 제공하며 맥도널드와 협력 관계를 맺었다. 이는 정부가 부동산에

45만 달러를 투자하는 것과 같다. 당신이 주택을 짓는다면 정부는 세금 혜택을 제공할 것이기 때문에 당신이 모든 위험을 감수할 필요가 없다. 정부가 당신의 소득에 대한 세금 혜택을 제공하여 위험을 분담한다.

법의 정신을 따르라

부동산법, 금융법, 세법, 기업법 등의 규정은 반드시 따라야 한다. I 사분면에 사는 사람들은 법률 조문은 물론 법의 정신도 따라야 한다.

톰의 세무 조언

법을 준수하라

이제 부자들이 보통 사람들과는 다른 규칙을 가지고 있다는 것을 분명히 알 수 있을 것이다. 부자들은 또한 규칙을 준수하는 데 필요한 요건도 더 엄격하다. E 또는 S 사분면에 속한 사람은 세금 신고서를 허위로 작성하면 가벼운 처벌을 받는다. B 또는 I 사분면에 속한 사람은 어떤 부분이라도 법을 무시하면 감옥에 가야 한다. 따라서 B 또는 I 사분면에 속하고 싶다면 법률 조문과 법의 정신을 정확하게 준수해야 한다.

반드시 거액의 부동산 투자자가 되어야 하는 것은 아니다.

소규모 투자자의 예를 들어 보겠다. 다시 한번 말하지만, 가능한 한 간단하게 설명하겠다.

메리는 연봉 10만 달러를 받고 (30퍼센트 과세 구간) 소득세로 연간 3만 달러를 납부하는 40세의 봉급생활자다. 여가 시간에는 I 사분면의 전문 부동산 투자자로 활동한다.

몇 년 후, 그녀는 100만 달러 상당의 임대용 부동산 10채를 소유하게 되었는데 부동산 임대 소득은 없다. 임대용 부동산의 감가상각은 연간 10만 달러다. 이를 살펴보면 다음과 같다.

그녀의 소득에 대해 납부한 총 세금 = 3만 달러

임대용 부동산의 감가상각 = 10만 달러

실제 납부한 세금 = 0 (소득 10만 달러에서 감가상각 10만 달러 차감)

> Q: 그러면 그녀는 부동산에서 순 임대 수입을 얻지 못하지만, 그녀는 직장에서 얻는 일반 소득에서 세금 3만 달러를 내지 않아도 되니까 3만 달러를 절약한 것인가? 그녀의 유령 소득이 3만 달러인가?
>
> A: 그렇다. 3만 달러는 그녀의 장부에 나타나지 않는 돈이다.
>
> Q: 그리고 그녀는 여전히 부동산 자산가치 상승과 감가상각을 통해 유령 소득을 얻고 있는가?
>
> A: 물론 그렇다.
>
> Q: 그리고 은퇴하면 그녀가 보유한 부동산은 부채 없이 깨끗한 자산이 되는가?
>
> A: 그렇다. 부동산을 차환하거나 매각하지 않는다면 말이다.
>
> Q: 그리고 평생 임대 소득을 얻게 되는가?
>
> A: 그렇다. 세입자와 부동산을 잘 관리한다면 가능하다.
>
> Q: 그럼 그녀는 거대한 주식 시장 붕괴에 대해 걱정할 필요가 없는가?

A: 그렇다. 주식 시장이 폭락하고 또 다른 대공황이 오더라도 여전히 사람들은 비바람을 막을 집이 필요하기 때문이다.

Q: 그럼 그녀는 돈을 더 많이 벌고 세금은 덜 낼 수 있는가?

A: 그렇다. 'I 사분면의 정신'에 따라 세입자와 부동산을 잘 관리하면 정부가 당신에게 신경 쓸 것이다.

가장 중요한 교훈은 현장에서 얻는다

3일간의 부동산 수업이 끝나고 강사는 "여러분의 진정한 교육은 강의실을 나서는 순간부터 시작됩니다."라고 말했다.

그는 우리에게 3~5명씩 조를 이룬 다음 자신이 내 줄 '과제'를 기다리라고 했다. 이윽고 그가 이렇게 얘기했다.

"과제는 앞으로 90일 동안 100개의 부동산을 살펴보는 것입니다. 최고의 투자처를 찾는 방법을 배우게 될 것입니다. 우리가 배운 것을 실천에 옮겨야 합니다. 많은 실수를 하게 될 것입니다. 이제 여러분의 진정한 교육이 곧 시작됩니다.

여러분의 교육은 부동산 중개인의 문을 두드리고, 주택 공개 행사에 참석하고, 신문 광고를 훑어보면서 기회를 찾고, 매물 표시를 찾아 동네를 돌아다니면서 시작됩니다. 거래가 가능한 매물을 찾으면 직접 조사해 보고 분석해서 그 부동산의 장단점, 소득 증가 가능성, 부채, 세금 및 유령 현금흐름에 대한 예측을 담은 한 쪽짜리 보고서를 작성해야 합니다. 앞으로 90일 동안 부동산에 대한 이러한 보고서 100개를 작성해야 합니다."

"이걸 왜 하는 거죠?" 학생 중 한 명이 물었다.

"실제 투자자들이 이렇게 하기 때문입니다." 강사가 우리에게 미소 지으며 말했다. "실제 투자자들이 이런 100 대 1 비율로 최고의 투자처를 찾습니다."

처음에는 우리 조에 5명이 있었다. 우리 모두 그 과제를 하기로 했다. 그런데 예상했겠지만, 얼마 지나지 않아 너무 바쁘다거나, 아이들의 축구 연습이 있다거나, 늦게까지 일해야 한다거나, 혹은 아내나 남편에게 '문제'가 생겼다거나 하는 이유로 하나둘 빠지기 시작했다.

90일이 끝날 무렵에는 우리 조에 둘만 남게 되었다. 우리는 100개의 프로젝트가 담긴 바인더를 분석하고 평가했다. 나는 지금까지 부동산 투자자로 40년 이상 활동하고 있지만 그때 이 과정이야말로 내가 경험한 최고의 금융 교육 과정이었다.

나는 마우이섬의 아름다운 해변 건너편에 있는 침실 1개, 욕실 1개짜리 콘도를 나의 첫 번째 부동산으로 구입했다. 당시 부동산 시장이 폭락했고 매수자들도 없었다. 부동산은 압류된 상태였기에 투자자에게는 완벽한 기회였다. 콘도 가격은 1만 8000달러였고, 계약금은 전체 금액의 10퍼센트였다. 나는 신용카드를 꺼내서 계약금 1,800달러를 냈고, 100퍼센트 부채로 부동산을 구입했다. 내 돈이 전혀 들지 않았고 100퍼센트 부채를 사용했기 때문에, 내가 얻는 순 현금흐름이 비록 매달 25달러에 불과했지만, 이것은 그야말로 '무한수익'이었다.

얼마 지나지 않아 누군가가 '바보 같은 돈'을 제시했다. 그 구매자는 내가 매입한 금액의 두 배 이상인 4만 2천 달러에 그 부동산을 사겠다고 했다. 판매할 계획은 없었지만, 투자자본수익률ROI이 너무 좋아서 그냥 지나칠 수 없었다. 나는 콘도를 판매하면서 1031 세금 유예 교환이라는 방법을 이용했다.

> Q: 세금 유예 교환이 무엇인가?
>
> A: 매각 시 매매에 대한 양도소득세를 내지 않아도 된다는 뜻이다. 1031 세금 유예 교환1031 Exchange 조항을 따르면 매각으로 인한 2만 4000달러의 자본 이득은 비과세가 된다.
>
> Q: 비과세 자본 이득이라면, 더 많은 유령 소득인가?
>
> A: 그렇다. 1031 세금 유예 교환 조항을 따르기 위해 나는 더 많은 부동산에 투자해야 했다. 2만 4000달러를 아무 데나 쓸 수는 없었다. 곧 2만 4000달러를 새로운 부동산의 계약금으로 사용하여 부동산 세채를 더 매입했다.

톰의 세무 조언

미국의 1031 (동종자산) **교환**

미국에서는 부동산 매각 후 즉시 다른 투자 부동산에 투자하는 경우, 정부가 부동산 매각에 대한 세금을 면제해 준다. 매각한 부동산의 이익은 새로운 부동산으로 이전되며, 투자자가 사망하기 전에 부동산을 현금화하면 결국 세금이 부과된다. 그러나 투자자가 사망할 때까지 부동산을 보유하면 이익에 대한 세금은 영구히 탕감된다.

나는 신용카드 부채로 시작해서 계속해서 유령 자산의 규칙을 따랐다.

> Q: 그 첫 1만 8000달러짜리 부동산이 지금은 가치가 얼마나 되는가?
>
> A: 몇 년 전에 그곳을 지난 적이 있는데, 같은 콘도미니엄 단지의 부동산은 30만 달러에서 42만 5000달러에 팔리고 있었다. 지금은 아마도 가격이 더 올랐을 것이다.
>
> Q: 그 부동산을 팔아서 후회하지는 않는가?
>
> A: 그렇기도 하고 그렇지 않기도 하다. 3일간의 부동산 실전 수업에서 얻은 교훈 덕분에 2만 4000달러를 수백만 달러로 바꿀 수 있었다. 오늘날 킴과 나는 5,000개가 넘는 임대 부동산, 3개의 호텔, 5개의 골프장 등을 소유하고 있으며, 모두 부채, 세금, 유령 소득으로 매입한 것들이다. 그래서 첫 번째 부동산을 유지했어도 좋았겠지만, 0에서 시작해서 그 0을 수백만 달러로 늘리는 게 더 나은 결정이었던 것 같다.

돈의 속도를 따라잡기

0이 수백만 달러로 바뀌는 빠르기의 정도를 '돈의 속도'라고 한다. 즉, 얼마나 빨리 돈을 움직여서 더 많은 자산을 취득하고, 자산을 매각하지 않고도 그 자산에서 돈을 끌어내어 더 많은 자산을 매수할 수 있는지를 말한다.

부자가 더 부자가 되는 또 다른 이유는 빈곤층과 중산층이 돈을 저축하거나 장기적으로 연금에 투자하기 때문이다. I 사분면의 투자자는 돈을 저축하는 대신 돈을 굴린다.

Q: 그럼 일반 사람들은 돈의 움직임을 볼 수 없나?

A: 그렇다. 일반 사람들은 돈을 묶어 두는 방법만 알고 있지만, I 사분면에 있는 사람들은 돈을 빌려서 빠른 속도로 굴린다.

Q: 그래서 많은 사람들이 당신에게 "여기서는 그렇게 할 수 없어요."라고 말하는 건가?

A: 그렇다. 나는 어디서나 항상 그런 말을 듣는데, 그들 대부분이 E와 S 사분면에 있기 때문이다. 이 사람들이 우리의 말을 받아들이지 못하더라도, 창밖을 내다보면 '그렇게 하는' 사람들의 대형 건물들을 볼 수 있다.

톰의 세무 조언

묶여 있는 소득에 대한 세금 vs 돈의 회전 속도

장기 투자에 묶여 있는 소득은 자본 이득 세율로 과세된다. I 사분면의 투자자가 부채와 투자를 통해 돈을 계속 움직이는 경우, 움직이는 것은 부채이기 때문에 부자들은 세금을 내지 않고 실제로는 감가상각을 통해 추가적인 유령 소득을 얻을 수 있다.

이번 장에서 이해되지 않는 부분이 있다면, 자문가나 회계사를 찾아서 상의해 보기 바란다. 이번 장에서 다룬 내용은 매우 중요하다. 이 내용들을 이해한다면, 당신은 사람들이 바로 눈앞에 두고도 보지 못하는 것들을 보게 될 것이다.

chapter 11

돈의 주인이 되는 방법

가난한 아빠: 학교로 돌아가서 MBA를 취득해라.

부자 아빠: 돈의 주인이 되어라.

1974년 봄, 나는 해병대에서 마지막 비행을 하고 있었다. 하와이의 아름다운 섬들 사이를 비행하다 보니 해병대를 떠나는 일이 더욱 어렵게 느껴졌다. 나는 비행을 무척이나 좋아했지만, 이제 떠날 때가 되었다는 것을 알았다.

1974년 6월, 나는 부대를 떠나며 마지막으로 경비병의 경례에 답한 후 호놀룰루 도심에서 새로운 삶을 시작했다. 며칠 후면 나는 제록스 코퍼레이션에서 새로운 삶을 시작할 것이었다.

MBA 과정을 그만두다

가난한 아버지는 내가 MBA를 취득하고 착실하게 회사에 다니기를 바랐다. 그렇지만 나는 6개월 만에 MBA 과정을 그만두었다. 비행학교를 다니고 5년 동안 비행을 하다 보니 전통적인 교육의 지루함을 견딜 수 없었다.

아버지는 실망했지만 이해해 주셨다. 그는 내가 갈림길에 서 있다는 걸 알고 있었다. 그리고 내가 자신의 전철을 밟지 않으리라는 걸 알고 있었다. 내가 착실하게 회사에 다니지 않으리라는 것도, 내가 기업가가 되고 싶어 한다는 것도 알고 있었다.

기업가를 위한 핵심 기술

나의 부자 아버지는 "기업가에게 가장 중요한 기술은 판매 능력이다."라며 내게 영업직을 권했다. 그는 판매가 곧 수입이라며 "더 많은 수입을 원하면 더 많이 팔아라."라는 말을 여러 번 반복했다.

나는 해병대를 나오기 전에 제록스에 지원했는데, 그 이유는 제록스가 미국 기업 중에서 가장 좋은 영업 교육을 제공했기 때문이다. 나는 채용된 후 4주간의 영업 교육 프로그램에 참가하기 위해 버지니아주 리스버그로 떠났다. 정말 굉장한 4주였다.

나는 열여덟 살부터 군사 학교에 다니며 군복무를 시작했다. 1974년, 스물일곱 살의 나이에 마침내 현실 세계로 돌아왔다.

그런데 문제는 최고의 영업 교육을 받았음에도 불구하고 여전히 어려움을 겪고 있다는 것이었다. 나는 호놀룰루 거리를 돌아다니며 문을 두드렸지만, 문자 그대로 얼굴 앞에서 문이 쾅 닫히는 수난을 겪어야 했다. 판매 실적이 없으니 당연히 돈도 벌지 못했다. 그만두고 싶었지만, 부자 아버지가 들려준 말이 생각났다. "실패는 현실 세계에서 배우는 방법이다. 현실 세계에서는 성공할 때까지 실패하기 마련이다." 그래서 나는 계속해서 문을 두드렸다.

2년 후가 되자 조금 나아져서, "영업은 고객이 '아니오'라고 말할 때가 시작이다."라는 영업사원의 모토를 몸과 마음으로 받아들였다.

처음에는 '아니오'를 들을 때마다 고통스러웠다. 2년 동안 수백 번의 '아니오'를 겪고 나니 이제는 고객이 '아니오'라고 말할 때마다 오히려 마음이 들떴다. '아니오'의 의미가 판매를 시작할 때라는 것을 알았기 때문이다. 나는 매우 수줍어서 거절을 두려워했지만, 이제는 판매를 좋아하게 되었고, 거절을 사랑하는 법을 배웠다.

부자 아버지가 아들과 나에게 가르쳐 주신 대로, "두려움의 대상을 사랑하는 법을 배우면 인생이 바뀐다."

나는 거절에 대한 두려움을 사랑하는 법을 배웠다. 거절을 극복하고 고객의 반대를 뒤집는 것은 하나의 게임이 되었다.

이것은 연애에서도 마찬가지다. 나는 배짱이 없어서 평생 여성에게 다가가지 못했다. 비행기를 조종하는 혈기 넘치는 사내였지만 여성 앞에서는 겁쟁이였다. 거절에 대한 두려움을 사랑하는 법을 알게 되면서는 모든 것이 바뀌었다. 그런데 킴을 처음 봤을 때 나의 오래된 두려움이 다시 떠올랐다. 그녀는 숨이 멎을 정도로 멋진 여성이었기에, 나는 예전의 모습으로 돌아가 그녀에게 데이트를 신청하지 못했다.

1984년에 킴에게 처음으로 데이트를 신청했을 때 그녀는 거절했다. 그녀는 예의 바르긴 했지만 나에게 관심이 없다는 게 분명해 보였다. 나는 (무례하지 않게) 다양한 방법으로 계속해서 데이트를 신청했다. 그녀는 6개월 동안 거절한 후에야 데이트를 승낙했다. 그렇게 우리는 첫 데이트를 했고 그 이후로 계속 함께하며 최근에는 결혼 30주년을 맞이했다. 그녀가 없었다면 나는 지금 이 자리에 없었을 것이다. 그녀가 돈 때문에 나와 결혼한 게 아니라는 걸 잘 안다. 우리가 만났을 때 나는 돈이 없었기 때문이다. 당시 나는 S와 I 사분면에서 어려움을 겪고 있던 사업가였다.

사업가를 위한 최고의 교육

부자 아버지는 내가 제록스에서 일하게 된 것을 매우 기쁘게 생각하며 이렇게 말했다. "매일 실제 경영대학에 다니는 것이나 마찬가지겠구나. 매일 더 나은 사업가가 되는 법을 배우게 될 거야."

길거리에서 2년을 보낸 후에야 나는 부자 아버지가 무슨 말을 했는지 이해했다. 매일 나는 기업 내의 '서류 흐름'을 연구했고, 서류가 부서에서 부서로 어떻게 흘러가는지 배울 수 있었다. 그 뒤로는 더욱 많은 정보를 바탕으로 새로운 제록스 복합기를 추천할 수 있었다. 서류 흐름을 연구함으로써 나는 여러 다른 사업을 안팎으로 공부할 수 있었다.

소규모 사업가

나는 연차가 낮은 영업 담당자였기 때문에 주요 기업 고객인 B 사분면의 사업체에는 판매할 수 없었고, 소규모 사업가가 운영하는 사업체, S 사분면의 사업체에만 판매할 수 있었다. 다양한 소규모 사업주들과의 거래는 값진 경험이었다. 나는 모든 소규모 사업가가 미쳤다는 결론에 도달했다. 그들은 모두 저마다 다르고 저마다 개성이 있었다. 반면, 그들을 위해 일하는 직원들은 다들 기본적으로 비슷해서, 제정신이고 안정적이었다. 소규모 사업가들은 흥분하고 열광적이어서 정신병원에 들어가기 일보직전의 상태였다. 그들의 강점과 약점은 분명했다. 또한 그들의 강점이 약점이기도 하다는 게 분명했다. 그들은 절대로 좋은 직원이 될 수 없었고, 사업을 B 사분면으로 성장시키기에는 너무 독립적이었다. 나는 사업에서 가장 중요한 구성 요소인 '사람'에 대해 많은 것을 배웠다. 그들 대부분이 S 사분면에 갇혀 있다는 것도 알게 되었다.

영업실적이 개선되고 수입이 늘면서 나는 E 사분면을 떠날 날이 가까워지고 있다는 걸 알았다. 회사는 내가 매출 1위라고 발표했고, 그때 나는 제록스를 떠나겠다고 발표했다. 이제 S 사분면으로 이동할 때가 된 것이다.

1978년에 나는 E 사분면을 떠났다. 제록스의 동료 직원들이 나를 위해 작은 송별 파티를 열어 주었다. 어떤 사람들은 나에게 "실패해서 다시 돌아올 거야."라고 말하기도 했다. 그들은 전에도 나와 같은 사람들을 본 적이 있었고, 실제로 몇몇 직원들은 떠났다가 실패하고 다시 돌아오기도 했었다.

나는 미소를 지으며 4년간의 우정에 감사하며, "난 내가 실패하리라는 걸 알지만, 그래도 다시 돌아오지는 않을 거야."라고 했다.

전환기

E 사분면에서의 마지막 날이 곧 S 사분면에서의 첫날이었다. 기쁨, 의심, 공포, 흥분이 뒤섞인 날이었다. 2년 후, 나는 실패했다. 사업 첫 5년 안에 실패하는 사람이 10명 중 9명이라는데, 바로 내가 그들 중 한 명이었다. 나는 모든 걸 잃었지만, E 사분면으로 돌아가지는 않았다. S 사분면의 지옥에 깊이 빠져 있던 것이었다. "지옥을 지나고 있다면 계속 나아가라."는 말이 있는데, 그게 내 신조가 되었다.

그래서 계속 나아갔다. 수년 동안 주머니에 한 푼도 없어 직원들에게 줄 돈도 없는 날도 많았다. 그러면 저녁이 되어 겨우 돈을 구해 직원들에게 급여를 주었고 회사 비용에 여유가 생기곤 했다. 나는 사업가가 가져야 할 삶의 또 다른 기술, 즉 돈을 빨리 버는 법을 배우고 있었다.

E 사분면은 학교다

앞서 나는 현금흐름 사분면이라는 그림을 보여 주었다. 사람들은 대부분 학교에 다니고 결국에는 E 사분면에 속하게 된다. 사람들은 대부분 E 사분면을 벗어나지 못한다.

부자는 왜 더 부자가 되는가

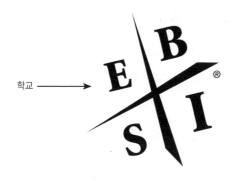

학교 ⟶

S 사분면을 위한 교육

일부 학생들은 S 사분면을 위한 전문 교육을 받으러 학교에 다닌다. 이 학생들은 의사가 되기 위해 의대에 가고, 변호사가 되기 위해 로스쿨에 가고, 부동산 중개인이 되기 위해 부동산 관련 학교에 가고, 전기기술자나 배선 기사가 되기 위해 직업 학교에 다닌다. 특정 유형의 전문 교육을 받으면 E 사분면에서 S 사분면으로 이동할 때 도움이 된다.

전환을 부드럽게 해 주는 전문 자격이 없으면 E에서 S 사분면으로 이동하기 매우 어렵다. 예를 들어, 봉급생활자가 직장을 그만두고 새로운 레스토랑을 시작하면 S 사분면에서 지옥의 시간을 보내게 될 것이다.

현금흐름 사분면의 오른쪽으로

1980년대 초반 무렵에 나는 마침내 S 사분면에서 좋은 성과를 거두고 있었다. 내가 운영하는 제조 회사는 서핑 산업과 록앤롤 산업을 위한 제품을 만들고 있었다. 록앤롤 사업부는 폴리스The Police, 듀란듀란

Duran Duran, 핑크 플로이드Pink Floyd, 주다스 프리스트Judas Priest와 같은 록 밴드를 위한 라이선스 제품을 생산했다. MTV가 TV 시장에 등장하면서 우리의 록앤롤 사업은 대규모 사업으로 성장할 수 있었다. 그러자 새로운 문제들을 생겨났다.

처음에는 실패로 죽을 지경이었는데, 이제는 성공으로 죽을 지경이었다. 넘쳐나는 수요를 따라잡을 수가 없었다. 나는 끊임없이 돈을 끌어모았지만 계속 모자란 상태였다. 예를 들어, 제품 생산을 위해 4월에 자금을 끌어왔다. 그런 다음 생산할 제품을 판매하기 위해 영업 출장을 떠났다. 나는 모든 소매 고객에게 10월 명절 기간에 맞춰 제품을 배송하겠다고 약속했다. 그렇게 12월이 지나고, 4월까지 소매업체들이 대금을 지불하기를 기다렸다. 투자자들에게 돈을 갚은 후에는 다음 명절 기간 판매를 위해 또다시 자금을 빌려야 했다. 말했듯이, 성공으로 죽을 지경이었고, 성공에는 대가가 따른다는 것을 깨달았다.

부자 아버지를 찾아가다

이렇게 중요한 시기에 부자 아버지는 나의 멘토이자 코치였다. 나는 S 사분면에서 잘 지내고 있었고 I 사분면에서도 괜찮게 지내고 있었지만, 눈부신 성공을 거두지는 못했다. 나는 항상 돈이 모자라 허덕이는 상태에 지쳤고, 항상 병가를 내고 더 많은 돈, 더 많은 휴가, 더 많은 혜택을 요구하는 직원들에게도 지쳤다. 판매 실적이 좋지 않은 영업사원에게도 지쳤고, 더 낮은 가격, 더 큰 할인, 더 많은 '공짜' 제품, 더 긴 결제 기간을 원하는 고객들에게도 지쳤다. 정부 규제와 정부 조사관들에게도 지쳤다.

S 사분면의 지옥

나는 S 사분면 지옥에 빠져 있었다. 나는 수백만 달러를 벌고 있었지만, 돈은 들어오는 속도보다 더 빨리 나가고 있었다.

시기를 정한 것은 아니지만 주로 지옥을 겪고 있을 때면 나는 부자 아버지를 찾아갔다. 어느 날 밤 나는 부자 아버지의 사무실에 앉아서 그에게 포기하고 싶다고 말했다. 나는 성공하지 못했고, 무척이나 지쳐 있었다. 다시 조종사가 될까도 생각 중이었다. 경찰청에서 전직 군 조종사를 구하고 있다는 소식을 들었는데, 급여나 휴가, 복지 등의 조건도 좋았고 정년도 보장되었다. 그건 나의 가난한 아버지가 내게 원했던 바로 그런 일이었다.

부자 아버지는 그저 웃기만 했다. 그는 이런 날이 올 거라는 걸 일찌감치 알고 있었던 것이다. 그는 노란색 메모장을 꺼내서 현금흐름 사분면을 그리고, 각 사분면에 다음 단어를 적었다.

• 정신 / 신체 / 감정 / 영혼 / 규칙

그리고 이렇게 설명했다. "우리는 모두 인간이지만 서로 다른 존재란다. 모든 인간은 정신, 신체, 감정, 영혼을 가지고 있지. 정신, 신체, 감정,

영혼의 차이가 우리를 다른 존재로 만든단다."

봉급생활자들은 대부분 감정적 두려움 때문에 안정적인 E 사분면을 떠나지 않는다. 그들은 떠나야 한다는 걸 알면서도 두려움과 안정적인 일자리에 대한 욕구 때문에 E 사분면에 머물러 있는 것이다.

"저는 지금 S 사분면에 갇혀 있어요." 내가 말했다. "그리고 빠져나갈 수가 없네요." 나는 부자 아버지에게 물었다. "이걸 말씀하시려는 거예요?"

"그래." 부자 아버지가 미소를 지으며 말했다. "너는 아직 S 사분면을 완벽하게 이해하지 못했구나. S 사분면은 여러 가지 이유로 최악의 사분면인데, 그런 이유 중 하나는 S 사분면의 규칙이란다. 세법 규칙과 정부 규제는 S 사분면의 소규모 기업가들을 죽이거든."

"하지만 S 사분면이 가장 중요한 사분면이라고 말씀하시지 않았나요?"

"그건 그렇지." 부자 아버지가 웃으며 말했다. "만약 살아남는다면 말이야." 그리고 그가 물었다. "제록스의 영업 담당자로 일하면서, 소규모 사업주들이 생존을 위해 싸우는 모습을 보지 않았니?"

"네, 매일 봤어요. 제가 지금 그들처럼 그러고 있네요."

"걸음마를 배우는 아기와 자전거 타는 법을 배우는 아이를 항상 기억해라. 모든 사분면에서 그런 일이 일어나고 있단다. 너는 제록스에서 일하는 동안 E 사분면에서 잘 사는 법을 배웠다. 그런 다음 S 사분면으로 옮겨 갔지. 오늘은 네가 S 사분면에서 자전거를 타고 있지만 아직 아무 곳에도 가지 않은 아이가 된 거란다."

나는 잠시 생각한 다음 그에게 물었다. "저의 정신, 신체, 감정, 영혼이 아직 S 사분면에서 성숙하지 않았나요? 아직 성장하지 못한 것인가요?"

"그렇다." 부자 아버지가 말했다. "잘하고 있고, 거의 다 왔지만, 아직 몇 가지 부족한 부분이 있다. 그게 정신적, 신체적, 감정적 또는 영적인 것일 수도 있고, 아니면 전부일 수도 있지."

그는 인생이 골프를 배우는 것과 같다고 상기시켜 주었다. "이론적으로 골프는 매우 간단한 게임이야. 게임의 승부는 60퍼센트가 퍼터로 결정되고, 누구나 퍼터로 골프공을 칠 수 있거든. 그렇지만 사실 골프는 가장 어려운 게임이란다. 이 게임은 우리의 정신, 신체, 감정, 영혼으로 이뤄지기 때문이지. 사업에서도 마찬가지다. 자기 자신 외에는 아무것도 없어. 결국 모든 것이 네 안에 있다."

나는 혼란스러운 마음을 안고 그의 사무실을 나왔다. 나는 내가 몰랐던 게 무엇인지 몰랐다. 마음속으로는 내가 모든 걸 제대로 하고 있다고 생각했다. 나는 동네 중국 음식점에 잠시 들렀고 그곳에서 생각을 정리하려고 했다. 식당을 나오려는데, 종업원이 "감사합니다."라며 포춘쿠키를 건네주었다. 쿠키 안에서 나온 점괘에는 이렇게 적혀 있었다.

"언제든지 그만둘 수 있다. 지금 시작해 보면 어떨까?"

다음 날 아침, 나는 점괘가 적힌 종이를 매일 볼 수 있도록 전화기에 붙여 놓았다. 그리고 다시 일터로 돌아와 자금을 모으기 위해 전화를 걸고 급한 불을 껐다. 그렇게 이 말을 실천하고 있었다.

"지옥을 지나고 있다면 계속 나아가라."

돈의 주인이 하는 일

몇 달 후, 나는 좀 더 행복해졌고 다시 인간답게 느껴졌다. 부자 아버지와 얘기를 나눌 때 나는 이렇게 물었다. "최종 목표는 무엇인가요? 내가 기업가로서 성공했다는 것은 어떻게 알 수 있죠?"

그는 나에게 미소를 지어 보였다. 내 질문에 만족한다는 의미의 미소였다. 그는 숨을 고르며 이렇게 말했다.

"네가 I 사분면에 도달했을 때지."

"I 사분면에서는 무슨 일이 일어나죠?" 내가 다시 물었다.

"너는 '돈의 주인'이 된다. 더 이상 돈의 노예가 아니지."

"그러면 돈의 주인은 무엇을 하나요?"

"돈의 주인은 돈을 벌기 위해 돈이 필요하지 않다. 돈의 주인은 연금술사거든. 그들은 아이디어를 금으로 바꾼다. 그들은 아이디어를 세계적인 사업으로 만들지."

부자 아버지는 계속해서 이렇게 말했다. "그리고 돈의 주인이 되면, 지금 내가 너에게 하는 일을 하게 된다."

"저에게 무슨 일을 하시는데요?"

"언젠가 네가 나처럼 돈의 주인이 되도록 안내하고 있지."

"내가 돈의 주인이 되었는지는 어떻게 알 수 있나요?"

"네가 미다스의 손을 만들어서 네가 손대는 모든 것이 금으로 변할 때, 즉 오늘날의 세상에서는 돈이 될 때…… 바로 그때가 네가 돈의 주인이 된 것이지."

"그때가 되면 저는 무엇을 하죠?" 내가 물었다.

"그럼 너는 가르치겠지. 지금의 너와 같은 사람들을 가르치고, 지도하고, 개발하는 것이 너의 책임이다. 세상에는 위대한 기업가가 필요하거든. 위대한 기업가가 없다면 세계 경제는 무너지기 시작한다. 자본주의는 사회주의로 서서히 변할 테고, 어쩌면 공산주의가 되어서 공포의 세계, 자유가 제한되는 세계, 독재자와 폭군의 세계로 변할 거야."

"하지만 가르치기 전에 먼저 I 사분면에 들어가야 하는 거죠?"

"그렇지. 먼저 I 사분면에 들어가는 게 좋겠구나. 세상에는 부자가 되는 법을 가르쳐 주겠다고 약속하는 사기꾼이나 거짓 선지자가 수없이 많지만, 그들 자신도 부자는 아니란다. 그런 부류의 사람이 되면 안 된다. I 사분면에 들어간 후에 다른 이들을 가르쳐라."

부자 아빠의 교실

나는 아홉 살 때 처음으로 부자 아버지의 사무실에 앉아 봤다. 그의 사무실이 우리의 교실이었다. 처음에 그 작은 사무실은 하와이 힐로 지역의 작은 마을에 있는 그의 첫 번째 호텔 뒤편에 있었다.

내가 30대 중반이 되었을 때, 부자 아버지의 사무실은 와이키키 해변에 있는 그의 거대한 호텔 근처의 고급 고층 사무실 건물에 있었다. 나도 이제 나이를 충분히 먹었기 때문에, 부자 아버지는 내가 어린 시절에는 꺼내지 못했던 말들을 들려 주었다.

"부자가 되고 싶은 사람들은 많지만 대부분 쉬운 길을 택한다. 그들은 특히 부채, 세금, 유령 소득에 대해 배우고 공부하는 데 시간을 투자하기보다는 속임수, 거짓말, 도둑질과 같은 어리석은 짓들을 한다. 그래서 사업의 세계에는 이런 사람들이 넘쳐난다. 그들은 어떤 말이라도 내뱉고, 결코 지킬 생각도 없는 걸 약속하고, 규칙을 어기고, 편법을 쓰면서도 왜 자신이 사기꾼, 파렴치범, 허풍쟁이, 거짓말쟁이, 말만 번지르르한 사람, 헛소리하는 사람, 협잡꾼, 몽상가, 가해자, 노름꾼, 하찮은 도박쟁이, 좀도둑, 신뢰할 수 없는 사람, 말이 안 통하는 사람, 승진과 급여 인상을 위해서라면 몸도 파는 사람 등의 소리를 듣는지 그 이유를 궁금해한다. 어떤 사람들은 I 사분면에 도달하지만 매우 큰 대가를 치르기도 한다. 그 대가는 바로 그들의 영혼이지."

그는 책상 너머로 나를 바라보며 말했다. "너는 그런 사람이 되면 안 된다."

훌륭한 스승을 만나려면

부자 아버지는 다시 미소를 지으며 말했다. "좋은 소식은 이런 사람들이 너의 훌륭한 스승이 될 거라는 거야. 그들은 네가 몰랐던 자신에 대한 교훈을 알려 줄 것이다. 그들은 너의 약점을 찾아내서 이용할 거야. 그들은 너의 약점과 네 생각의 결함을 알려 주고, 네가 얼마나 순진한지도 가르쳐 줄 거야. 그들은 네게 미소를 지으면서 동시에 네 주머니를 털 것이다. 이런 사람들이 현실 세계에서 사업하는 법을 알려 주는 너의 가장 훌륭한 스승이 될 거란다."

부자 아버지는 티베트를 침략한 중국에 의해 자신의 사원과 집에서 쫓겨난 달라이 라마가 한 말을 떠올리게 했다. "마오쩌둥이야말로 나의 가장 훌륭한 스승이다."

부자 아버지는 E, S, B 사분면에도 부자가 있지만, 그들은 모두 돈을 위해 일한다고 설명했다. 돈의 주인은 I 사분면에만 산다. 이들은 돈이 필요 없는 드문 사람들이다. 이들은 무無에서 돈을 만들어 낼 수 있다.

무술의 고수가 스승인 것과 마찬가지로 진정한 돈의 주인이 스승이다. 그러나 I 사분면에 있다고 해서 모두 스승이 되는 건 아니다. 어떤 사람들은 I 사분면을 이용해 세상을 지배한다. 그들은 정치인을 사고팔 수 있는 권력을 가지고 있으며, 선거에 영향을 미친다. 이들은 규칙을 만든다. 이들은 "황금을 가진 자가 규칙을 만든다."는 황금의 법칙을 알고 있다.

"I 사분면의 규칙을 따르고 계신가요?" 내가 물었다.

"그래. 나는 그 규칙을 따르지만, 그들이 하는 짓을 따라 할 필요는 없지. 나에게는 영혼이 있으니까." 부자 아버지가 말했다.

각 사분면의 핵심 가치

부자 아버지는 각 사분면에 있는 다양한 존재의 핵심 가치를 설명하기 위해 다음의 그림을 그렸다.

"왜 I 사분면에 있는 사람에게 기업가가 필요한가요?" 내가 물었다.

"베풀어 보답해야 하기 때문이지. 우리 모두 말이야. I 사분면에 있는 사람은 새로운 기업가를 키워야 한다. 너에게 내가 필요한 만큼 나도 네가 필요하거든. 그게 매슬로의 욕구 단계란다. 정상에 오르면 베풀어 보답해야 하지. 내가 마스터셰프였다면 새로운 셰프를 키워야 했을 거야."

"옛날 견습 제도와 비슷하네요."

"그렇지. 하지만 안타깝게도 옛날의 견습 제도는 기업가가 아니라 직원을 양성하는 정부의 학교 제도로 대체되었다. 그래서 우리 경제가 위기에 처한 거다."

부자 아버지는 걱정했다. "내 아들 마이크는 운이 좋았지. 내가 사분면을 겪어 봤고 그 애를 잘 훈련시켰거든. 잘 알다시피 나는 그 아이에게 아무것도 주지 않았다. 그래서 너희 둘이 나를 위해 무료로 일했던 것이지. 나는 빈손으로 시작해서 부자가 되었단다. 부자의 자식보다 더 무력한 건 없다는 사실을 잘 알고 있지. 특권 의식을 가지고 태어난 아이보다 더 자기 파괴적인 것도 없다. 그래서 너희 둘을 똑같이 대했단다. 너희들에게 돈을 주지 않았던 건 둘 다 겸손하기를 바랐기 때문이야."

부자 아버지는 더 많은 이야기를 들려 주었다.

"겸손함은 훨씬 더 큰 세상의 맥락에서 자신을 볼 수 있는 능력을 준다. 나는 네가 나의 사업장에서 가장 낮은 직급의 가장 낮은 급여를 받는 사람들과 함께 일하기를 바랐다. 나는 네가 가장 시시한 일을 하는 근로자들을 알게 되기를 바랐다. 나는 네가 그들을 저소득 근로자로서가 아니라 인간으로서 알게 되기를 바랐다. 우리는 모두 인간이란다. 그래서 네가 그들과 함께 일하게 했고, 그 일을 무료로 하게 했다. 너와 마이크가 함께 일했던 사람들은 어떤 사업에서든 보이지 않는 근로자들이다. 그들은 사업의 엔진이지. 그들은 사업의 엔진을 작동시킨다. 기업가로서, 그리고 사업의 소유자로서 네가 할 일은 그들을 위해 일하는 것이다. 네가 해야 할 가장 중요한 일은 그들과 그들의 가족을 이 세상의 혹독한 현실로부터 보호하는 것이란다."

부자 아버지는 내가 자기의 말을 잘 알아들었는지 보기 위해 잠시 멈췄다. 내가 그의 말을 이해했다는 확신이 들자 그는 다시 말을 이어 갔다.

"MBA를 취득한 젊은이 중에는 너처럼 중산층 가정 출신이 너무 많다. 그들은 석사 학위를 취득한 후에 최고 수준의 기업에 들어가고 임원 자리에 오르지만, 맨 아래에 있는 훌륭한 사람들을 절대로 알 수 없지. 경영진은 대부분 자신이 아래에 있는 근로자들보다 더 똑똑하고, 더 지적이며, 더 뛰어나다고 생각한다. 많은 경영진이 현실과 동떨어져 있어서, 자신의 인간성을 마주하게 될 기회를 잃고 만다. 그들에게 직원은 그저 숫자일 뿐이며, 필요에 따라 고용하고 해고할 수 있는 인간일 뿐이다. 그들은 모든 생명체가 서로에게 의지한다는 사실을 깨닫지 못한다. 누구도 다른 사람의 노예가 될 수는 없단다."

그는 이렇게 마무리했다.

"MBA는 숫자, 스프레드시트, 분기별 보고서를 통해 조직을 이끌며 리더십을 발휘하도록 훈련받는다. 그들은 친절이 리더의 가장 큰 특성이라는 것을 배우지 못한다. 그들은 예의가 절대로 사소한 것이 아니며, 존중이 전부라는 사실을 잊어버린다. 열심히 일하며 언젠가 I 사분면에 있는 소수의 부류에 속하기를 바라지만, 그렇게 될 수 있는 사람은 거의 없다. E 사분면에서 S와 B 사분면을 생략하고 바로 I 사분면으로 넘어가는 일은 거의 불가능하다. 자신이 모르는 걸 남에게 가르칠 수는 없지. 그런데 많은 사람들이 그렇게 하고 있다."

부자 아이들의 맹점

부자 아버지는 부자 아이들에 대해서도 나름의 생각이 있었다.

"I 사분면에 있는 사람 중에는 특권층의 자녀들이 많다. 그들은 I 사분면에서 부유하게 자란다. 여러 세대에 걸친 부자들이고 벌어 놓은 돈이 많아서, 그 아이들은 소수의 사립 초중고교를 다니며 다른 특권층의 자녀들만 알고 지낸다. 그들 중 많은 이들이 세계 최고의 명문 대학에 진학한다. 졸업 후, 그들의 부모는 자녀들에게 기업과 은행계 최고위직을 맡길 수 있도록 견습의 기회를 제공한다. 아무것도 없는 상태에서 사업을 시작하는 법도 모르고 현실 세계의 보통 사람들을 알지도 못한 채 언젠가 회사를 운영하도록 훈련시키는 거지.

사람을 돈의 주인으로 만드는 것은 빈손에서 시작해서 사업을 만드는 능력이란다. 단순히 부유하게 태어났다면, 그런 자질이 없을 수도 있다. 부유하고 똑똑하더라도 현실 세계와는 동떨어져 있는 것이지. 그렇지만 부자를 더 부유하게 만들고 빈곤층과 중산층을 더 가난하게 만드는 규칙을 만드는 사람들이 바로 그들이란다."

겸손함을 시험하다

"그럼, 저를 가르치시기 전에 제 겸손함을 시험하신 건가요?" 내가 물었다.

부자 아버지는 고개만 끄덕였다.

"그래서 가르쳐 주시기 전에 마이크와 저에게 공짜로 담배꽁초를 줍는 일 같은 걸 하게 한 건가요?"

부자 아버지는 고개를 끄덕이며 말했다.

"네가 겸손하게 배우고자 하는 의지를 보여 주면 내가 아는 것을 너에게 가르쳐 주려고 했단다. 네가 만약 '왜 공짜로 담배꽁초를 주워야 하죠?'라고 했다면, 나는 너희 둘을 가르치는 데 시간을 낭비하지 않았을 거야. 나에겐 두 꼬마에게 부자 되는 법을 가르치는 것보다 더 중요한 일이 있거든."

그날 밤 내가 그의 사무실에서 나오려고 할 때 부자 아버지는 이렇게 말했다. "네가 I 사분면에 도달하면, 내가 가르쳐 준 것을 다른 사람들에게도 가르쳐 주겠다고 약속해라. 남들에게 가르쳐 준다면, 너는 진정한 돈의 주인이 될 거야." 그리고 마지막으로 이렇게 말했다. "네가 사람들에게 가르쳐 준다면, 너와 나, 그리고 우리는 I 사분면에서 세상을 바꿀 수 있단다."

"당신이 바로 내가 찾던 사람이에요."

몇 차례 세계적 경제 위기가 일어나자, 실제 I 사분면의 사람들이 하는 일을 알리는 여러 프로그램이 TV에 방영되었다. 국제 금융 TV 채널인 CNBC에는 「샤크 탱크Shark Tank」와 「더 프로핏The Profit」 같은 TV 프로그램이 있다. 나는 그 프로그램들을 좋아하는데, 거기에 나오는 '상어shark'와 '이익profit'이라고 불리는 출연진들은 실제 I 사분면의 사람들이 하는 일을 하고 있다. 그들은 미래의 기업가와 협력하여 그들에게 사업을 가르치고 때로는 자금을 지원한다.

이런 프로그램을 본 적이 있다면 '상어' 출연진들을 미치게 만드는 한 가지가 무엇인지 알 수 있을 것이다. "당신이 원하는 그 돈으로 무엇을 할 건가요?"라는 '상어'의 질문에 사업가 지망생이 "제 급여를 챙길 거예요."라고 말하는 순간 상어들은 탈락을 외친다.

사업가 지망생이 "제품을 팔기 위해 문을 두드리고 다니면서 백만 달러 이상을 팔았고, 지금은 사업을 다음 단계로 끌어올리기 위한 지침을 찾고 있어요."라고 말하면, 마크 큐반Mark Cuban이나 바바라 코코란Barbara Corcoran과 같은 상어 출연진들은 크게 기뻐하며 "당신이 바로 내가 찾던 사람이에요."라고 말한다.

1983년에 일어난 일

1983년에 나는 록앤롤 사업을 시작해서 운영하고 있었다. 들어오는 돈이 나가는 돈보다 많았다. 사업은 마침내 안정을 찾았다. 내 안에서 무언가가 다시 한번 나아갈 때가 되었다고 말하고 있었다.

1983년 7월 1일에는 버크민스터 풀러가 세상을 떠났다. 몇 달 후, 풀러의 책 『자이언트 그런치』가 출간되었다. '보편적 총 현금강탈Gross Universal Cash Heist'을 뜻하는 그런치에 대해 읽은 후, 나는 이제 나아갈 때가 되었다고 생각했다. 1984년에 교육 분야의 기업가가 되기로 결심하고 사업을 매각했다. 같은 해에 나는 세상에서 가장 아름다운 여성인 킴을 만났다. 1984년 12월에 우리는 손을 잡고 백년가약을 맺으며, 다시 한 번 빈손으로 시작해 우리의 정신적, 신체적, 감정적, 영적 지능을 시험하는 새로운 S 사분면의 사업에서 걸음마를 배웠다.

킴과 나는 버크민스터 풀러가 전해 준 교훈들을 따랐다. 한 가지 교훈은 "나를 위해 일하는 것이 아니라 모든 사람을 위해 일한다."였다. 또 다른 교훈은 "신이 원하는 것이 무엇인지 알아내서 그 일을 실천하라."는 것이었다. 우리는 그 일을 하기로 마음먹었다.

킴과 나는 잠시이긴 하지만 노숙 생활도 했다. 우리의 영적 지능, 우리의 믿음이 시험받고 있었다. 나는 다시 한번 부자 아버지가 왜 자기 아들과 나에게 돈을 주지 않았는지 이해했다. 진정한 기업가처럼 킴과 나는 돈이 부족해도 멈추지 않았다.

그 과정에서 우리를 이용하고 우리의 상황을 악용했던 끔찍한 사람들을 만나기도 했다. 오늘날 그들은 우리의 가장 훌륭한 스승으로 남아 있다. 이들을 통해 우리가 사람들에 대해, 그리고 우리 자신에 대해 많은 것을 배웠기 때문이다.

우리는 또한 안정적인 일자리가 삶의 우선순위였다면 결코 만나지 못했을, 세상에서 가장 위대한 사람들을 세계 여러 곳에서 만났다.

1994년에 킴과 나는 I 사분면에 들어갔다. 부동산 투자로 매달 1만 달러의 수동적 소득이 있었고, 개인 담보 대출금을 포함하여 지출은 3,000달러에 불과했다. 우리는 자유를 얻었다. 우리는 부채, 세금, 유령 소득을 잘 알고 있었다. 더 이상 돈이 필요하지 않게 되었다. 우리는 빈손으로 시작해서 풍요로움을 이뤄 낼 수 있었다. 킴은 37세였고, 나는 47세였다. 우리는 피지의 호화로운 거북이섬에서 일주일 동안 자축의 시간을 보냈다. 내 책『부자 아빠의 젊어서 은퇴하기_Retire Young Retire Rich_』의 뒤표지에 사용한 다음의 사진은 거북이 섬에서 찍은 것이다.

1996년에는 돌아가신 부자 아버지와의 약속을 지키기 위해 킴과 함께 캐시플로 보드게임을 제작했다.

1997년,『부자 아빠 가난한 아빠』를 출간했고 같은 해에 리치 대드 컴

퍼니를 설립하여 B 사분면을 통한 교육을 시작했다. 우리는 S 사분면을 벗어났고, 우리의 제품은 세계 곳곳에서 사람들에게 교육 도구로 사용되었다.

2000년, 『부자 아빠 가난한 아빠』가 《뉴욕타임스》 베스트셀러 목록에 올랐다. 이 목록에 오른 유일한 자비 출판 도서였다. 같은 해 「오프라 쇼」에 초대 손님으로 출연했는데, 이때 오프라 윈프리의 힘을 알게 되었다. 내 신세가 하룻밤 사이에 바뀌었다.

2004년 2월 1일, 《뉴욕타임스》는 우리의 캐시플로 보드게임에 관해 다뤘는데, 그 기사의 내용은 다음과 같다.

"모노폴리는 길을 비켜라. 사람들에게 부자가 되는 방법을 가르치는 것을 목표로 하는 새로운 보드게임이 전 세계적으로 많은 인기를 얻고 있다!"

나는 부자 아버지와의 약속을 지켰다. 오늘날 전 세계의 대도시와 외딴 마을에서 다양한 언어로 수천 명의 교사가 수천 명의 사람들에게 부자 아버지가 알려 준 교훈을 가르치고 있고, 캐시플로 게임을 하고 부자 아빠 시리즈를 읽으며 그 교훈을 배우고 있다.

부자 아빠가 말했듯이, "너와 나, 그리고 우리는 I 사분면에서 세상을 바꿀 수 있다."

이제 I 사분면의 기업가인 킴과 나는 기업가들에게 투자한다. 우리는 주식 시장에 투자하지 않는다. 킴과 나는 S 사분면의 기업가에게 투자하며, 그들이 B 사분면으로 이동하도록 지원한다.

S 사분면의 기업가들이 가진 문제점은 대부분 저임금 일자리만 창출한다는 것이다. 예를 들어, 의사는 저임금 직원을 고용한다. B 사분면의 기업가들은 최고 경영 책임자CEO, 최고 재무 책임자CFO, 최고 정보 책임자CIO, 사장 등 고임금 일자리를 창출한다. 우리가 이렇듯 정부가 원하는 일을 하는 기업과 협력하고, 고임금 일자리를 창출하고, 저소득 근로자에게 주택을 제공하고, 에너지를 개발하면, 정부는 우리에게 세금 혜택을 제공함으로써 우리의 파트너가 된다.

그래서 I 사분면의 사람들이 '돈의 주인'인 것이다.

기업가는 직업이 아니다

직장을 그만두고 자신의 사업을 시작하려고 생각 중이거나 이미 직장을 떠나서 다른 사분면으로 이동하고자 한다면, 내가 강력히 추천하는 다음의 책 두 권을 읽어 보길 바란다.

- 할 엘로드Hal Elrod의 『미라클 모닝』
- 마이클 싱어Michael Singer의 『상처 받지 않는 영혼』

내가 S 사분면의 지옥을 지날 때 이 책들을 읽었더라면 좋았을 것이다. 두 책 모두 인간의 영혼을 다룬 비종교 서적이다. 두 책 모두 감정을 추스르고 영혼을 강하게 해 주어 나를 바른길로 인도해 주었다.

나는 이 책들을 두 번씩 읽었고, 읽을 때마다 내 영혼에 대해 더 많이 알게 되었다. 킴과 나는 여러 날 아침을 각각의 책에 나오는 글에 관해 얘기하며 보내곤 했다. 나는 자문가들과 함께 두 책을 심층적으로 연구하기 위해 3일간의 연구 모임을 만들기도 했다. 그만큼 이 책들이 우리에게, 특히 기업가들에게 중요하다.

우리 모두 '기업가 정신entrepreneurial spririt'이라는 말을 들어 봤을 것이다. 그 말이 전하는 바는 기업가라고 하는 것이 단순히 직업을 넘어 영적인 것이라는 뜻이다.

chapter 12

플랜 B가 있는가

가난한 아빠: 다가오는 은퇴가 기대된다.

부자 아빠: 나는 오래전에 은퇴했다.

나의 가난한 아버지는 훌륭한 플랜 A를 가지고 있었다. 그는 학문적으로 천재였다. 그는 학교를 좋아했고, 학교에서 좋은 성적을 거두었다. 그의 플랜 A는 교사가 되어 하와이 교육부에서 일하고 은퇴하는 것이었다.

불행히도 그는 공화당원으로 부지사 선거에 출마하여 상사인 민주당 소속의 하와이 주지사를 상대했지만 패하고 말았다. 그의 플랜 A는 이뤄지지 않았다. 가난한 아버지는 플랜 B가 없었다.

플랜 B를 실패하는 이유

50세에 실직자가 된 가난한 아버지의 플랜 B는 기업가로서 S 사분면에 들어가는 것이었다. 그는 평생 저축한 돈과 정부의 연금 일부를 인출하여 '실패할 수 없는' 아이스크림 프랜차이즈점 하나를 인수했다. 그리고 사업은 실패했다.

E 사분면에서는 성공했지만 S 사분면에서 필요한 기술과 사고방식이 부족했던 그는 간단히 말하면 기업가로서 돈을 버는 방법을 몰랐다.

다가올 위기에 대비하려면

오늘날 전 세계 수백만 명의 베이비붐 세대가 나의 가난한 아버지와 같은 곤경에 처해 있다. 위기는 그들의 은퇴와 함께 올 것이다. 그들 대부분이 부모 세대보다 더 오래 살리라는 사실은 희소식이다. 그러나 나쁜 소식은 그들 대부분이 은퇴 후 생활하는 동안 돈이 바닥날 것이라는 사실이다.

이것이 1978년에 미국의 401(k) 퇴직 연금이 만들어진 배경이다. 401(k) 퇴직 연금은 직원의 퇴직에 대한 책임을 고용주에게서 직원 본인으로 옮겼다. 직원이 돈이 바닥나거나 시장 폭락으로 돈을 잃었을 경우, 회사는 더 이상 직원에게 평생 급여를 지불할 책임이 없었다. 1978년에 수백만 명의 베이비붐 세대가 갑자기 수동적인 투자자가 되었다. 금융 교육은 전혀 받지 못한 채로 말이다.

상황은 점점 더 나빠진다

하지만 여기서 상황은 더 나빠졌다. 오늘날 금리는 저금리에서 마이너스 금리로 변하고, 돈은 무한정 찍어 내며, 주식 시장에 거품이 끼는 상황에서 많은 관리형 연금 기금이 심각한 위기에 처한 것으로 보인다.

필립 하슬람의 책 『돈이 국가를 파괴할 때』에서 발췌한 내용을 여기서 다시 한번 언급해 보겠다. 이 책은 짐바브웨의 시장 붕괴에 관한 내용을 담고 있다.

"아버지 친구분은 법률 회사에서 50년 동안 근무하셨습니다. 그 기간 내내 그는 퇴직 적금을 올드뮤추얼Old Mutual이라는 투자 회사에 맡겼는데, 초인플레이션이 되자 그 퇴직 적금이 거의 다 사라져 버리게 되었어요. 올드뮤추얼은 그 적금이 매월 지급할 가치도 안 되니 전액을 한 번에 지급하겠다는 편지를 보냈습니다. 그렇게 그분은 평생 모은 연금을 받았고, 그 돈으로 석유를 한 통 샀습니다."

> Q: 모두가 플랜 B를 가져야 한다는 말인가?
>
> A: 그렇다. 특히 오늘날에는 더욱 필요하다. 사람들은 E 사분면에서 일자리를 잃으면, 대부분은 단순히 E 사분면에서 다른 일자리를 찾는다. 금융 교육을 받지 않고 다른 사분면으로 이동할 수 있는 사람은 거의 없다.

1973년에 나의 플랜 A는 상당히 탄탄했다. 나는 20대 중반이었고, 대학 학위도 취득했으며 미 해병대 소속의 항해사와 조종사라는 두 가지

고소득 직업을 가지고 있었다. 나는 전에 일했던 스탠더드 오일Standard Oil 로 돌아가서 유조선을 운항하거나, 많은 동료 해군 조종사들이 그랬듯 이 항공사에서 비행기를 조종할 수도 있었다.

하지만 가난한 아버지의 실직으로 나는 마음이 불안해졌다. 그 상황 이 아버지 세대인 2차 세계대전 세대가 아니라, 나의 세대인 베트남 전 쟁 세대의 미래인 것처럼 보였다.

나는 선박 운항이나 비행기 조종이라는 플랜 A를 따르지 않고 플랜 B로 전환해 부자 아버지의 발자취를 따랐다. 25세였던 나의 플랜 B는 S 사분면의 기업가가 되는 것이었고, 동시에 I 사분면의 전문 투자가가 되는 것이었다. 나의 목표는 젊어서 은퇴하고 다시는 급여를 받지 않는 것이었다.

황금 낙하산

대부분의 상장 기업 CEO는 일명 '황금 낙하산'이라고 하는 플랜 B를 가지고 있다. 고용 협상에서 플랜 B는 플랜 A만큼 중요하다. CEO의 업 무 성과가 좋지 않더라도 CEO는 그저 플랜 B 낙하산의 줄을 당기고는 부자가 된 상태에서 회사를 떠나면 된다.

불행히도 CEO의 업무 성과가 좋지 않아서 직원들이 직장을 잃게 되 더라도 직원들에게는 황금 낙하산이 없다. 직원들은 6개월 치 급여와 혜택이라도 받을 수 있다면 그나마 다행이다.

월스트리트에서는 세계 경제가 점점 튼튼해지고 있다고 말한다. 그런데도 2016년 8월, 시스코Cisco는 전 세계 직원수의 20퍼센트에 해당하는 1만 4000명이라는 기록적인 인원을 정리해고 한다고 발표했다. 이는 1만 4000명뿐만 아니라 그에 딸린 1만 4000가구도 영향을 받는다는 뜻이다. 이들 가족 중 얼마나 많은 이들이 플랜 B를 가지고 있을지 궁금하다.

나이와 상관없이 수백만 명의 사람들에게 플랜 B는 학교로 돌아가는 것이다.

대학을 가느라 인생을 망쳤다?

월간지 《컨슈머리포트Consumer Reports》의 2016년 8월호 표지에는 다음과 같은 제목이 대문짝만하게 실렸다. "대학에 가느라 인생을 망쳤다." 이 기사는 학자금 대출이 젊은이나 노인이나 나이와 상관없이 수백만 명의 사람들의 삶을 어떻게 파괴하고 있는지에 대한 조사 보고서였다. '좋은 교육'이라는 동화를 믿는 수백만 명이 대출을 받아 학교에 다니지만, 취업이라는 극락을 찾지 못하고 아이러니하게도 돈에 대해서는 거의 배우지 못한 채 학교를 졸업한다.

오늘날 4200만 명의 미국인이 약 1조 3000억 달러에 달하는 학자금 대출 부채를 지고 있다. 미국 정부 책임처GAO에 따르면 학자금 대출 부채에 대한 이자는 연방정부의 가장 큰 자산 중 하나다. 학자금 대출 부채 덕분에 교육부는 미국에서 가장 큰 은행 중 하나가 되었다.

《컨슈머리포트》의 기사 내용은 다음과 같다.

"또한 업계 최대의 로비 활동이 거둔 승리 중 하나인 학자금 대출은, 드문 예외의 경우가 아니라면 이제 더 이상 파산으로 변제될 수 없게 되었다."

학생과 부모들은 대부분 금융에 대해 잘 알지 못한다. 금융을 잘 모르는 사람은 "파산해도 변제되지 않는다."라는 말이 무슨 뜻인지 이해하지 못할 것이다. 누군가가 나에게 그런 계약서에 서명하라고 한다면, 난 계약서를 그 사람에게 집어 던지면서 이렇게 말할 것이다. "누굴 바보인 줄 아나?"

파산으로 대출이 변제될 수 없게 되면 학자금 대출 부채는 신용카드 부채, 담보 대출, 사업 부채보다 더한 최악의 부채가 된다. 수백만의 학생들에게 학자금 대출 부채는 헤어날 수 없는 무거운 족쇄가 될 것이다. 이것이 바로 《컨슈머리포트》의 표지에서 "대학에 가느라 인생을 망쳤다."라고 말한 학생의 말을 인용한 이유였다. 전 세계 수백만 명의 학생들이 부채에 짓눌릴 뿐만 아니라 금융에 문맹인 채로 인생을 망치고 있다.

학교에서는 돈을 가르치지 않는다

오늘날 좋은 교육을 위해 학생들이 치러야 할 대가는 너무 크고 그 투자수익률은 너무 낮다. 오늘날 나이와 상관없이 수백만 명의 사람들이 이 엄청난 빚을 진 채로 학교를 나오고 있지만, 신화와도 같은 평생 고소득 직업을 찾을 수 없다.

좋든 싫든 인생에는 돈이 필요하다. 그런데도 우리는 학생들에게 돈에 대해 거의 또는 전혀 가르치지 않는다. 학생들이 학교를 졸업하고 고급 학위를 취득하더라도, 대부분은 금융에 문맹인 채로 학교를 떠난다. 나는 수없이 스스로에게 이런 질문을 던졌다. "왜 그런 걸까?"

빨간 모자 소녀

「빨간 모자 소녀」 이야기에서 흉악한 늑대는 어린 소녀보다 먼저 할머니 집으로 달려가 할머니를 잡아먹고 할머니 옷을 입은 채 빨간 모자 소녀가 도착하기를 기다린다. 이것이 오늘날 금융 서비스와 교육 산업이 학생들에게 하는 짓이다.

빨간 모자 소녀가 흉악한 늑대에게 "이빨이 참 크네. 교육비가 왜 이렇게 비싼 거야?"라고 물으면, 흉악한 늑대는 이렇게 대답한다. "좋은 교육을 받으면 고소득 일자리를 얻을 수 있을 거야. 그러니 교육비는 걱정하지 마. 그냥 '학자금 대출 계약서'에 서명만 하면 너도 대학을 졸업할 수 있어."

학자금 대출은 극히 드문 예외를 제외하고는 결코 헤어날 수 없는 부채다. 그것은 은행이 좋아하는 종류의 부채다. 은행은 파산으로 인해 절대 변제될 수 없는 부채를 좋아한다. 학생 한 명이 대출을 갚을 수 없게 되면 은행에게는 평생 고객 한 명이 늘어나는 것이기 때문이다.

학자금 대출의 배후에는 누가 있는가?

서브프라임모기지 사태를 불러온 은행들이 학자금 대출 부채 위기의 배후에 있다는 사실이 놀랄 일은 아니다. 시티은행과 골드만삭스와 같은 대형 은행들은 사모펀드를 통해 채권추심 회사에 자금을 지원하고 있으며, 그 목적은 연체 학생과 그 부모로부터 매달 대금을 징수하는 것이다. 학생이 더 오래 갚지 않을수록 은행은 더 많은 돈을 벌게 된다.

다시 한번 말하지만, 학자금 대출 위기는 금융화와 도둑 정치의 한 예다. 그리고 금융화는 도둑 정치 없이는 일어날 수 없다. 영화「빅쇼트」는 금융화와 도둑 정치에 관한 내용이다. 거기서 보여 주었던 것과 같은 도둑 정치와 금융화가 오늘날 교육 사업에서도 일어나고 있다.

《컨슈머리포트》는 이에 대해 다음과 같이 말한다.

"오늘날 학자금 대출 산업에 관여하는 거의 모든 사람이 학생들을 통해 돈을 벌어들인다. 은행, 개인 투자자, 심지어 연방정부도 마찬가지다."

간단히 말해서, 학교에 다니는 것은 학생들에게 이익이 되지 않을 수 있지만, 학자금 대출 부채는 도둑 정치에 아주 큰 이익이 된다.

대학은 가성비가 낮다

《컨슈머리포트》에 따르면 학자금 대출을 받은 사람의 45퍼센트가 "대학은 비용 대비 가치가 없다."고 말했다.

2016년 8월 1일 자《시드니 모닝 헤럴드》의 기사에 따르면 호주의 대학들은 졸업생에게 "깨져 버린 꿈과 막대한 학자금 대출"을 남겼다. 이

기사는 또한 "학생들이 돈벌이 대상으로 이용되고 있다."고 전했다.

물론, 학생이 훌륭한 교육을 받을 여유가 있다면 당연히 받아야 한다. 교육은 매우 중요하다. 그러나 장기적인 교육 비용은 너무 비싼데 수익률이 너무 낮다면 학생과 학부모는 그들의 선택을 재고해야 할 수도 있다.

내가 만난 의사 두 명은 학교를 졸업할 때 수십만 달러의 빚을 지고 있었지만, 전문 교육을 받고 고소득 일자리를 구해서 빚을 갚을 수 있었다.

어려움을 겪는 학생들

어려움을 겪는 학생들은 대학 학위는 받았지만 전문 자격증은 없는 학생들이다. 예를 들면 미술, 음악 또는 문과 계열 학위 소지자들이 그렇다. 오늘날 많은 수의 대학 졸업생들이 대학 학위가 필요하지 않은 곳에서 일하고 있다.

요즘에는 사람들이 대학 학위를 위해 학교로 돌아가기보다는 전기 기술자, 정비사 또는 마사지 치료사 등이 되기 위한 직업 학교에 가라고 권한다.

가장 난처한 학생들은 대출을 받고 중퇴한 학생들이다.

졸업생이 세금을 낸다고?

더 많은 교육 자금을 마련하기 위해 영국, 아일랜드, 남아프리카공화국에서는 대학 졸업생에게 세금을 부과하자는 논의가 이뤄지고 있다.

이 세금 때문에 대학 졸업생은 교육 비용을 더 많이 내게 될 텐데, 이런 방법으로 미래 학생들의 대학 교육 자금을 조달하자는 것이다. 그렇게 되면, 학자금 대출이 없더라도 여전히 교육 비용은 지불해야 하는 것이다.

상황은 갈수록 나빠진다

아직 멀었다. 상황은 더욱 나빠지고 있다. 미국에서 공교육은 부동산 세금으로 자금을 조달한다. 교사 노조 연금 기금의 관리 부실로 인해 많은 도시에서 은퇴하는 교사에게 연금을 지급할 여유가 없어지자, 재산세를 인상해야 했다. 다시 말해, 주택 소유자는 현직 교사가 교직에 있는 동안 급여를 지급하기 위해 세금을 내고, 교사의 퇴직 연금을 지급하기 위해 더 많은 세금을 짊어진다.

교육비는 갈수록 높아진다

교육비는 꾸준히 오르고 있다. 교육비 상승은 빈부 격차가 벌어지는 또 다른 이유이기도 하다. 교육은 납세자, 부모, 학생들의 삶을 점점 더 어렵게 만들고 있다. 아이러니하게도, 학교에서 가르치지 않는 바로 그 돈이라는 과목 때문에 우리 모두 훨씬 더 많은 돈을 내야 한다. 고학력이지만 금융에는 문맹인 지도자들이 이끄는 세상이야말로 우리가 치러야 할 가장 큰 비용일 것이다.

나의 플랜 B

앞서 말했듯이, 나의 플랜 A는 탄탄했다. 조종사나 항해사로서 E 사분면에서 매우 잘 살 수 있었을 것이다. 나는 이 두 직업을 모두 좋아했고, 따라서 많은 돈을 벌었을 것이다. 하지만 가난한 아버지의 플랜 A가 실패하지 않았다면, 내 인생의 계획을 다시 생각하지 않았을 것이다.

나의 플랜 B는 진정한 금융 교육으로 시작되었다. 나의 플랜 B는 385달러를 내고 3일짜리 부동산 투자 수업에 등록했을 때부터 시작되었고, 그 뒤로 나는 절대 뒤돌아보지 않았다. 100개의 부동산을 살펴보고 한 쪽짜리 평가서를 작성하는 90일 동안의 과제를 완수하던 그날, 나는 나만의 길을 떠났다. 나는 언젠가 I 사분면에 도달할 것이라는 걸 알았다.

나는 고등학교를 좋아하지 않았다. 나에게 학교는 지루한 곳이었다. 중요하다고 하는 과목들을 공부했지만, 관심 없는 과목들이었다. 범선을 좋아하던 내게 뉴욕의 사관학교는 그래도 좀 흥미로운 곳이었다. 그리고 해군 비행학교에 갔을 때는 마치 천국에 있는 것과 같았다. 학생들은 오전에는 공부하고 오후에는 비행했다. 비행학교는 내게 딱 맞는 학교였다. 실천을 통해 배우는 곳이라 활동적인 학습이 가능했다. 그것이야말로 이론이 아닌 '진정한' 교육이었다.

변화를 일으키는 교육

나비가 생애 전반에는 애벌레 상태로 기어다닌다는 사실을 모두 잘 안다. 그 후에 애벌레는 고치를 틀고, 그 고치에서 나와 생애 후반을 나비로 살아간다. 이것이 변태라고 하는 혁신의 과정이다. 변태는 외모, 특성, 상태 또는 기능의 현저한 변화를 의미한다. 그러나 애벌레만 보면 그것이 나중에 나비가 되리라고 예상할 수 있는 것이 아무것도 없다. 애벌레만 본다면 "저 벌레는 절대 날 수 없을 거야."라고 하기 쉽다.

이것이 바로 비행학교에서 나에게 일어난 일이었다. 또 훗날 3일짜리 부동산 수업에 등록한 나에게 일어난 일이기도 하다. 강의실에 들어선 그날, 나는 나비가 되려고 한다는 것을 느낄 수 있었다. 나는 나에게 맞는 과목과 강의실을 찾았다. 나의 고치를 찾은 것이다. 3년 후, 나는 비행학교를 졸업하여 전투 조종사가 되었고, 세계에서 가장 적대적인 비행 환경인 전쟁터에 뛰어들었다. 베트남에서 세 번이나 추락했지만 나와 승무원들은 살아남았다. 우리 모두 살아서 귀환했다.

나는 진정한 금융 교육 프로그램을 마치고 또 다른 적대적인 환경인 돈의 전쟁터에 뛰어들었다. 시장이 폭락할 때마다, 나와 내 팀은 살아남는 것을 넘어 그 이상의 일을 해냈고, 더 부유해졌다.

진정한 금융 교육을 찾아서

내가 처음 들었던 3일짜리 부동산 수업이 마지막 수업은 아니었다. 킴과 나는 정기적으로 여러 세미나에 참석했다. 우리는 함께 많은 것을 배우고, 교육은 우리의 결혼 생활을 더욱 단단하게 해 주었다. 세미나가 끝날 때마다 우리는 많은 이야기를 나누었다. 그렇게 해서 우리는 서로

멀어지지 않고 함께 성장할 수 있었다.

나의 자문가들은 정기적으로, 적어도 1년에 두 번은 공부하기 위해 모인다. 우리가 하는 3일짜리 공부 모임은 우리의 보호막이다. 가장 위대한 스승은 책 속에 있다는 생각으로 우리는 책을 함께 공부한다. 영성뿐만 아니라 사업에 관한 책도 공부한다. 앞서 말했듯이, 우리는 인간의 영혼이 갖는 힘에 관해 쓴 책『미라클 모닝』과 『상처 받지 않는 영혼』을 함께 공부했다. 기업가 정신이라는 것은 직업을 얘기하는 것이 아니라는 점을 항상 명심하라.

또한 부모가 자녀에게 "학교에 다니고 일자리를 구해라."라고 말하면 자녀가 E 사분면에만 갇히게 된다는 사실을 기억하라. 나의 가난한 아버지와 같은 사람들은 E 사분면에 갇혀 산다. 가난한 아버지가 S 사분면으로 옮기려고 했을 때, 그는 자신의 존재가 여전히 E 사분면의 봉급 생활자라는 걸 알게 되었다. 당시 그의 인생에는 자신의 존재를 E에서 S로 바꿀 시간적 여유가 없었다.

모든 인간은 매우 다른 존재들이다. 그 차이점은 현금흐름 사분면에도 잘 나타난다. 각 사분면은 다음과 같은 다양한 지능으로 구성되어 있다. 그것은 정신적 지능, 신체적 지능, 감정적 지능, 영적 지능이다.

사분면에 따라 다른 규칙들

가난한 아버지는 기업가가 아니라 학교 선생님의 정신적 지능을 가지고 있었다. 그는 사업이나 돈의 언어를 사용하지 않았다.

부자는 왜 더 부자가 되는가

그는 봉급생활자의 신체적 지능을 가지고 있었다. 그는 실수를 피했다.

그의 감정적 지능은 두려움, 즉 실패에 대한 두려움, 일자리를 잃고 꾸준한 급여와 정부의 퇴직 연금을 받지 못하는 것에 대한 두려움에 기반을 두었다.

그리고 그의 영적 지능은 막혀 있었다. 두려움과 의구심으로 인해 믿음과 신뢰에 대한 그의 영적 지능이 약해졌다.

E에서 I 사분면으로 이동하는 것은 혁신의 과정이며, 애벌레에서 나비로 변하는 과정과 매우 흡사하다. 그 과정에는 고통스러운 일들이 있을 것이다. 존재는 어려운 상황을 맞닥뜨릴 테고, 각각의 어려운 상황은 모두 변화를 이뤄 가는 데 중요하다. 그것은 하나의 과정이며 시간이 걸리기 마련이다. 이런 변화에는 의지력과 함께 영적, 정신적, 정서적, 신체적 지능이 필요하다.

지배적인 지능을 이해하라

지배적인 지능은 신체적 지능이다. 인간은 행동을 통해 배울 뿐더러 우리는 항상 (우리에게 좋지 않은 일일지라도) 무언가를 하고 있기 때문이다.

몇 가지 질문을 해 보겠다. 수업을 들을 때 몸은 교실에 있지만 정신은 다른 곳에 있었던 적이 있지 않은가? 마음과 몸이 항상 같은 일을 하지는 않는다.

책을 읽다가도 다른 일에 정신이 팔린 적이 있지 않은가? 누군가와 이야기를 나누다가 상대가 당신의 말을 듣지 않는다는 게 느껴질 때가 있지 않은가?

내가 비행학교를 좋아했던 이유는 오전에는 공부하고 오후에는 비행했기 때문이다. 비행기 조종석에 들어가 벨트를 매는 순간, 나의 신체적 지능이 주도권을 잡았다. 내 신체적 지능은 다른 모든 지능에게 주의를 기울이라고 명령했다. 생사가 달린 문제였기 때문이다.

시뮬레이션을 통한 교육

나의 진정한 금융 교육은 내가 아홉 살 때 시작되었다. 부자 아버지와 그의 아들, 그리고 나는 함께 모노폴리 게임을 했고, 부자 아버지는 각각의 움직임 뒤에 숨겨진 진정한 금융 교육에 대해 알려 주었다. 나중에 그는 우리를 자신의 실제 초록색 집들로 데려가 모노폴리 게임을 하면서 배운 이론적 교훈을 더욱 자세히 설명해 주었다.

나의 진정한 금융 교육은 '공부'하고 '비행'하는 비행학교 같았다. 학교 교육에서 지배적인 지능은 정신적 지능과 감정적 지능이라서, '암기'를 통해 학습하고 '실수를 두려워'한다.

현실 세계에서는 신체적 지능이 지배적인 지능이 된다. 신체적 지능은 나를 애벌레에서 나비로, 가난한 사람에서 부자로 변화시켰다.

학습 원뿔

경험 원뿔이라고도 알려진 학습 원뿔은 교육학 심리학자인 에드거 데일Edgar Dale이 1946년에 고안한 것이다.

학습 원뿔		
2주 후 기억의 정도		개입의 정도
말하거나 행한 내용의 90퍼센트	실제로 행하는 경우	능동적
	실제 경험을 시뮬레이션하는 경우	
	극적인 프레젠테이션을 하는 경우	
말한 내용의 70퍼센트	말을 하는 경우	
	토론에 참여하는 경우	
듣거나 본 내용의 50퍼센트	현장에서 행위를 목격하는 경우	수동적
	시범을 시청한 경우	
	전시물을 보는 경우	
	영상을 시청한 경우	
본 내용의 30퍼센트	사진을 보는 경우	
들은 내용의 20퍼센트	강의를 듣는 경우	
읽은 내용의 10퍼센트	책을 읽는 경우	

출처: 데일의 학습 원뿔을 개작한 자료, 1969

데일 교수는 독서와 강의를 학습 원뿔의 맨 아래에 놓았다. 맨 위에는 '실제로 행하는 경우'와 '실제 경험을 시뮬레이션하는 경우'가 있다.

내가 부자 아버지에게서 제대로 배웠던 주된 이유는 그가 모노폴리 게임을 통한 시뮬레이션을 사용했기 때문이었다. 또 내가 실제로 초록색 집들을 방문하여 그것들이 빨간색 호텔로 가는 길에서 하는 역할을 이해했기 때문이다.

나와 나의 승무원들이 베트남에서 세 번의 추락 사고를 겪고도 살아남은 이유는 비행학교 교육 기간에 매일 추락 사고를 포함한 기내 비상 상황을 시뮬레이션했기 때문이다.

진정한 금융 교육에서 가장 중요한 단어 가운데 하나는 '연습'이다. 학습 원뿔에서 '연습'은 위에서 두 번째 줄에 있는 '실제 경험을 시뮬레이션하는 경우'를 말한다.

실제 플랜 B 세우기

실제 플랜 B에는 공부와 연습이 포함되어야 한다. 예를 들어, 첫 번째 부동산을 구매하기 전에 나는 부동산을 찾는 일을 100회 시뮬레이션했다. 주식에 있어서도 마찬가지로 나는 3년 동안 주식 옵션 투자 과정을 들었다. '실물'을 거래하기 전에 3년 동안 종이 자산을 거래했다. 오늘날 나는 주식 시장 폭락을 환영한다.

지금 같이 불안정한 세계 경제에서 나는 모든 사람이, 특히 은퇴를 위해서라면, 플랜 B를 갖기를 바란다. 앞서 말했듯이, 바로 이웃집 백만장자들이 다음 시장 붕괴의 피해자가 될 것이다. 돈을 저축하거나 혹은 주식 시장과 전통적인 연금에 의존하는 사람은 누구나 재정적 재앙의 위기에 빠질 수 있다.

가난한 아버지는 훌륭한 플랜 A를 가지고 있었고, 플랜 B는 없었다. 그렇지만 그는 계획대로 은퇴할 수 없었고, 남은 생을 허드렛일만 하면서 보냈다. 결국 사회보장과 의료보험이 나의 가난한 아버지를 구원했다는 점을 생각해 보라.

오늘날 사회보장과 의료보험은 미국 정부의 가장 큰 미지급 및 대차

대조표 외 부채로, 그 액수는 100조 달러에서 250조 달러 사이로 추산
된다. 이제는 어떤 새로운 프로그램이 베이비붐 세대를 구원할 것인가?

가난한 아버지가 경제적 생존을 위해 고군분투하는 모습을 보면서
나는 매우 중요한 교훈을 얻었다. 가난한 아버지 덕분에 나는 플랜 B를
즉시 실행해야 한다는 생각을 가지게 되었다. 그리고 플랜 B 덕분에 나
는 47세의 나이에 일찍 은퇴할 수 있었다.

5년 계획

베스트셀러 『심리투자 법칙*Trading for a Living*』의 저자이면서 나의 친구
이자 멘토인 알렉산더 엘더Alexander Elder 박사는 전문 트레이더가 되는 법
을 배우려면 약 5년이라는 시간과 5만 달러라는 자금이 필요하다고 말
한다.

나도 이 점에 동의한다. 나는 부동산 전문 투자가가 되기까지 약 5년
이 걸렸다. 차이점이라면 나는 배우는 데 5만 달러가 들지 않았다는 것
이다. '진정한' 부동산 전문 투자가가 되는 법을 배운다는 것은 전통적
인 돈이 아니라 부채, 세금, 유령 소득을 사용하는 법을 배운다는 것을
의미했다.

현실 세계의 교육에는 다음의 조건들이 필요하다.

첫째, 배우고자 하는 의지.

둘째, 현명한 교사를 선택하기.

예를 들어, 돈에 대해 가르쳐 주는 사람이 누구인지 따져 보아야 한다. 누구라도 E 사분면에 있는 사람이 I 사분면에 대해 가르쳐 주기를 원하지는 않을 것이다.

마지막으로, 연습.

연습이 가장 중요한 단어다. 프로 축구 선수는 하루의 경기를 위해 5일 동안 연습한다. 음악가들은 록 스타가 되기까지 수년간 끊임없이 연습하고, 의사와 변호사도 마찬가지다. 연습은 실수하고 바로잡을 수 있는 환경을 말한다. 중요한 것일수록 더 많이 연습해야 한다. 예를 들어, 베트남 파견일이 다가올수록 나와 승무원들은 실전에 대비해 더 많이 연습했다.

'신체적 지능'이 지배적인 지능이라는 점을 명심하라. 무언가를 시작하는 순간 다른 지능들도 협조하며 따라오게 된다.

실수를 두려워하지 말라

1부에서 다루었듯이 실수는 부자를 더 부자로 만든다.

사람들이 재정적으로 어려움을 겪는 한 가지 이유는 실수를 두려워하기 때문이다. 사람들은 공부하고 연습하기보다는 돈을 저축하고 주식 시장에 장기 투자하면서 은행가와 월스트리트에 돈을 맡겨 놓은 채, 도대체 왜 돈에 대해 걱정하냐고 반문한다. '이웃집 백만장자'들은 대부분 공부하고 연습하고 배우기보다는 걱정하고 불평하고 시장이 붕괴하지 않기를 기도한다. 이것은 현명한 플랜 B가 아니다.

킴과 나는 플랜 B가 있었기에 일찍 은퇴할 수 있었다. 그리고 플랜 B의 한 가지 목적은 여러분의 정신적, 신체적, 정서적, 영적 지능을 높여 사분면을 바꿀 수 있도록 도와주는 것이다.

이런 질문을 끝으로 이번 장을 마무리하겠다. "당신의 플랜 B는 무엇인가?"

chapter 13

어떻게 가난에서 벗어나는가

가난한 아빠: 사람들에게 물고기를 주어라.

부자 아빠: 사람들에게 물고기 잡는 법을 알려 주어라.

《뉴스위크》 2016년 9월 2일 자에는 '가난하게 자라는 것이 세상을 보는 방식만 바꾸는 것이 아니'라는 내용의 표지 기사를 실었다. 빈곤이 뇌도 바꾼다는 것이었다. 기사는 다음과 같이 언급했다. "빈곤과 그에 수반되는 조건들, 즉 폭력, 과도한 소음, 어지러운 집안, 불결한 환경, 영양실조, 학대, 무직 상태의 부모 등이 어린이의 두뇌 내 상호 작용과 연결 구조에 영향을 미칠 수 있다."

이 기사는 빈곤이 어린이의 뇌에 미치는 영향에 관한 수많은 연구를 인용한다. 몇몇 연구는 자기공명영상MRI을 사용하여 빈곤 가정에서 자란 어린이와 부유한 가정에서 자란 어린이의 뇌 크기를 측정하고 비교

했다.

2015년 《네이처 신경과학Nature Neuroscience》에서 발표한 연구 프로젝트에 따르면, 3세에서 20세 사이의 1,099명을 대상으로 조사한 결과, 소득이 낮은 부모를 둔 자녀의 뇌 표면적이 연간 가계 소득 15만 달러 이상인 가정의 자녀에 비해 작은 것으로 나타났다.

연구진은 돈만이 문제가 아니라는 결론을 내렸다. 범죄, 폭력, 마약, 갱단, 성적 방종, 한부모 가정 등의 환경에서 성장하는 것이 진짜 문제였다. 신체적인 문제뿐만 아니라 경제적인 문제로 인한 만성적인 두려움 속에서 생활하는 것이 두뇌 발달을 저해하는 요인이었다.

이 연구에 따르면, 가난한 부모라도 가정에서 안전하게 보살피는 환경을 제공하면 거주 지역의 환경이 폭력적일지라도 아이의 두뇌가 정상적으로 발달할 가능성이 올라갔다.

《뉴스위크》기사는 다음과 같이 말한다.

"안전하지 않고 낡은 건물에 거주하는 소수자에 대한 주거 차별, 교사들의 암묵적인 인종 편견, 영양실조, 자금 부족 상황에 처한 빈곤 지역의 학교 등의 요인들이 정상적인 두뇌 발달을 방해할 수 있다."

뇌는 변화한다

이어서 기사는 뇌가 변화할 수 있다고 말한다. 유아기의 빈곤으로 인한 손상은 되돌릴 수 있다는 것이다. 기사의 내용은 다음과 같다.

"뇌의 신경 가소성, 즉 뇌가 스스로 구조를 수정하는 능력은 출생 및 영유아기에 가장 높고 이후 시간이 지남에 따라 감소하지만 절대 0이 되지는 않는다.”

“그리고 15세에서 30세 사이에 뇌의 신경 가소성이 급격히 증가하는 시기가 한 번 더 찾아오는데, 이는 코칭과 연습을 통해 청소년과 젊은 성인도 변할 수 있음을 의미한다.”

피닉스의 청소년 클럽

2000년 초, 우리의 기업가 프로그램에 참여했던 청년 학생들이 모여 '선행 나눔Pay It Forward' 행사를 진행하기로 결심하고 배운 것을 실천에 옮겼다. 그들은 갱단이 우글거리는 사우스 피닉스 지역의 청소년 클럽을 찾아가 학생들과 부모들에게 내가 가르친 기업가적 교훈을 전했다.

청소년 클럽은 나쁜 선배들의 출입을 막기 위해 울타리가 쳐져 있었다. 나쁜 선배들은 미래의 마약 밀매업자, 포주, 매춘부를 찾는 모집책 등의 역할을 한다. 아이들에게는 끔찍한 환경이지만, 이 청소년 클럽이 몇 시간 동안이라도 안전한 피난처를 제공했다.

2개월 동안 청년 학생들은 캐시플로 게임을 교육 프로그램의 주요 도구로 활용하여 기업가 정신과 투자에 관한 수업을 진행했다. 수업을 듣는 학생들은 12세에서 18세 사이의 청소년과 그들의 부모들이었다.

결과는 놀라웠다. 《뉴스위크》 기사에 따르면, 15세에서 30세 사이에 뇌의 신경 가소성이 다시 한번 증가했다고 한다. '인지 장애'라고 분류되던 15세 정도의 한 소년이 갑자기 활기를 찾게 되자 모두가 놀랐다.

그 소년은 읽은 내용을 이해하는 데 어려움을 겪고 있었다. 하지만 캐시플로 게임을 하면서 완전히 달라졌다. 그의 뇌에 불이 들어온 것이다! 소년은 카드를 읽을 수 있었고, 수를 따질 수도 있었고, 자산과 부채의 차이도 이해했다. 소년은 게임을 멈출 수 없었고, 수업에 참석해 캐시플로 게임을 하기 위해 클럽으로 달려왔다.

그 소년을 통해 신체적 지능이 지배적인 지능이라는 사실을 다시 한 번 확인했다. 그는 그냥 책을 읽는 것에는 반응하지 않았기 때문에 인지 장애로 분류된 것이었다. 보드게임을 하려면 읽고 계산하고, 금융 용어를 이해하고, 연필을 사용해 수를 따져 보고, 게임의 말을 움직이며 다른 플레이어와 사회적으로 상호 작용하는 등의 신체적 지능 활동이 필요했다. 그 소년이 신체적 지능을 이용해 캐시플로 게임을 할 때마다 그의 지능들이 모두 발휘되었다.

학부모들도 그들 나름의 변화를 경험했다. 그들은 모임을 결성하고 은화에 투자하기 시작했다. 학부모들의 모임은 청소년 클럽의 허가를 받아 그곳에 음료수 자동판매기를 설치했다. 하지만 이보다 중요한 것은 기업가적 교훈이었다. 그 모임은 자신들의 수익을 클럽과 공유했다.

2개월에 걸친 이 프로젝트를 계기로 학부모, 학생, 교직원들은 E 사분면을 나와서 (자판기를 통해) S 사분면으로, 그리고 (개인들의 은화 투자를 통해) I 사분면으로 이동했다. 학부모 모임의 구성원들은 캐시플로 게임의 재무제표 양식을 사용하여 그들 자신만의 '실제 숫자'를 채웠다. 학습 과정은 학습 원뿔을 따라 '시뮬레이션'을 지나 '실행'으로 이어졌다.

캐시플로 게임의 재무제표 양식

직업 _____   **플레이어** _____

목표: '총 지출'을 능가하는 '수동적 소득'을 발생시켜 쌩양쥐 레이스에서 빠져나와 패스트 트랙으로 들어선다.

손익계산서

수입	
내역	현금흐름
급여:	_____
이자/배당금:	_____
부동산/사업:	_____
	_____
	_____
	_____
	_____
	_____

회계감사
(오른쪽에 앉은 사람)

수동적 소득: _____
(이자/배당금 + 부동산/사업에서
나온 현금흐름)

총 소득: _____

지출	
세금:	_____
주택 융자:	_____
학자금 대출:	_____
자동차 할부금:	_____
신용카드 사용액:	_____
소액 지출:	_____
기타 지출:	_____
자녀 양육 관련 지출:	_____
융자금 지불:	_____
	_____
	_____

자녀 수:
(게임 초기에는 0명) _____
자녀 1인당
지출액: _____

총 지출: _____

월별 현금흐름: _____
(총 소득 – 총 지출)

대차대조표

자산				부채		
저축:				주택 융자:	_____	
주식/펀드/채권:	수량:	주당 가격:		학자금 대출:	_____	
				자동차 할부:	_____	
				신용카드 대금:	_____	
				소액 대출:		
부동산/사업:	계약금:	금액:		부동산/사업:	융자/부채:	
				대출:		

자신이 자산과 부채보다는 수입과 지출에만 집중하고 있다는 사실을 깨달은 학부모와 학생들은 마음을 터놓고 많은 이야기를 나누었다. 나는 학부모와 학생 모두에게 내부에서 정신적, 신체적, 감정적, 영적으로 변화가 일어나고 있다는 것을 느낄 수 있었다.

남아공의 세인트 앤드류 고등학교

2015년에 나는 킴과 그녀의 친구 세 명과 함께 180년 동안 내셔널 아트 페스티벌National Arts Festival을 개최해 온 남아프리카공화국의 그레이엄스타운으로 여행을 떠났다.

그레이엄스타운의 아름다움과 내셔널 아트 페스티벌의 마법 같은 광경은 말로 설명할 수 없을 정도다. 이 도시와 축제를 표현하자면 베아트릭스 포터Beatrix Potter(토끼 캐릭터가 등장하는 『피터 래빗』의 작가 — 옮긴이)와 해리 포터의 만남이라고 하는 게 좋겠다. 나는 마치 시간을 거슬러 올라 삶이 평화롭고, 목가적이며, 마법과도 같던 시절로 돌아간 것 같았다.

그레이엄스타운은 약 7만 명의 주민이 거주하는 교육의 도시다. 로즈 장학금의 설립자 세실 로즈Cecil Rhodes의 이름을 딴 로즈대학교도 이곳에 있다.

그레이엄스타운에는 또한 1855년에 설립된 성공회 남학생 학교인 세인트 앤드류 고등학교가 있다. 이 학교는 세계 각국에서 모인 450명의 고등학생이 공부하는 기숙 학교다. 자매 학교로는 디오세산 여학교가 있다.

친구인 머레이 댄크워츠의 두 아들이 세인트 앤드류 고등학교에 다니고 있었다. 그는 수년 동안 그 학교가 얼마나 훌륭한지 자랑했었다. 어느 날 그는 학교에서 후원하는 봉사활동 프로그램에 관해 이야기해 주었다. 이 프로그램은 특권층 학생들이 그레이엄스타운 주변의 아프리카 마을을 방문해 불우한 학생들을 가르치도록 장려하는 활동이었다. 이것은 학생들이 다른 학생들을 가르치고, 이를 통해 학생들이 나눔의 중요성을 배우는 프로그램으로, 세인트 앤드류 고등학교 교육 프로그램의 핵심 요소였다.

나는 이 봉사활동 프로그램에 대해 듣고, 내가 학교에 들어가서 캐시플로 게임을 사용하여 학생들에게 금융 교육을 해 줄 수 있을지 머레이를 통해 물어보았다.

학교는 나의 제안을 수락했고, 2016년 7월에 톰 휠라이트와 나는 자비를 들여 그레이엄스타운으로 가서 이틀간의 워크숍을 진행했다.

마법 같은 행사

전과 다른 점은 우리가 초대한 사람들의 다양성에 있었다. 나는 이틀간의 수업에 세인트 앤드류 고등학교의 남성, 여성, 백인, 흑인 학생들은 물론이고, 세인트 앤드류와 로즈대학교의 교수진뿐만 아니라, 그레이엄스타운 지역의 B와 I 사분면 기업가인 머레이의 친구들도 참석하게 해 달라고 요청했다.

교수진뿐만 아니라 B와 I 사분면의 기업가들이 학생들과 함께 참여하게 한 이유는, 많은 기업가들이 학생들의 현실 세계 경험 부족에 대해 불만을 가지고 있다는 사실을 알고 있었기 때문이었다. 교수진과 기업가들이 함께 교사로 참여함으로써 고등학생 43명에게 현실 세계의 사업에 대한 폭넓은 현실감각을 제공할 수 있기를 바랐다.

이틀간의 행사는 마법과도 같았다. 학생들은 물론이고 교수진과 기업가들도 훌륭했다. 그곳의 학생과 교수진, 기업가들에게서 내가 피닉스의 청소년 클럽에서 목격했던 깨달음과도 같은 그 불이 들어오는 것을 보았다.

책상마다 네다섯 명의 학생과 교수진 또는 그 지역 기업가가 있었다. 곧 톰과 나의 소개가 끝나고 캐시플로 게임이 시작되었다.

첫 번째 시간

첫 번째 게임은 한 시간 동안 진행되었다. 그 시간은 고통스러울 정도로 느렸고, 어른들과 어린 학생들은 게임에 나오는 어휘, 계산법, 진행방법 등을 배우는 데 조금 어려움을 겪고 있었다. 게임은 첫 시간이 마칠 때까지 끝나지 않았지만, 잠시 접어 두고 토론이 시작되었다.

앞서 나왔던 에드가 데일 박사의 학습 원뿔을 다시 살펴보면 토론에 참여하는 것이 학습의 유지에 매우 중요하다는 점을 알 수 있다. 학생, 교수진, 기업가들은 겨우 한 시간 동안 게임을 했을 뿐인데도 할 이야기가 참 많았다. 그렇게 학습이 시작되었다.

두 번째 시간

점심 식사 후에 다시 캐시플로 게임이 시작되었다. 이번에도 역시 한 시간 동안만 진행했다. 이번에는 게임 속도가 빨라졌다. 참가자들에게 불이 들어왔고, 두 번째 토론은 훨씬 더 활기차고 심도 있게 진행되었다.

세 번째 시간

다음 날 아침에 세 번째 게임이 시작되었다. 이번에는 게임이 거의 통제 불능 상태였다. 다들 시끌벅적했다. 어른이고 학생이고 할 것 없이 모두 '게임에 빠져 들었다.' 세 번째 토론은 시끄럽고 활기찼으며, 점점 더 많은 참가자가 뇌에 불이 들어오는 현상을 경험했다.

흥미로운 점은 톰 휠라이트에게 "아프리카에서는 그렇게 할 수 없어요."라고 말하는 사람이 없다는 점이었다. 오히려 지역 기업가들은 "우리가 여기서 그렇게 하고 있어요."라고 말했다.

이틀간의 프로그램은 톰과 내가 '포르쉐를 사면 부자가 되는 이유'와 같이 현실에서 풀어야 할 문제들을 과제로 제시하면서 끝났다. 내가 생각했던 대로, 어린 소년들은 특히 그 문제를 좋아했다. 다시 말하지만, 어른들과 학생들에게 불이 들어오고 그것이 계속 켜져 있는 모습을 보는 게 나의 즐거움이었다.

행사가 끝난 뒤

이 행사가 끝나고 며칠 후에 머레이가 내게 전화를 걸어 얘기했다. 그

동안 자기 아이에게 무슨 일이 일어났는지 알고 싶어 하는 학부모들이 전화를 걸어오는 통에 자기 전화기에 불이 날 지경이었다고 했다. 어떤 아이는 아빠에게 전화를 걸어 자신의 첫 부동산 투자를 위해 10만 랜드(남아프리카공화국 화폐 단위)를 빌려 달라고 했다. 물론 그 아이는 부동산에 대해 더 공부하라는 얘기를 들었다고 한다. 학생들은 첫 사업을 시작하기 위한 모임을 만들기도 했다.

세인트 앤드류 고등학교는 교육 분야의 선두 주자로, 미래지향적인 사고방식을 가지고 크게 생각하는 학교다. 세인트 앤드류의 리더들은 교수진 및 지역 기업가들과 함께 모여, 세인트 앤드류와 아프리카 마을에서 특권층의 학생들이 불우한 학생들을 가르치고 진정한 금융 교육을 구현하는 방법을 논의하고 있다. 남아프리카공화국의 마법 같은 그레이엄스타운에서 '선행 나눔' 활동은 여전히 활발하게 이루어지고 있다.

학생, 교수진, 기업가들 사이에서 촉매 역할을 했던 일이 톰 휠라이트와 나에게는 영적인 사건이었다. 교사들은 학생들에게 '불이 들어오는' 모습을 보는 것이 어떤 기분인지 알기 때문에 학생들을 가르치는 보람을 느끼는 것이다.

영적 교육이 먼저다

나의 영적 교육은 1965년 8월에 시작되었다. 1년간의 비교 평가와 면접을 거친 후, 나는 의회의 지명을 받아 메릴랜드주 아나폴리스에 있는 미 해군사관학교와 뉴욕주 킹스포인트에 있는 미 상선사관학교로 갈 수 있었다.

나는 해군 장교가 아니라 미국 상선의 장교로서 세계를 항해하고 싶었기 때문에 킹스포인트 발령을 수락했다. 또한 이런 결정에서 고려했던 점은 킹스포인트 졸업생들이 당시 세계에서 가장 높은 급여를 받는다는 사실이었다. 1969년에 동기생 중 다수가 상선 장교로 일하면서 연봉 10만 달러 이상을 받았는데, 1969년 당시 스물한 살 청년에게는 상당한 금액이었다.

아이러니하게도, 나는 미 해병대 소위로 임관하여 월 200달러의 초봉을 받고 플로리다 펜서콜라Pensacola의 비행학교에 다녔다. 나는 사관학교에서 학생들이 받는 영적 교육 때문에 베트남 파견에 자원했다.

사관학교에서 영적 교육이라니 이상하게 들릴지 모르겠지만, 실제로 사관학교에서는 영적 교육을 진행한다. 모든 사관학교에서 가르치는 첫 번째 단어가 '사명'이다. 그다음으로 가르치는 단어는 '의무, 명예, 규범, 존중, 성실' 등인데 이 모두가 영적인 소양에 관련된 단어들이다.

내가 MBA 과정을 그만둔 이유 중 하나는 그 프로그램에서 배우는 돈, 시장, 조작 등의 단어들 때문이었다. 앞서 말했듯이, 나는 MBA 과정을 밟을 당시에도 여전히 해병대 소속이었다. 베트남에서 이제 막 돌아온 나에게 돈, 시장, 조작이라는 단어는 사관학교와 해병대에서 주입된 명예 규율을 위배하는 것이었다.

진정한 교육이란 무엇인가

군 장교라면 참을 수 없는 한 가지가 있는데, 그것이 바로 불의다. 사관학교와 해병대에서 군 장교는 항상 인간의 존엄성을 위해 싸우도록 훈련받는다.

1973년 베트남에서 돌아온 나는 실직하여 영혼이 무너진 아버지의 모습을 보면서 나의 다음 사명을 정했다. '금융 교육을 통해 인류의 재정적 웰빙을 고양한다.' 훗날 이 말은 리치 대드 컴퍼니의 사명이 되었다.

진정한 교육은 영감을 주어야 한다. 학생의 영혼에 감동을 선사해야 한다. 진정한 교육은 또한 용기를 북돋워야 한다. 영어로 '용기courage'라는 단어는 두려움과 의심의 감정을 극복하는 능력인 프랑스어의 '심장la coeur'에서 유래했다.

진정한 교육은 힘을 실어 주어야 한다. 학생에게 실질적으로 행동하고 현실 세계에서 변화를 만들어 낼 수 있는 능력을 제공해야 한다.

진정한 교육은 깨달음을 주어야 한다. 진정한 교육은 학생의 마음을 열어 이 세상의 경이로움에 눈뜨게 하고 평생 배우는 사람이 되도록 해야 한다.

PART 3 요약 정리

베이비붐 세대는 역사상 가장 운이 좋은 세대다.

이들은 2차 세계 대전이 끝나고 세계 경제가 호황을 누리던 시기에 태어났다. 베이비붐 세대는 대학에 가지 않더라도 고소득 일자리가 많이 있었다.

대학을 졸업한 베이비붐 세대는 고소득 일자리를 찾을 수 있었다.

저축하는 사람이 승자였던 시절이 있었다

15퍼센트가 넘는 이자율 덕분에 베이비붐 세대는 적극적으로 돈을 저축하고 부자가 될 수 있었다.

교외 지역이 인기를 끌고 크게 개발되어 많은 베이비붐 세대가 주택 재융자를 통해 신용카드 부채를 갚거나 맥맨션을 팔아서 부자가 되었다.

많은 베이비붐 세대가 1971년부터 2000년까지 불어닥친 주식 시장 호황이라는 순풍을 타고 부자가 되었다.

완전히 새로운 세상이 되었다

이제 시대가 바뀌었다. 베이비붐 세대의 자녀와 손자 손녀들은 완전히 다른 세상을 맞이하고 있다.

가속화되는 세계화, 저임금 일자리, 저금리, 위험할 정도로 높은 정부 부채, 세금 상승, 관료주의의 무능이 만연한 세상에서 우리는 무엇을 해야 하는가?

이제 성공을 위해서만이 아니라 경제적 생존을 위해서라도 진정한 금융 교육이 필요한 시점이다.

진정한 금융 교육을 통해 우리는 돈의 세 가지 측면을 모두 살펴봐야 한다.

부채와 세금을 활용하라

진정한 금융 교육은 부채와 세금을 다루는 데서 시작한다. 부채와 세금은 우리의 지출 중 가장 큰 부분을 차지하기 때문이다. "세금 납부가 곧 애국이다."라고 믿는다면 그건 순진할 뿐만 아니라 무지한 일이기도 하다.

미국은 1773년 조세 저항 운동으로 탄생한 나라다. 미국은 기본적으로 1943년 세금납부법이 통과될 때까지 세금이 없는 나라였다. 미국의 세금납부법은 제2차 세계대전 비용을 충당하기 위해 정부가 모든 근로자의 주머니에서 돈을 빼낼 수 있는 권한을 부여했다. 이런 까닭으로 많은 사람들이 세금 납부를 애국이라고 믿는다. 오늘날 세금은 전쟁국가 미국Warfare State of America과 복지국가 미국Welfare State of America을 먹여 살리고 있다.

오늘날의 현실을 직시하라

진정한 금융 교육은 E 사분면의 봉급생활자가 되어 실제 경험을 쌓고, S 사분면의 기업가가 되어 잠시라도 사업을 하고, I 사분면의 전문 투자가가 되는 내용들을 다뤄야 한다.

단순히 "나는 직업이 있다."라고 해서는 충분하지 않을 뿐더러, 그것만 믿는 건 재정적으로도 무지한 일이다.

진정한 금융 교육은 무작정 '금융 전문가'에게 돈을 맡겨 놓고 돈이 잘 굴러갈 것이라고 기대하는 게 아니다.

팀을 이뤄라

자신만의 힘으로 금융 문제들을 해결할 수 있다고 생각하는 것은 어리석은 일이다. 부자들은 최고의 회계사와 변호사를 고용하여 문제를 해결한다.

여러분도 마찬가지로 그렇게 할 수 있다. 여러분에게 진정한 금융 교육을 제공하고자 나의 개인 자문가들이 모두 직접 책을 썼으니 말이다.

무작정 돈을 저축하거나, 주식 시장에 장기 투자하거나, 재정적 안정을 위해 정부 연금에 의존하는 일은 미래에는 재정적인 자살행위가 될 것이다.

톰의 세무 조언

전문가로 구성된 팀

S 사분면에 있는 사람들의 가장 큰 장애물은 이들이 똑똑하다는 사실이다. 나 역시 항상 'A 학생'이었기 때문에 이 점을 누구보다도 잘 이해한다. 그들이 똑똑하기 때문에 모든 것을 할 수 있다는 것이 문제다. 그들은 영업, 마케팅, 생산, 행정 업무를 할 수 있고 심지어 제품 개발도 할 수 있다. 바로 그 점 때문에 이들이 B와 I 사분면으로 들어가지 못하고 S 사분면에 머무는 것이다.

그들은 팀이 필요한 이유를 이해하지 못하고, 팀이 자신만큼 '그 일'을 잘 해낼 수 없다고 생각한다. 단순히 다른 사람들이 자기의 일을 하는 것을 믿지 않는 것이다. B와 I 사분면으로 이동하려면 당신보다 더 뛰어나고 더 전문적인 지식을 갖춘 똑똑한 사람들과 팀을 이뤄야 하며, 그들이 업무를 수행할 수 있도록 신뢰해야 한다.

내가 가장 자주 받는 질문 가운데 하나는 좋은 자문가를 어떻게 찾는가 하는 것이다. 세무 자문가든 재무 자문가든, 또는 법률 자문가든, 핵심은 돈에 대한 이해와 교육 수준이다. 세무 자문가의 경우 교육 수준의 범위는 다음과 같다. 교육 수준이 높을수록 더 좋은 자문가라고 할 수 있다.

교육 수준이 높은 자문가가 더 좋은 조언을 제공한다

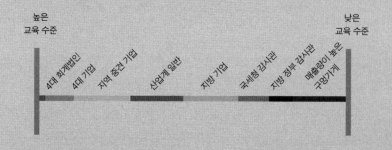

PART 4

포르쉐
경제학

추월 차선을 활용한 인생 교육

금융 전문가들은 대부분 "열심히 공부하고, 열심히 일하고, 세금을 내고, 형편에 맞게 살고, 돈을 저축하고, 집에서 식사하고, 공과금 잘 내고, 빚 없이 살고, 저렴한 차를 운전하라."고 말한다.

나는 이것을 '재미없는 경제학'이라고 부른다.

톰 휠라이트와 내가 남아프리카공화국의 세인트 앤드류 고등학교와 디오세산 여학교를 방문해 수업할 때, 나는 실제 교사들과 기업가들을 함께 불러, 내가 어떻게 부자가 되었는지 실제 사례를 사용하고, 내가 배운 방식대로 게임을 하면서 학생들을 가르쳤다.

나는 여러 강연에서 종종 이렇게 말했다. "제가 일본계이긴 하지만, 토요타 차량하고는 잘 어울리지 않습니다. 코르벳, 포르쉐, 페라리가 더 잘 어울리죠."

나는 그레이엄스타운에서 이틀간 학생들을 위한 세미나를 진행할 때 나의 사례를 들면서 어떻게 포르쉐를 사서 더 부자가 되었는지를 설명했다. 학생들은 재미없는 경제학보다는 포르쉐 경제학을 훨씬 더 잘 받아들였다.

다음 장에서는 남아프리카공화국의 학생들과 함께 공부했던 사례를 다룰 것이다. 진정한 금융 교육의 장점 중 하나는 재미있으면서도 좀 더 잘살 수 있고 더욱 부자가 될 수 있다는 것이다.

chapter 14

어떻게 포르쉐가 당신을 더 부자로 만드는가

가난한 아빠: 형편에 맞게 살아라.

부자 아빠: 재산을 늘려라.

돈 때문에 결혼 생활을 망치는 경우를 많이 본다. 다른 어떤 문제보다도 돈 문제로 다투는 부부가 많다.

나는 어렸을 때 부모님이 돈 때문에 다투는 소리를 들으면서 느꼈던 그 고통을 아직도 기억한다. 내가 원하는 결혼 생활은 그런 것이 아니었다. 나는 부유하고 행복하고 사랑이 넘치는 결혼 생활을 원했다.

서약

서약은 신 앞에서 하는 엄숙한 약속이다. 킴과 내가 결혼하기로 결심하면서 서로에게 서약한 것 중 하나는 다음과 같다.

우리는 원하는 것은 무엇이든 가질 수 있을 것이다. 우리는 "살 여유가 없어."라고 말하지 않고, 킴이나 내가, 혹은 우리가 원하는 것은 무엇이든 살 수 있도록 함께 노력하기로 서약했다.

단, 한 가지 조건이 있었다. 먼저 자산을 구매하고, 그 자산으로 우리가 원하는 부채를 지불해야 한다는 것이다. 다시 말해, 우리는 부채가 우리를 더 가난하게 만들지 않고 더 부유하게 만들게 하겠다고 서약했다.

포르쉐 문제

여기서 포르쉐 문제가 시작되었다. 이 포르쉐 문제는 톰과 내가 그레이엄스타운의 세인트 앤드류 고등학교와 디오세산 여학교 학생들에게 제시한 것과 같은 문제였다.

나는 자동차광이지만, 킴은 아니다. 나는 오랫동안 1989년형 포르쉐 스피드스터Speedster를 갖고 싶었다. 문제는 이 차가 무척 희귀하고 가격도 매우 비쌌다는 것이다. 미국에서 판매된 차량은 700대도 안 되었던 것 같다. 부자들은 차를 사서 가격이 오를 때까지 기다렸다. 한번은 12만 달러에 매물로 나오는 것을 본 적도 있었다.

그러다가 경제가 바닥을 치고 포르쉐 스피드스터 가격이 떨어지기 시작했다.

어느 날, 포르쉐 딜러인 내 친구 게리가 전화를 걸어와서 이렇게 말했다. "네가 기다리던 차가 매물로 나왔어. 1989년형 포르쉐 스피드스터 중에서도 가장 희귀한 차량이라고."

"뭐가 그렇게 가장 희귀하지?"

"스피드스터 1호니까. 1989년형 스피드스터 중 최초로 생산된 차라는 말이지. 포르쉐 카탈로그 표지에 실린 차이기도 하고, 포르쉐가 전 세계 주요 자동차 쇼에 선보였던 바로 그 차야. 나는 이렇게 특별한 차를 기념하는 기록물, 카탈로그, 기념패도 모두 가지고 있다고."

"그래서 얼만데?" 나는 이렇게 물으면서 속으로는 그가 12만 달러라고 말하면 "고맙지만 사양할게."라고 말하려고 했다. 그때는 1995년이었고, 나는 아직 자산을 늘리고 있던 참이라 차를 살 여유가 없었다.

"믿지 못하겠지만," 게리가 말했다. "차 주인이 5만 달러에 판다고 하네."

"뭐라고?" 나는 숨이 막혔다. "차에 무슨 문제라도 있는 거 아냐?"

"아무 문제도 없었어. 어제 정비사가 차를 점검했는데, 모든 게 완벽해. 4,000마일밖에 안 뛴 차량이야. 너한테 제일 먼저 알려 주는 거니까, '안 살 거야.'라고 하면 오늘 당장 다른 사람한테 팔 거야. 이 차를 이 가격에 사겠다는 사람들이 줄을 섰다고."

부자 아버지가 내게 가르쳐 주신 것 중에 하나는 사고, 검토하고, 거절하는 것이었다. 부자 아버지는 이렇게 말했다. "사람들은 대부분 생각하고 파악할 시간을 벌지 않고 거절한다." 돈의 용어로는 '옵션'이라고 한다. 나는 포르쉐를 구매하기 전에 옵션을 먼저 사서 생각할 시간을 벌었다.

"내가 살게."

이제 나는 어떻게 킴을 설득하여 새 포르쉐를 구매할 수 있을지 고민해야 했다.

서약을 다시 살펴보기

여기가 바로 킴과 나의 서약이 시작된 지점이다. 내가 해야 할 일은 부채인 포르쉐 구매를 상쇄하는 현금흐름을 만들 자산을 사는 것뿐이었다.

이것이 톰과 내가 그레이엄스타운의 학생들에게 제시한 것과 같은 과제, 즉 포르쉐 문제다. 그들은 형편에 맞게 생활하고, 돈을 저축하고, 값싼 차를 운전하는 방법보다 확실히 포르쉐를 사는 방법을 배우는 것에 더 흥미를 보였다.

KISS: 단순하고 간단하게|Keep It Super Simple

이제 나는 학생들에게 제시했던 것과 같은 방식으로 포르쉐 문제를 보여 주겠다. 이 과정의 이해를 돕기 위해 숫자들은 단순하게 바꾸고 단계를 간소화했다는 점을 기억하라.(추가 참고 사항: 포르쉐와 미니 창고의 가격은 경제 침체기 당시의 가격이라 지금보다 상당히 낮다.)

포르쉐 챌린지는 세 가지 단계로 진행될 것이다.

1단계는 결혼 서약, 내가 킴에게 포르쉐 구매에 관한 얘기를 꺼낼 때 사용한 단계다.

2단계는 로버트의 단계, 내가 거래를 완료할 때 사용한 단계다.

3단계는 톰의 단계, 톰의 전문 지식이 들어가는 단계다. 나는 톰의 수준을 완전히 이해하지는 못하지만, 어쨌든 거래가 성사되려면 킴이 톰의 축사를 들어야 한다.

솔직히, 나는 포르쉐를 구매하는 것이 어떻게 킴과 나를 더 부유하게 만들었는지 아직도 톰만큼 완벽하게 이해하지 못한다. 그렇기 때문에 그만의 단계가 따로 있는 것이다.

킴과 내가 결혼 서약을 따지고 들 때마다 톰은 회계사뿐만 아니라 결혼 상담사 역할까지 하면서 나와 킴을 옳은 길로 안내한다. 그러면 킴과 나는 원하는 모든 것을 얻을 뿐만 아니라 그 과정에서 더 부유해지고 더 똑똑해진다. 돈 문제로 다투는 것보다는 훨씬 낫다.

1단계: 결혼 서약

킴과 나는 은행에 현금 5만 달러가 있었다. 포르쉐를 현금으로 살 수도 있었다. 그러면 포르쉐는 갖게 되겠지만 자산도 없어지고 현금도 없어진다는 것이 문제였다.

그럼 해결 방법은 무엇이었을까?

1) 자산을 찾아본다.
2) 5만 달러를 그 자산의 계약금으로 사용한다.
3) 부채와 5만 달러를 사용하여 자산을 구매한다.
4) 5만 달러를 대출해 포르쉐를 구매한다.

손익계산서

수입
지출

대차대조표

자산	부채
현금 5만 달러	

　자산에서 발생하는 현금흐름으로 포르쉐 대출에 대한 월 상환금을 충당할 것이다. 그리고 몇 년 후 포르쉐 대출을 완납하면, 킴과 나는 포르쉐와 자산, 그리고 자산에서 발생하는 현금 흐름까지 소유하게 될 것이다.

　우리는 또한 포르쉐와 투자 자산의 가치 상승, 감가상각, 부채 상환으로 인한 유령 소득도 얻을 수 있었다.

　킴은 이 포르쉐 구매 계획을 이해했고, 나와 함께 실제로 거래를 진행했다.

　　　　　　　　　　부자는 왜 더 부자가 되는가

2단계: 로버트의 단계

가장 먼저 할 일은 자산을 찾아보는 것이었다. 훌륭한 자산이 없다면 거래가 성사되지 않을 것이다. 오히려 역효과가 발생해서 절약할 수 있는 것보다 더 큰 비용이 들 수도 있었다.

나는 지인인 부동산 사업가들에게 전화를 걸어 내가 찾고 있는 조건에 맞는 매물이 있는지 물어보기 시작했다.

대여섯 번 통화 후, 텍사스 오스틴에 있는 빌이라는 친구가 미니 창고를 이제 막 매입했다는 소식을 들었다. 미니 창고는 압류 상태였는데, 빌은 약 14만 달러에 매입하여 약간의 수선을 거친 후 25만 달러에 나에게 팔겠다고 했다. 거래는 완벽했다. 과거에도 빌과 여러 번 거래한 적이 있어서 나는 그를 믿고 미니 창고를 구매했다. 일주일 후, 나는 두 건의 대출을 받았다. 하나는 포르쉐 구매를 위한 것이고, 다른 하나는 미니 창고 매입을 위한 것이었다.

거래는 완료되었고, 그 미니 창고에서 나오는 현금흐름으로 포르쉐 대출과 미니 창고의 융자를 갚고 있었다.

나는 자산이 생기고, 더 많은 돈을 벌고, 세금은 덜 내고, 꿈에 그리던 포르쉐를 운전하게 되었다.

우리는 몇 년 전에 미니 창고를 팔아서 상당한 수익을 올렸고, 그 수익은 세금 없이 재투자했다. 그리고 나는 여전히 포르쉐를 몰고 있다.

자세한 거래의 흐름은 다음과 같았다.

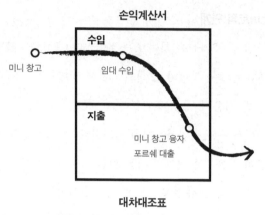

3단계: 톰의 단계

톰은 세법에 대한 해박한 지식을 갖추었을 뿐만 아니라 기업가의 목표와 난관을 이해하는 세무 자문가다. 이런 이유로 킴과 나는 세금 및 자산 전략에 관하여 그를 완벽한 파트너라고 생각한다. 위의 과정에 대한 세무 전략가의 설명은 다음과 같다.

부자는 왜 더 부자가 되는가

포르쉐의 회계 처리

로버트는 처음에 창고를 인수한 다음 포르쉐를 구매했을 때 정확히 무슨 일이 일어 났는지 아주 간단하게 설명해 주었다. 다음에 보여 줄 회계 항목들은 이 거래에서 발생한 각각의 단계를 보여 주고, 포르쉐를 소유하게 된 첫 달에 로버트의 순자산이 1,100달러 증가했다는 사실을 보여 주기 위한 것이다. 그는 현금 5만 달러와 순자산 5만 달러로 시작했다. 포르쉐를 소유한 지 한 달 후, 그의 순자산은 5만 1100달러가 되었다. 단계 별로 따라가 보자.

1단계: 창고 구매

현금		창고		융자	
$50,000	$50,000	$250,000			$200,000

현금 5만 달러는 창고의 계약금으로 사용된다.

2단계: 창고에서 발생하는 월 순수익

현금		임대		융자 상환		지출		이자 비용	
$1,000			$2,700	$1,200		$500		$1,100	

임대 수입 2,700달러로 지출과 융자를 해결하면, 현금흐름 1,000달러가 남는다.

3단계: 포르쉐 구매

자동차 대출		포르쉐	
	$50,000	$50,000	

자동차 대출 5만 달러는 부채로 기록되고, 포르쉐 5만 달러는 자산 칸에 추가된다.

4단계: 자동차 대출금 월별 상환

자동차 대출		현금	
$1,000	$50,000	$1,000	$1,000

다시 한번 말하지만, 이 설명을 완전히 이해하지 못하겠다면 친구와 함께 논의하거나 톰과 같은 전문가를 찾아가 이 과정을 설명해 달라고 부탁해 보길 바란다.

진정한 스승, 진정한 교훈

학생들은 이 실제 사례를 좋아했다. 학생들은 한 명씩 일어나 생각의 흐름을 '차근차근' 따라가며, 어떻게 포르쉐를 사면 가난해지는 게 아니라 더 부유해지는지를 설명했다.

학생들이 차례로 그 '과정'을 거치는 동안 톰과 나는 변화를 볼 수 있었다. 우리는 그들의 눈을 통해서 '불이 들어오는 모습'을 볼 수 있었다. 이틀간의 세미나가 끝날 무렵, 학생들은 포르쉐를 사서 더 부유해지고 싶은 사람에게 왜 재무제표가 중요한지 이해할 수 있었다. 학생들은 훗날 학교를 졸업했을 때 현실 세계의 '성적표'인 재무제표가 완벽하지 않으면 은행의 돈을 쓸 수 없다는 사실을 깨달았다.

톰과 나는 학생들에게 더 배우라고 설득하거나, 위협하거나, 설교하거나, 심지어 격려할 필요도 없었다. 전부는 아니더라도 학생들 대부분은 더 배우고 싶어 했다. 많은 학생들이 근처 테이블에 쌓아 둔 부자 아빠 시리즈 책들을 살펴보았고, 나는 그들에게 관심 있는 책을 읽어 보라고 권했다. 책은 무료였다. 톰과 나는 그들에게 '선행 나눔'을, 즉 아프리카 마을에 가서 다른 학생들에게 캐시플로 게임을 가르치게 되면 이때 배운 것을 전해 주길 부탁했다. 톰은 이렇게 말했다. "여러분이 똑똑하면 똑똑할수록 아프리카 친구들도 똑똑해질 것입니다. 선행 나눔을 계속해 주세요."

평생 학습

수백만 명의 사람들에게 교육은 학교를 떠나는 순간 끝난다. 전통적인 교육은 배움의 정신을 죽이고 있다. 이는 사회경제적인 비극이라 할 수 있다.

　부자 아버지가 아니었다면 나도 그런 사람 중 한 명이 되었을 것이다. 돈 때문이 아니라 개인의 자유를 위해 기업가가 되도록 영감을 준 부자 아버지는 영업하고 판매하는 방법을 배워야 B 사분면에 진입할 수 있다고 알려 주셨다. 그리고 3일짜리 부동산 수업을 들으면서 나는 I 사분면에 진입했다.

　B와 I 사분면에서 성공하는 데에는 배움을 대한 사랑과 평생 학습하는 자세가 필수적이다. 요즘도 킴과 나는 자문가들과 1년에 두 번씩 모임을 가지고 훌륭한 스승이 쓴 훌륭한 책들을 함께 공부한다. 세상은 우리가 가만히 있을 수 없을 만큼 너무나 빨리 움직이고 있다.

대부분의 사람들에게 교육이란 학교를 떠나면 끝나는 것이다. 이것이 부자와 빈곤층, 중산층 간의 격차가 벌어지는지는 주된 이유다.

인생에서 실제로 행동하는 것만큼 강력한 것은 거의 없다. 어떤 사람들은 이것을 '체험 학습'이라고 부른다. 이것은 우리가 배운 것을 유지하는 가장 효과적인 방법이며, 학습 원뿔에서 맨 꼭대기를 차지한다.

학습 원뿔을 다시 살펴보면 그레이엄스타운에서 이틀 동안 무슨 일이 일어났는지 더 잘 이해할 수 있을 것이다.

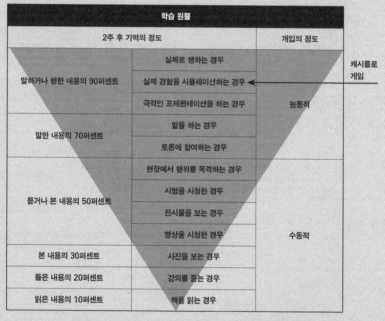

학습 원뿔		
2주 후 기억의 정도		**개입의 정도**
말하거나 행한 내용의 90퍼센트	실제로 행하는 경우	능동적
	실제 경험을 시뮬레이션하는 경우 ← 캐시플로 게임	
	극적인 프레젠테이션을 하는 경우	
말한 내용의 70퍼센트	말을 하는 경우	
	토론에 참여하는 경우	
듣거나 본 내용의 50퍼센트	현장에서 행위를 목격하는 경우	수동적
	시범을 시청한 경우	
	전시물을 보는 경우	
	영상을 시청한 경우	
본 내용의 30퍼센트	사진을 보는 경우	
들은 내용의 20퍼센트	강의를 듣는 경우	
읽은 내용의 10퍼센트	책을 읽는 경우	

출처: 데일의 학습 원뿔을 개작한 자료, 1969

캐시플로 게임을 매회 한 시간씩 세 번 했을 때, 학생들은 두 번째 단계인 시뮬레이션 단계에 있었다. 학생들이 나의 포르쉐 문제에 관해 설명했을 때, 그들은 실제 내용을 설명하고 있었다.

학생들은 진정한 금융 교육의 힘, 포르쉐의 힘, 꿈을 향한 삶을 살고 다른 사람들을 가르칠 수 있는 능력을 이해한 후에는 학습 원뿔의 가장 낮은 단계인 독서에 더 많은 관심을 보였다. 많은 학생들이 진정한 금융 교육에 관해 더 많은 책을 읽고, 더 많은 관련 수업에 참여하고자 했다.

학습 원뿔 과정은 부자 아버지가 아들과 나를 가르치던 것과 같은 학습 과정을 보여 주기에 효과가 있다고 확신한다. 아홉 살이던 우리는 모노폴리 게임을 하고, 부자 아버지의 사무실에서 일을 하고, 언젠가는 큰 빨간색 호텔이 될 그의 진짜 '초록색 집'을 방문했다.

내가 『부자 아빠 가난한 아빠』에서 썼던 것처럼, 부자 아버지가 우리에게 돈을 주지 않았던 덕분에 나는 아홉 살에 이미 사업가처럼 생각하게 되었다. 학습 원뿔이 보여 주듯이, 실제로 행동하는 것보다 더 좋은 일은 없다. 아홉 살이던 나는 일하지 않고도 만화책으로 돈을 벌 수 있었고, 그렇게 '자산'과 '부채'의 차이를 배웠다. 그 간단한 교훈들이 삶의 모든 변화를 만들어 낸 것이다.

오늘날 킴과 나는 진짜 사업가다. 우리는 돈을 벌기 위해 일하는 것이 아니라 자산을 만들고 일자리를 만들면서 현실 세계에서 모노폴리 게임을 한다. 그리고 우리는 정부가 원하는 일을 하면서 정부와 파트너가 되고, 그 대가로 정부는 우리에게 좋은 파트너가 되라고 세제 혜택을 준다.

가장 중요한 것은, 이제 우리 주변에는 훌륭한 친구들과 자문가들이 있다는 점이다. 우리는 사업, 투자, 그리고 인생이 팀 스포츠라는 사실을 알게 되었다.

1994년 재정적 자유에 다다른 후, 킴과 나는 1996년에 캐시플로 보드 게임을 만들었고, 1997년에는 『부자 아빠 가난한 아빠』를 출간했다. 우리가 했던 모든 일들이 '선행 나눔'을 실천하는 일이었고, '인류의 재정적 웰빙을 고양한다.'라는 리치 대드 컴퍼니의 사명을 지키는 일이었다.

진정한 리치 대드의 대학원이라고 할 수 있는 이 책 『부자는 왜 더 부자가 되는가』는 『부자 아빠 가난한 아빠』의 출간 20주년을 기념하며 세상에 나왔다. 킴과 나는 캐시플로 게임을 하고, 책을 읽고, 가르치고, 공유하고, '선행 나눔'을 실천하는 전 세계 모든 이들에게 감사의 말을 전한다.

위대한 인류학자 마거릿 미드Margaret Mead는 이렇게 얘기했다.

"사려 깊고 헌신적인 시민들로 구성된 소수가 세상을 변화시킨다는 사실을 결코 의심하지 마라. 이는 변하지 않는 유일한 진실이다. 세상은 이들에 의해 변화해 왔다."

나오며

가난한 아빠: 사람들에게 물고기를 주어라.
부자 아빠: 사람들에게 물고기 잡는 법을 알려 주어라.

우리의 현재 교육 시스템은 확실히 시대에 뒤떨어져 있다. 그것은 산업화 시대를 위해 설계된 것이기 때문이다.

다행인 점은 우리가 더 많은 이들에게 더 큰 기회를 제공하는 정보화 시대에 살고 있다는 것이다. 기술 발전으로 전통적인 일자리가 사라지고 있는 것이 사실이지만, 진정한 금융 교육에 투자하는 창의적이고 야심 차고 협동적이며 매우 부유한 기업가들도 생겨나고 있다. 향후 20년 동안 학교, 정부 관료, 기업 임원, 정치인이 아니라 기술에 정통한 기업가들이 세상을 바꿀 것이다.

사람들이 저지르는 가장 큰 실수는 앞으로의 20년이 지난 20년과 같으리라고 믿는 것이다. 많은 이들은 우리가 이런 경제의 거친 풍파를 곧 극복하고 모든 것이 다시 괜찮아질 것이라고 믿는다.

좋든 싫든, 우리는 인류 역사상 가장 극적인 변화를 겪고 있다. '지각 판이 움직이고 있다.'나 '우리의 내일은 어제와 다를 것이다.' 같은 진부한 말들이 사실은 귀담아들을 만한 지혜로운 조언들이다. 문제는 현재의 교육 시스템이 시대의 발전과 함께 변화할 것인가, 아니면 우리를 멸종으로 이끌 것인가 하는 점이다.

교육은 그 어느 때보다 중요하지만, 핵심은 그 교육이 '어떤 교육인가?'다. 진정한 금융 교육이 없으면 수백만 명의 정직한 사람들이 세금을 내지 않고 부정한 행위를 하며 '은밀한 돈벌이'를 하는 세금 사기꾼으로 변할 수도 있다. 이는 '탈세'며 분명한 범죄 행위다.

진정한 금융 교육이 없으면 사람들은 불법인 조세회피와 합법인 절세의 차이를 알지 못하고, 세금을 덜 내는 가장 좋은 방법이 '적게 일하거나 아예 일을 하지 않는 것'이라고 생각하게 된다.

진정한 금융 교육이 없으면 사람들은 연방준비은행과 미국 국세청이 1913년에 설립되어 서로 관련이 있다는 사실에 신경을 쓰지 않는다. 진정한 금융 교육이 없으면 부유층에게 세금을 부과하는 것이 개인 재정 문제의 해결책이라고 믿게 된다. 또한 솔직해지고 실수로부터 배우려고 하기보다는 자신의 실수를 덮기 위해 거짓말을 하게 된다.

수백만 명의 사람들이 돈에 대해 잘 모른다는 사실을 인정하고 도움을 구하기보다는 자신의 재정 상태에 대해 거짓말을 하려고 한다. 실제 재무제표나 금융 지식이 없으면 사람들은 대부분 자신의 재정적 문제가 얼마나 위협적인지 알지 못한다.

진실과 투명성이 중요한 이 시기에 학교는 학생들에게 실수가 어리석음을 의미하며, 비즈니스에서 실수는 '해고'를 의미할 수 있다고 가르친다. 우리는 거짓말이 자기 보호를 위한 최선의 해결책이 되어 버린 이상한 문화에 살고 있다. 진정한 금융 교육의 부재가 진짜 문제며, 진정한 금융 교육이 그 탈출구가 된다.

마지막으로, 우리가 떠올려야 할 가장 중요한 질문은 바로 이것이다.

'진정으로' 원하는 것이 무엇인가?

직업적인 안정이나 재정적 자유를 원하는가? 이 질문에 대한 답이 무엇이냐에 따라 자신에게 가장 적합한 교육의 유형이 결정된다.

내가 생각하기에 이런 인류 진화의 시기에 가장 훌륭한 지혜는 F. 스콧 피츠제럴드가 했다는 바로 이 말이다.

"최고의 지성은 두 개의 상반된 생각을 품고도 정상적으로 사고할 수 있는 능력을 보유하는 것이다."

이 책을 끝까지 읽어 준 독자 여러분에게 감사의 마음을 전한다.

― 로버트 기요사키

후기

그러면 우리가 어떻게 세상을 바꿀 수 있을까?

부자 아버지는 자주 이렇게 말씀하셨다. "세상을 바꾸고 싶다면, 너 자신 먼저 바꿔라."

그분은 내가 무언가에 대해 불평하고 징징거릴 때마다 스스로에게 이렇게 되뇌라고 하셨다.

"세상이 바뀌려면 먼저 내가 변해야 한다."

그는 내가 어떻게 변화할 수 있을지 생각해 보기를 원했다. 나는 새로운 아이디어가 떠오르면 아버지께 이야기하곤 했다. 일단 내가 먼저 변화하고 그에 따라 상황이 얼마나 바뀌는지를 볼 때마다 나는 항상 놀라움을 금치 못했다.

밀레니얼 세대에게 보내는 메시지

베이비붐 세대는 아주 편안한 삶을 살아왔다.

그들은 여러분들을 위한 최고의 재정 자문가가 아니다.

베이비붐 세대 중 절반 이상이 빈곤 상태로 은퇴할 것이다.

많은 베이비붐 세대가 자신들의 자식, 그리고 손자 손녀들과 함께 지낼 것이다.

여러분에게는 두 가지 선택이 있다.

정부가 여러분을 돌보게 하거나, 아니면 여러분 스스로 자신을 챙기거나.

여러분은 물고기를 잡을 수도 있고, 남이 잡은 물고기를 받을 수도 있다. 그 선택은 여러분의 몫이다.

WHY THE
RICH
ARE GETTING
RICHER

보너스 섹션

리치 대드 대학원

리치 대드 자문가 켄 맥엘로이가 알려 주는 진정한 무한수익 거래

프로젝트

포레스트 리지 아파트먼트 하우스

- 위치: 애리조나주 플래그스태프
- 세대수: 267세대 (침실 1개가 딸린 세대와 침실 2개가 딸린 세대가 반반임)
- 가격: 1900만 달러
- 설명: 30년 된 아파트 단지로, 외관 '미용' 작업만 필요할 뿐 상태
  는 양호함.

기회

- 플래그스태프는 작고 아름다운 산간 지역이며 인근에 스키 리조
  트, 주립 대학, 전문 대학교가 있다.
- 플래그스태프는 로스앤젤레스나 피닉스 같은 대도시에만 투자하
  는 경향이 있는 리츠REITs(부동산투자신탁)가 투자하기에는 너무 작
  은 지역이다. 따라서 이곳은 소규모 투자자에게는 좋은 거래의 기
  회를 제공한다.
- 플래그스태프는 새로운 개발을 반대하는 '프로 그린Pro Green', 즉

반(反)성장 지역이다. 결과적으로 주택과 아파트에 대한 수요가 높다.

- 임대료는 시장가격보다 세대당 월 100달러 낮았다.
  임대료는 부동산을 인수한 직후에 267세대×100달러까지 총수입을 증가시킬 수 있다.

인수 계획

- 매수 가격: 1900만 달러
- 부채: 1500만 달러 은행 대출
- 자본금: 7명의 투자자로부터 400만 달러 자본을 조달함

가치 상승 계획

- 부동산 상태 개선
- 임대표를 시장 가치에 맞춰 점진적으로 인상
- 순영업이익NOI 제고
- 부동산 재융자

이 경우에 투자자는 자본금 + 가치 상승분 + 현금흐름 + 세금 감면을 돌려받을 수 있다.

	2009	**2010**	**2015**
자산가치	1900만 달러	2500만 달러	3400만 달러
부채	1500만 달러	2000만 달러	2500만 달러
자본금	400만 달러	500만 달러	900만 달러
순영업이익	100만 달러	140만 달러	180만 달러
세전 현금흐름	40만 달러	60만 달러	40만 달러
세금 혜택 (유령 소득)	67만 5000달러	67만 5000달러	45만 달러

참고: 상기 숫자들은 단순화를 위해 반올림한 대략적인 수치임

용어 설명

＊ 순영업이익NOI: Net Operating Income

부동산 자산 총수입 - 운영비용(부채 없음)

참고로 은행은 순영업이익을 기준으로 부동산 가치를 평가한다. 켄 맥엘로이는 순영업이익이 늘어날 때마다 은행에 찾아가 부동산 자산을 재융자했다. 부채는 비과세이므로 수익금은 투자자에게 세금 없이 분배된다.

＊ 투자수익률ROI: Return On Investment

수익 ÷ 자본금

예를 들어 내가 100달러를 투자하고 10달러를 돌려받는다면, 나의 투자수익률은 10퍼센트다.

10달러 ÷ 100달러 = 10%

투자 금액이 0(즉 투자한 돈이 없는 상태)인데 10달러를 돌려받는다면, 투자수익률은 무한이다.

2009년

킴과 로버트는 400만 달러의 자본금 중 50만 달러를 투자하여 12.5퍼센트의 지분을 얻었다. 이들에게 연간 5만 달러의 현금흐름이 발생하였다. 이들이 얻은 다른 소득에 대해 납부할 필요가 없는 세금으로 8만 4000달러의 세금 혜택도 받았다. 세후 투자수익률은 27퍼센트였다.

2010년

순영업이익이 증가한 후, 켄 맥엘로이는 재융자를 통해 2000만 달러의 대출을 받았다. 이 대출로 해당 부동산에 대한 이전의 1500만 달러 대출을 상환했다. 모든 투자자는 400만 달러의 자본금과 부동산의 자산가치 상승분(순영업이익 140만 달러)의 일부를 받았다.

킴과 로버트는 50만 달러를 회수했고, 10만 달러의 자산가치 상승분도 면세로 받았는데, 그 이유는 이것이 재융자 부채로 생긴 돈이기 때문이다. 킴과 로버트는 부동산 자산에 초기 투자한 돈을 모두 돌려받은 상태이기 때문에 이제 투자수익률은 무한이다. 또한 그들은 면세 현금흐름 60만 달러와 감가상각으로 인한 연간 약 8만 달러의 세금 혜택도 받을 수 있었다.

2015년

경제가 회복되고 임대료가 상승하면서 순영업이익이 180만 달러로 증가했다. 게다가 대출 이자율은 5퍼센트 미만으로 떨어졌다. 켄 맥엘로이는 3400만 달러의 부동산 자산 평가액을 기준으로 2500만 달러의 대출을 받기 위해 은행에 다시 찾아갔다. 그는 다시 2000만 달러의 대출을 갚고 투자자들과 수익을 공유했다.

킴과 로버트는 면세 소득 50만 달러와 면세 현금흐름 약 10만 달러, 그리고 감가상각 세금 혜택으로 인한 유령 소득 5만 달러를 추가로 얻었다. 또다시 투자수익률은 무한이 된다.

2009년부터 2015년까지 포레스트 리지 아파트는 금융 지식을 통한 무한수익 수백만 달러를 세금 없이 돌려주었다. 이것이야말로 진정한 금융 교육이다. 수년에 걸쳐 킴과 로버트는 켄 맥엘로이와 그의 회사인 엠씨프로퍼티스MC Properties와 함께 이와 유사한 16개의 프로젝트에 투자하여 무한수익을 얻고 있다. 대부분의 경우, 켄이 킴과 로버트에게 수익을 돌려주면 그들은 즉시 그 돈을 다시 켄에게 돌려주어 똑같이 무한수익 모델을 사용하는 다른 프로젝트에 재투자한다.

수익 재투자는 부자가 계속 더 부자가 되는 또 다른 이유다.

목표는 무한수익이다. 예를 들어, 리치 대드 컴퍼니는 투자자들로부터 25만 달러를 투자받아 설립되었다. 3년 후, 투자자들에게 돌아간 금액은 50만 달러였다. 지난 20년 동안, 로버트와 킴에게 돌아간 수익은 무한대였다.

또 다른 예를 들어, 내가 10달러를 사용해서 주당 1달러짜리 주식 10주를 매수했다고 가정하자. 주식이 주당 5달러로 올라가고 10주의

총가치가 50달러로 증가한다. 그런 다음 2주를 5달러에 매도하고 초기 투자금 10달러를 모두 회수한다. 그러면 이제 나는 주식 8주를 공짜로 갖게 된 셈이다. 다시 말하면 그 8주는 무한수익인 것이다.

주식과 부동산의 한 가지 차이점은 부동산에는 부채와 세금이라는 추가적인 이점이 있다는 것이다. 다음에 누군가가 8퍼센트 수익률이 좋은 투자수익률이라고 말할 때 이 점을 생각해 보라.

리치 대드 공식 캐시플로 클럽 지침

캐시플로 게임으로 금융 지능을 깨워라

1. 각 이벤트에 최소 3시간을 할애하라.

2. 정시에 시작하고 정시에 끝내라. 더 오랫동안 머물고 싶어 하는 사람들이 있다면 그들은 남아도 괜찮지만, 떠나야 하는 사람들은 시간 약속을 지킨 것이다.

3. 각 캐시플로 이벤트를 시작할 때 모든 참가자가 최대 1분 동안 자신을 소개하고 이벤트에서 무엇을 배우고 싶은지 말할 수 있도록 하라.

4. RDTV에서 적절한 동영상 강의를 시청한다. 예를 들어, 금융 지능을 깨우는 방법의 3강 '왜 세금이 부자를 더 부자로 만드는가'를 시청한 후, 테이블에 앉은 사람들과 동영상 강의에 대해 최대 30분 동안 토론하라.(참고: 학습 원뿔에 따르면 토론에 참여하는 경우, 2주 후에도 학습 내용의 70퍼센트를 기억한다.)

   새로운 사람이 그룹에 합류한 경우, 소개 영상을 시청한 다음 그룹에 합류하는 것이 가장 좋다. 그룹은 새로운 사람을 환영하고 소개 영상에서 배운 내용을 말할 수 있는 시간을 갖도록 한다.

5. 캐시플로 게임을 한다. 이벤트 종료 30분 전에 게임을 종료한다.

항상 다음 이벤트가 기다리고 있으니, 게임을 끝내지 못한 것을 걱정할 필요는 없다. 남은 30분 동안 참가자들이 게임을 하면서 무엇을 배웠는지, 그리고 그들이 배운 교훈이 이벤트 시작 시 시청한 동영상 강의와 어떻게 관련이 있는지에 대해 논의한다.

6. 캐시플로 클럽 리더의 마무리 발언으로 이벤트를 마무리한다.

명예 규율

공식 캐시플로 클럽은 지침과 명예 규율을 준수하는 클럽이다.

1. 캐시플로 클럽 리더는 '인류의 재정적 웰빙을 고양한다.'는 리치 대드 컴퍼니의 사명을 지지하는 데 동의한다.

2. 캐시플로 클럽 이벤트를 학습의 장으로 유지하라. 즉, 투자나 사업 기회를 판매하거나 홍보하지 않는다는 의미다. 클럽 이벤트는 데이트 상대를 찾는 장소가 아니다. 클럽 이벤트를 학습과 아이디어 교환을 위한 '안전한 공간'으로 유지하라.

3. 사람들에게 답을 알려 주지 않아야 한다. 인내심을 가져라. 참가자들이 시행착오를 통해 배우고, 실수를 저지르고 그 실수로부터 깨우치도록 하라. 진정한 교육은 답을 외우거나 무엇을 해야 하는지 지시받는 것이 아니라 깨달아 가는 과정이다. 실수를 저지르고 그 실수로부터 배운다는 것이 중요하다. 실수란 인정하지 않을 때만

죄악이 된다.

4. 모임 안에서 공유한 내용은 모임 밖으로 새어 나가지 않도록 하라.

5. 각자의 관점을 허용하라. 사람들에게 친절하게 대하라. 즐겁게 지내라. 모든 사람을 존중하라.

캐시플로 클럽 리더는 가장 높은 수준의 법적, 도덕적, 윤리적 기준을 준수하여 운영하는 데 동의한다.

미국인들이 진정으로 원하는 것

가난한 아빠: 나는 안전하고 안정적인 일을 원한다.
부자 아빠: 나는 자유를 원한다.

프랭크 런츠Frank Luntz 박사는 미국에서 가장 영향력 있는 커뮤니케이션 전략가 중 한 명이다. 그는 미국인들의 동향 파악이 필요할 때마다 텔레비전에 자주 나오는 여론조사 전문가로 가장 잘 알려져 있다. 프랭크는 미국인들의 마음과 머릿속에서 무슨 일이 일어나고 있는지 '볼 수 있는' 인물이라는 이유로《워싱턴포스트》의 크리스털 볼을 수상했다.

프랭크와 나는 세계적인 금융 방송국인 CNBC의 대기실에서 우리의 방송 순서를 기다리다가 친해졌다. 친구가 된 프랭크는 리치 대드 라디오쇼의 고정 출연자가 되었다.

프랭크의 저서『미국인들이 진정으로 원하는 것』(2009)이 출간되었을 때 나는 바로 서점으로 달려가 책을 사서 읽었다. 그의 작업물과 연구 결과는 미국에서 사업을 하는 사람이라면 누구나 알아야 할 내용들이다. 이 책에도 프랭크의 말을 빌려 표현한 것들이 몇 가지 있다.

『미국인들이 진정으로 원하는 것』에서 프랭크는 2008년 미국의 대표적인 기업가 육성 기관인 카우프만 재단Kauffman Foundation을 위해 실시한 획기적인 설문조사에 대해 언급한다. 런츠 박사는 다음과 같은 설문조사 결과를 소개했다.

"기업가에 대한 존경심과 CEO에 대한 증오 중 어느 것이 더 강한 감정인지 알기 어렵다."

이어서 그는 미국인들이 기업의 CEO를 싫어하는 이유를 더욱 자세히 설명한다. 일반인들을 상대로 한 설문조사의 질문은 다음과 같았다.

"선택할 수 있다면, 당신은 어떤 사람이 되고 싶은가?"

응답자의 80퍼센트가 100명을 고용하는 성공적인 소규모 사업의 소유자가 되겠다고 답했다. 응답자의 14퍼센트는 1만 명 이상을 고용하는 포춘 500대 기업의 CEO가 되겠다고 답했다. 응답자의 6퍼센트는 모르겠다고 하거나 대답을 거부했다.

이 질문에 대한 답변을 통해 미국인들이 무엇을 선호하는지 명확히 알 수 있었다.

"지금은 바닥부터 시작해서 무언가를 만들어 내는 일이 기업 사다리의 정상에 오르는 것보다 높은 평가를 받고 있다."

다시 말해, 미국인들이 진정으로 원하는 것은 바로 기업가가 되는 것이다. 문제는 우리의 교육 시스템이 계속해서 학생들을 봉급생활자가 되도록 길들이고 있다는 것이다. "학교에 다니고 일자리를 구해라."라는 구호는 사람들이 진정으로 원하는 것과 거리가 멀다.

경영대학원은 잊어라

런츠 박사는 경영대학원에 대해 이렇게 말한다. "그렇다면, 어떻게 해야 기업가 정신을 불어넣을 수 있을까? MBA는 잊어버려라. 경영대학원은 대부분 자신의 회사를 창업하는 방법보다는 대기업에서 성공하는 방법을 가르친다."

MBA 프로그램은 학생들을 기업가가 아닌 직원이 되도록 교육한다. 기업가는 MBA를 취득한 직원, 다시 말하면 안정적인 급여, 복리후생, 유급 휴가가 필요한 기업 임원과는 완전히 반대되는 기술과 사고방식을 가지고 있다.

문제는 교육 시스템이다

더 큰 문제는 기존의 교육 시스템이다. 사람들이 기업가가 되지 못하는 가장 큰 이유는 금융 교육이 부족하기 때문이다. 사람들은 급여의 규모에 따라 통제되는 삶을 살고 있다. 진정한 금융 교육을 받지 못한 '고학력 기업 임원' 중 다수는 탐욕스럽고, 무자비하고, 냉혹하고, 무감각한 채로 그저 부자가 되는 데에만 혈안이 되어 있다.

런츠 박사의 설문조사에 따르면, 공적 영역과 사적 영역 모두에서 고학력 지도자들에 대한 불신이 커지고 있으며, 이 때문에 미국 대중들은 봉급생활자가 아닌 기업가가 되어야 한다는 사실을 깨닫고 있다.

간단히 말해서, 많은 미국인이 더 이상 학교, 정부 지도자, 정치인, 기업 경영자를 신뢰하지 않는다. 이러한 추세는 급여가 필요 없는 도널드 트럼프 대통령과 같은 기업가의 부상에도 영향을 미쳤다.

미국인들이 진정으로 원하는 것

카우프만 재단을 위한 설문에서 런츠 박사는 미국인들이 진정으로 원하는 교육에 대한 설문조사 결과를 다음과 같이 밝혔다.

"응답자의 81퍼센트는 고등학교와 대학교가 학생들에게 기업가적 역량을 적극적으로 지도하기를 원한다. 응답자의 77퍼센트는 주정부와 연방정부가 기업가에게 힘을 실어 주기를 원한다. 응답자의 70퍼센트는 봉급생활자가 아닌 기업가가 되도록 가르치는 일이 미국 경제 발전을 좌우한다고 믿는다."

교육 시스템이 바뀔까?

이것이야말로 백만 달러짜리 질문인 것 같다.

Q: 미국의 교육 시스템은 미국인들이 원하는 기업가 교육을 제공할 수 있는가?

A: 몇 년 동안은 불가능할 것이다. 변화를 가장 잘 받아들이지 못하는 두 가지 분야가 건설과 교육이다. 이 두 분야의 시계는 50년 늦다고 할 수 있는데, 다시 말하면 이들 분야에 새로운 개념, 철학 또는 기술이 도입되는 데는 50년이 걸린다는 뜻이다. 50년 늦은 이들 분야의 시계와 1.5년마다 변화가 일어나는 기술 분야의 시계를 비교해 보라.

또한 교육 및 건설 분야는 변화에 저항하는 직원 문화인 노조 활동이
매우 강하다는 점도 주목할 필요가 있다.

> Q: 왜 그토록 많은 이들이 기업가가 되는 것을 두려워하는가?
>
> A: 기업가는 실패할 확률이 매우 높기 때문이다. 사업 시작 후 처음 5년
> 동안 10명 중 9명이 실패하고, 처음 5년 동안 살아남은 10명 중 9명
> 이 두 번째 5년 동안 실패한다. 즉, 10년 후에는 100명 중 1명의 기
> 업가만 살아남는다.
>
> Q: 그렇다면 기업가에게 진정으로 필요한 것은 무엇인가?
>
> A: 기업가들이 창업 과정에서 살아남을 수 있다는 희망을 가지기 위해
> 서는 진정한 금융 교육이 필요하다.

두 선생님 이야기

『부자 아빠 가난한 아빠』는 두 선생님의 이야기로, 한 명은 고학력의
봉급생활자이고 다른 한 명은 정규 교육을 받지 않은 매우 부유한 기업
가다. 봉급생활자와 기업가의 기본적인 차이점은 금융 교육에 있다.

학교 교육과 금융 교육은 동전의 양면과 같아서 서로 정반대의 성격
을 갖는다. 학교에서 진정한 기업가 정신을 가르치려면 완전히 다른 학
교가 세워져야 한다. 예를 들어, 기업가를 위한 학교는 학생들에게 실수
를 하지 말라고 가르치는 것이 아니라 토머스 에디슨이 그랬던 것처럼
의도적으로 실수를 저지르고 그 실수로부터 배우는 방법을 가르칠 것
이다.

비즈니스 아카데미

미국이 기업가를 위한 미국 비즈니스 아카데미를 만든다면 기업가 교육 분야에서 세계를 선도할 수 있을 것이다. 미국에는 세계 최고의 군 지도자를 양성하는 훌륭한 사관학교 다섯 곳이 있다. 뉴욕 웨스트포인트에 있는 미 육군사관학교, 메릴랜드 아나폴리스에 있는 미 해군사관학교, 콜로라도 스프링스에 있는 미 공군사관학교, 코네티컷 뉴런던에 있는 미 해안경비대사관학교, 그리고 나의 모교인 뉴욕 킹스포인트의 미 상선사관학교가 바로 그 다섯 곳이다. 이 사관학교들은 미국 최고의 장교와 미래의 지도자를 양성하고 있다.

위대한 지도자의 한 예로 웨스트포인트 육군사관학교 졸업생이자 5성 장군이며, 내가 마지막 위대한 미국 대통령으로 여기는 드와이트 D. 아이젠하워를 들 수 있다. 나는 개인적으로 전쟁과 평화 속에서 리더십을 보여 준 그를 존경한다.

나는 미국 정부가 뉴욕이나 실리콘 밸리에 기업가를 위한 비즈니스 아카데미를 설립할 것을 제안한다. 그러면 미국은 최고의 인재들을 교육하여 기업가 소양을 갖춘 미래의 비즈니스 리더로 양성할 수 있을 것이다.

전통적인 MBA 프로그램과 사관학교 프로그램의 차이점은 다음 B-I 삼각형으로 가장 잘 정의된다.

전통적인 학교는 학생들이 B-I 삼각형 내부의 역할을 수행하는 훈련에 중점을 둔다. 사관학교는 B-I 삼각형의 큰 틀을 구성하는 세 가지 요소에 중점을 둔다. 그 첫째는 사명, 그다음은 팀, 그다음이 리더십이다.

킹스포인트 입학 첫날, 나의 첫 과제는 미 상선사관학교의 사명을 암기하는 것이었다. 첫날이 끝날 무렵, 우리는 남을 따르는 방법뿐만 아니라 남을 이끄는 방법도 배울 수 있었다.

내가 수강했던 MBA 과정 6개월 동안 사명이라는 단어는 논의되지도 않았을 뿐더러 언급조차 되지 않았다. 가장 많이 반복된 단어는 돈이었다.

사명은 영적인 단어이고 사랑의 단어이자 사업을 시작하는 이유이기도 하다. 반면, 돈은 원초적인 두려움의 단어다.

자기방어

여러분이나 나와 같은 사람들에게 금융 교육이란 탐욕, 부패, 무지, 무능이 지배하는 세상에서 자신을 지키는 자기방어의 한 형태다. 금융 교육은 우리가 신뢰해야 할 사람들에게 뒤통수를 얻어맞지 않기 위한 보호 수단이며, 이는 마치 호신술을 배우는 것과 같다.

금융 교육이란 무엇인가?

다음의 내용은 진정한 금융 교육이 무엇인지를 정리한 것이다.

1. 태도

태도가 금융 교육의 80퍼센트 이상을 차지한다. 가난한 아버지는 항상 "나는 돈에 관심이 없다."고 말씀하셨다. 돈에 관심이 없는데 어떻게 돈에 대해 배울 수 있겠는가? 그는 종종 "그럴 돈이 없다."고도 말씀하셨다. 돈을 마련할 방법을 알아내는 것보다 그럴 돈이 없다고 말하는 게 더 쉽다. 그는 정부가 자신을 돌봐야 한다고 믿었다. 개인의 재정 문제에 관해 수백만 명의 미국인이 가난한 아버지와 같은 태도를 공유했기 때문에 미국이 파산하고 있다. 그리고 마지막으로, 그는 부자가 탐욕스럽다고 생각했다.

2. 현명한 교사

어렸을 때는 학교 선생님이 누구인지에 대해 할 수 있는 일이 거의 없다. 어른이 된 후에는 돈에 대해 가르쳐 주는 사람을 제대로 알아보는 시간을 갖는 것이 좋다. 안타깝게도 재정 자문가 대부분은 부자가 아니라 그저 영업사원이다. 그들이 가르쳐 주는 것이라곤 돈을 자신들에게 넘어오게 하는 방법뿐이다. 당신의 가장 중요한 자산은 정신이며, 따라서 누가 당신에게 정보를 제공하는지 신중하고 현명하게 선택해야 한다.

3. 돈의 언어 배우기

부자가 되는 법을 배우는 것은 다른 언어를 배우는 것과 크게 다르지 않다. 예전에 3일짜리 부동산 수업을 들었을 때, 나는 자본수익률, 순영업이익, 현금흐름 할인법DCF과 같은 부동산의 언어를 배웠다. 이제 나는 부동산 언어를 '구사하면서' 매년 수백만 달러를 벌고 있다.

옵션을 거래할 때는 콜, 풋, 스트래들, 장기 주식 옵션과 같은 단어를 사용하여 옵션의 언어를 구사한다.

돈의 언어가 가진 가장 좋은 점은 그런 단어들을 쓰는 데 돈이 들지 않는다는 것이다.

4. 어른이 되면 어떤 사람이 되고 싶은가?

부자, 빈곤층, 중산층 간의 격차가 벌어지는 가장 큰 이유는 세 가지 소득인 일반 소득, 투자 소득, 수동적 소득 중 각자가 다른 소득에 중점을 두기 때문이다. 부자들은 투자 소득과 수동적 소득을 위해 일한다.

그 한 가지 원인은 학교에서 일반 소득을 위해 일하고, 저축하고, 투자하라고 가르치기 때문이다. 대부분 학부모와 학교는 학생들에게 E 사분면의 삶을 살도록 권장한다. 가장 부유하고 가장 힘 있는 사람들은 I 사분면의 삶을 산다. I 사분면에서 살려면 금융 교육이 필요하다.

5. 세금이 부자를 더욱 부자로 만든다

I 사분면에 속한 사람들이 세금을 가장 적게 내는데, 왜냐하면 규칙을 만드는 사람들이 바로 I 사분면에 속한 사람들이기 때문이다.

사분면 각각의 납부 세금 비율

세법은 공평하다. 모든 사람이 I 사분면의 세무 규칙을 사용할 수 있다. 안타깝게도 금융 교육 없이는 그렇게 하는 사람이 거의 없다.

6. 부채는 자산이다

빚에는 좋은 빚과 나쁜 빚이 있다. 부자들은 자산을 취득하기 위해 좋은 빚을 이용해 자산을 취득한다. 가난한 사람들은 비용을 지불하기 위해 신용카드를 이용한다. 그리고 중산층은 주택, 자동차, 학자금 대출과 같은 것들을 얻기 위해 빚을 이용한다.

손익계산서

수입
지출 빈곤층에게 빚

대차대조표

자산	부채
부자에게 빚	중산층에게 빚

7. 당신의 성적표

은행은 절대로 당신의 학업 성적표를 요구하지 않는다. 은행은 당신이 어떤 학교에 다녔는지 신경 쓰지 않는다. 은행은 당신의 재무제표, 즉 당신이 학교를 졸업한 후의 성적표를 보고 싶어 한다.

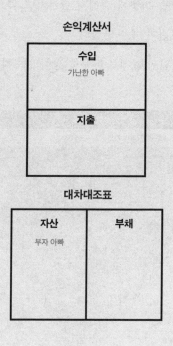

누군가가 "은행이 돈을 빌려 주지 않을 거야."라고 말한다면 그 이유는 그 사람이 제대로 된 재무제표를 가지고 있지 않기 때문이다. 기업가가 3년간 제대로 된 재무제표를 가지고 있고 감사도 받았다면 은행은 기업가가 원하는 만큼 돈을 주고 싶어 할 것이다.

만약 어떤 사람이 강력한 재무제표를 가지고 있지 않다면 은행은 그 사람에게 기꺼이 신용카드를 제공한다.

8. 학습 원뿔

에드거 데일의 학습 원뿔에 관해서 말하자면, 부자 아버지의 초점은 가난한 아버지의 초점과 매우 달랐다.

학문적 교육은 인간이 실제로 배우는 방식과는 정반대다.

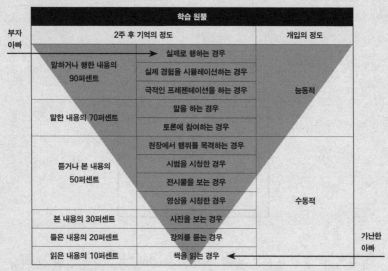

학습 원뿔		
부자 아빠 → 2주 후 기억의 정도		개입의 정도
말하거나 행한 내용의 90퍼센트	실제로 행하는 경우	능동적
	실제 경험을 시뮬레이션하는 경우	
	극적인 프레젠테이션을 하는 경우	
말한 내용의 70퍼센트	말을 하는 경우	
	토론에 참여하는 경우	
듣거나 본 내용의 50퍼센트	현장에서 행위를 목격하는 경우	수동적
	시범을 시청한 경우	
	전시물을 보는 경우	
	영상을 시청한 경우	
본 내용의 30퍼센트	사진을 보는 경우	
들은 내용의 20퍼센트	강의를 듣는 경우	
읽은 내용의 10퍼센트	책을 읽는 경우 ← 가난한 아빠	

출처: 데일의 학습 원뿔을 개작한 자료, 1969

부자 아빠의 교육 방식

20년도 훨씬 전인 1997년에 『부자 아빠 가난한 아빠』가 출간되었고 리치 대드 컴퍼니가 설립되었다. 이 회사는 나의 부자 아버지가 자기 아들과 나에게 가르친 것과 같은 방식으로 전 세계에 금융 교육을 알리기 위해 설립되었다.

부자 아버지는 다음과 같은 방식을 통해 아들과 나를 가르쳤다.

1. 게임(시뮬레이션)을 하고, 실수를 하고, 가짜 돈을 사용하여 실수로부터 배우도록 가르쳤다. 게임을 하려면 신체적 지능이 필요한데, 이는 인간이 학습하는 주된 방법이다.

2. 실제로 일을 하면서 깨닫도록 가르쳤다. 우리는 그의 사무실에서 견습생으로 일하고, 그의 '초록색 집'을 방문하고, 10년 후에는 그가 '빨간색 호텔'을 구매하는 것을 목격했다.

3. 간단한 그림을 이용해서 가르쳤다. 그는 재무제표 다이어그램, 현금흐름 사분면, B-I 삼각형 등을 이용했다.

4. 토론에 참여하여 다른 사람의 의견과 지혜를 존중하고 그들과 협력하는 법을 가르쳤다. 사업은 팀 스포츠이기에 내가 팀에서 가장 똑똑한 사람이 될 필요는 없었다. 그렇지만 학교에서는 토론에 참여해 도움을 요청하는 것을 '부정행위'라 한다. 나는 학창 시절 내내 평범한 학생이었지만, 오늘날에는 의사, 항공사 조종사, 변호사가 된 똑똑한 반 친구들보다 훨씬 더 많은 돈을 벌고 있다. 똑똑했

던 그 친구들도 학교에서 협력하는 것은 부정행위라고 배웠다.

5. 영감을 주는 학습 방법으로 가르쳤다. 부자 아버지는 그의 아들과 나에게 답을 주지 않았다. 대신 우리가 스스로 배우고 답을 찾도록 영감을 주었다. 지금은 학습 원뿔의 맨 아래에 있는 방법인 책을 읽고 강의에 참석하며 많은 시간을 보내는데, 그때와 다른 점이 있다면 지금은 내가 배우고 싶어서 공부한다는 것이다.

격차가 벌어지는 이유

안타깝게도 부자와 다른 모든 사람 간의 격차는 점점 더 벌어질 것이다. 오늘은 가진 사람이더라도 내일은 가지지 못한 사람이 될 수도 있다. 우리가 해야 할 일은 기술의 가속화를 인식하는 것뿐이다. 기업들은 경쟁력을 유지하기 위해 인간을 로봇으로 대체하고 있다. 그래서 "학교에 다니고 일자리를 구해라."로 시작하는 동화 같은 이야기는 그저 동화일 뿐인 것이다. 사람들은 직업의 안정보다는 재정적 안정에 집중해야 하며, 진정한 재정적 안정에는 진정한 금융 교육이 필요하다.

많은 사람들이 마주하는 문제는 진정한 금융 교육이 직관적이지 않아서 쉽게 이해가 되지 않는다는 점이다. 간단히 말하면, 진정한 금융 교육은 우리가 돈에 대해 듣고 배운 모든 것과는 정반대다. '옳은 일을 하고 있다.'고 믿는 사람들이 실제로는 '잘못된 일을 하고 있다.' 톰과 나에게 "여기서는 그렇게 할 수 없어요."라고 말하는 사람들이 바로 이런 사람들이다. 그들은 그렇게 할 수 없다. 왜냐하면 모든 것이 집과 학교에서 배운 것과 반대이기 때문이다.

길은 반대다

모든 걸 반대로 보면 된다.

1) 부자들은 돈을 위해 일하지 않는다.

부자 아빠의 첫 번째 교훈이다. 돈을 위해 일하는 사람들은 재정적으로 뒤처지고 있으며 수백만 명이 그런 격차에 빠져 허덕이고 있다.

2) 저축하는 사람은 패배자다.

전체 금융 시스템이 돈을 찍어 내도록 설계되어 있는데 왜 돈을 저축해야 하는가? 은행 용어로 이를 부분지급준비금 제도라고 하며, 이 때문에 은행가들은 저축하는 사람보다 돈을 빌리는 사람을 좋아한다.

3) 부채가 부자를 더 부자로 만든다.

글로벌 금융 시스템은 부채를 기반으로 한다. 돈은 사람들이 빌릴 때 만들어진다. 부채를 돈으로 사용하여 자산을 취득하는 방법을 아는 사람들이 세계에서 가장 부유한 사람들이다.

4) 세금이 부자를 더 부자로 만든다.

세금 제도는 사람들이 정부와 협력하여 정부가 원하고 필요로 하는

일을 하도록 장려하는 인센티브 프로그램이다. 정부는 더 많은 E 사분
면의 봉급생활자나 S 사분면의 자영업자가 필요하지 않기 때문에 이러
한 사람들의 세율이 가장 높다. 반면에 정부는 더 많은 B 사분면의 기업
가나 I 사분면의 전문 투자가와의 협력이 필요하므로 이들이 세금을 가
장 적게 낸다.

5) 실수가 부자를 더 부자로 만든다.

신은 실수를 통해 배우도록 인간을 설계했다. 아기는 계속해서 넘어
지고 일어나는 방법 말고는 걸음마를 익힐 수 없다. 그래서 게임이나
시뮬레이션으로 실수를 '연습'하고, 실수에서 배우고, 그런 다음에 실제
일을 하는 것이 가장 좋은 방법이다.

6) 폭락이 부자를 더 부자로 만든다.

부자가 되기 가장 좋은 시기는 시장이 폭락할 때다. 월마트에서 할인
행사를 하면, 빈곤층과 중산층은 잽싸게 달려가 물건을 산다. 금융 시장
이 폭락하면 부자들은 할인품 사냥을 하고, 빈곤층과 중산층은 숨어 버
린다.

7) 말이 현실이 된다.

봉급생활자들은 항상 '안정적인 일자리, 꾸준한 급여, 임금 인상, 의료
보험, 복리 후생, 유급 휴가, 초과 근무' 등을 말한다. 반면 기업가들은 그

런 말을 하지 않는다. 기업가는 직원들에게 그런 것들을 제공할 수 있을 만큼 똑똑해야 한다. 그러기 위해서는 진정한 금융 교육이 필요하다.

8) 학교에서 중요하다고 생각하지 않는 과목들을 공부하라.

학교의 주요 목표는 학생들이 봉급생활자가 되거나 의사나 변호사 같은 전문직 종사자가 되도록 가르치는 것이다. 하지만 성공적인 기업가가 되려면 학교 시스템에서 중요하다고 생각하지 않는 과목을 공부하는 학생이 되어야 한다.

판매 = 수입

학교에서 중요하다고 생각하지 않는 과목 중 하나가 판매다. 그러나 사실 판매가 곧 수입이다. 모든 기업가는 판매를 공부해야 하며, 항상 판매 기술을 향상하기 위해 노력해야 한다. 10명 중 9명의 신규 기업가가 실패하는 주된 이유는 생존하거나 성장하기 충분한 정도로 판매할 수 없기 때문이다.

주요 금융 교육자 중에서는 오직 도널드 트럼프와 나만이 개인들에게 네트워크 마케팅 회사에 가입할 것을 권한다. 네트워크 마케팅은 성공적인 기업가가 되는 데 필요한 네 가지 필수 기술을 가르쳐 준다. 그 기술은 '판매, 리더십, 거절에 대한 두려움 극복, 지연된 만족delayed gratification'이다. 거절에 대한 두려움 극복과 지연된 만족은 매우 높은 EQ, 즉 감정적 지능의 지표다. 높은 EQ는 봉급생활자에게는 필요하지 않지만, 기업가에게는 꼭 필요한 요소다.

1974년 해병대를 전역한 후 나는 인생에서 딱 한 번 직장을 다녔다. 1974년부터 1978년까지 나는 제록스 코퍼레이션에서 근무했는데, 돈을 위해서가 아니라 판매를 배우기 위해서였다. 판매 부분에서 1위에 올라 많은 돈을 벌었을 때 나는 퇴사를 결정하고 기업가의 삶을 시작했다.

고등학교 시절에 나는 글을 못 쓰고 철자 오류가 너무 많아서 두 번 낙제했다. 오늘날에도 내가 글을 잘 못 쓴다고 하는 사람들이 많다. 나는 여전히 서툰 작가지만, 베스트셀러 작가로 수백만 달러를 벌고 있다.

배움에 대한 사랑

1973년에 나는 처음으로 부동산 수업을 들었다. 그 첫 3일짜리 과정 덕분에 나는 수백만 달러의 재산을 가진 부자가 될 수 있었다. 더 중요한 것은, 오늘날 나의 사업이 부동산이기 때문에 그 3일짜리 수업이 재정적 자유로 들어가는 입장권이었다는 사실이다.

전통적인 교육의 가장 큰 문제는 많은 학생들이 학교를 싫어하게 된다는 점이다. 수백만 명의 사람들에게 교육은 학교를 떠나는 순간 '끝난다.' 전통적인 교육은 수많은 이들의 배움에 대한 열정을 죽이고 있다. 이것은 사회경제적 비극이다.

부자 아버지가 없었다면 나도 그런 사람 중 한 명이 되었을 것이다. 나는 판매하는 법을 배우면서, 돈 때문이 아니라 개인의 자유를 위해 기업가가 되어야겠다고 결심했고 그렇게 B 사분면에 진입할 수 있었다. 그리고 3일간의 부동산 수업은 내가 I 사분면에 진입하는 계기가 되었다.

배움에 대한 사랑과 평생 학습하는 자세는 B와 I 사분면에서 성공하기 위한 필수 요소다. 지금도 나와 킴, 그리고 나의 자문가들은 훌륭한 스승들이 쓴 훌륭한 책을 공부하기 위해 1년에 두 번씩 모인다. 세상은 우리가 가만히 있을 수 없을 만큼 너무나 빨리 움직이고 있다.

부동산 수업 마지막 날 강사가 우리에게 말했듯이 "여러분의 교육은 수업을 마친 순간부터 시작된다."

많은 사람들에게 교육이란 학교를 떠나는 순간 끝나 버리는데, 이것이 부자, 빈곤층, 중산층 간의 격차가 벌어지는 주된 이유다.

좋은 성적이 인생의 성공 지표는 아니다. 오히려 끊임없이 좋은 성적을 추구하다 보면 나중에는 심각한 개인적 문제가 발생할 수도 있다. 한 미국인 의사가 '좋은 성적'을 얻기 위한 경쟁이 자기 삶에 미친 영향에 대해 글을 쓴 적이 있다. 그는 스위스의 의대를 다녔는데, 그곳에서 많은 미국인 학생들이 뜻밖의 문제를 마주하고 있다고 말했다. 학교에 성적도, 상이나 우등생 명단도, 순위도 없다는 사실을 알고 미국 학생들이 충격을 받았다는 것이다. 그곳 학생들은 그저 합격하거나 불합격할 뿐이었다. 일부 미국 학생들은 이를 받아들이지 못했고, 대부분은 어딘가 일종의 속임수가 있을 거라며 피해망상에 빠질 정도였다고 한다. 몇몇 학생들은 서로 비교하고 순위를 매기는 다른 학교로 떠났다.

어느 순간, 그 학교에 남아 있던 학생들은 미국 대학에서는 결코 눈치채지 못했던 이상한 점을 발견했다. 뛰어난 학생들이 노트를 공유하고 다른 학생들의 합격을 도와주는 것이었다. 이 의사가 그 글을 쓸 당시 미국 의대에 재학 중이던 자기 아들이 학생들 사이에서 벌어지는 방해 행위들을 알려 줬다고 한다. 어떤 학생이 다른 학생의 현미경을 일부러 만져 놓아서 현미경을 다시 조정하느라 귀중한 시험 시간을 낭비했던 일도 한 가지 사례였다. 이런 점에서는 어린 자녀에게 스포츠나 학업에서 같은 반 친구들을 이기라고 요구하는 부모들에게도 책임이 있다.

그러면서도 우리 미국인들은 부자와 다른 모든 사람 사이의 격차가 왜 이렇게 벌어지는지 궁금해한다. 부유한 사람과 가난한 사람, 똑똑한 사람과 멍청한 사람 사이의 격차는 가정에서 시작되고 학교에서 심화되는 것이다.

그래서 부자 아버지는 아들과 나에게 돈 문제를 팀으로 해결하도록 가르쳤다. 우리 모두 알고 있듯이, 이렇게 팀을 이뤄 해결하는 것을 학교에서는 부정행위라고 부른다. 부자 아버지는 은행들이 성적표를 요구하지 않고, 당신이 어떤 학교를 졸업했는지 신경 쓰지 않는다고 강조했다. 부자 아버지는 항상 이렇게 이야기했다. "재무제표야말로 학교를 졸업한 이후의 성적표다."

부자와 그 외의 사람들 간의 격차가 벌어지는 가장 큰 이유는 대학 졸업자 대부분이 협력하지 않고 혼자서 돈 문제를 해결하면서 월스트리트의 재정적 조언은 받아들이지만, 재무제표가 무엇인지도 전혀 모르기 때문이다.

재테크 분야의 고전인『부자 아빠 가난한 아빠』의 저자로 잘 알려진 로버트 기요사키는 전 세계 사람들의 돈에 대한 인식을 바꿔 놓았다. 그는 세상에 일자리를 창출할 더 많은 기업가가 필요하다고 믿는 사업가이자 교육자이며 투자자다.

돈과 투자에 대한 일반적인 통념과 상반되는 관점을 가지고 있는 로버트는 직설적인 화법과 대담한 태도로 세계적인 명성을 얻었으며, 열정적이고 솔직한 금융 교육 옹호자가 되었다.

로버트와 킴은 금융 교육 회사인 리치 대드 컴퍼니의 설립자이자 캐시플로 게임의 제작자다. 이 회사는 2014년에 리치 대드 게임의 세계적인 성공에 힘입어 모바일과 온라인에서 획기적인 서비스를 제공하는 새로운 게임을 출시했다.

돈과 투자, 금융 및 경제와 관련된 복잡한 개념들을 단순하게 설명하는 놀라운 재능을 가진 선구자로 평가받는 로버트는 재정적 자유를 얻게 된 자신의 여정을 공유하며 세대와 국적을 초월하는 다양한 독자들의 공감을 얻었다. "당신의 집은 자산이 아니다." "현금흐름을 얻기 위해 투자하라." "저축하는 사람은 패배자다." 등과 같은 그의 핵심 원칙들과 메시지는 비판과 논란의 대상이 되기도 했다. 그러나 지난 20년 동안, 경고의 메시지로서 그의 가르침과 철학은 세계 경제 무대에서 사실임이 증명되었다.

대학에 가고, 좋은 직장을 얻고, 돈을 저축하고, 빚에서 벗어나고, 장기적으로 분산 투자하라고 하는 '오래된' 조언이 오늘날의 빠른 정보화 시대에는 쓸모없는 조언이 되었다는 것이 그의 생각이다. 그의 리치 대드 철학과 메시지는 변화를 추구하며, 그의 가르침은 사람들에게 용기를 주어 재정적으로 교육을 받고, 자신의 미래를 위해 투자하는 데 적극적으로 참여하도록 한다.

세계적으로 큰 인기를 끈 『부자 아빠 가난한 아빠』를 비롯해 다수의 책을 쓴 로버트는 CNN, BBC, 폭스뉴스, 알자지라, GBTV, PBS 등 전 세계의 모든 언론 매체에 소개되었고, 「래리 킹 라이브」, 「오프라 쇼」, 「피플」, 「인베스터스 비즈니스 데일리」, 「시드니 모닝 헤럴드」, 「닥터스」, 「스트레이츠 타임즈」, 「블룸버그」, 「NPR」, 「USA TODAY」 등 수백 개의 다양한 프로그램에 초대 손님으로 출연했으며, 그의 책들은 20년 동안 전 세계 베스트셀러 목록에서 1위의 자리를 차지하고 있다. 그는 계속해서 전 세계의 청중들에게 가르침과 영감을 전해 주고 있다.

부자는 왜 더 부자가 되는가

그의 최근 저서로는 『앞으로 10년, 돈의 배반이 시작된다』, 도널드 트럼프와 공동 집필한 두 번째 책 『마이더스 터치』, 그리고 『왜 A학생은 C학생 밑에서 일하게 되는가 그리고 왜 B학생은 공무원이 되는가』, 『기업가를 위한 군사 리더십의 8가지 교훈』, 『부자 아빠의 세컨드 찬스』, 『돈보다 더 중요한 것』, 그리고 『부자는 왜 더 부자가 되는가』 등이 있다.

공인회계사인 톰 휠라이트는 세계 최고의 전략 회계법인인 프로비전 ProVision의 창업자로서, 고객들을 위해 20년 넘게 세무, 사업, 자산 관련 컨설팅과 전략 서비스를 혁신하는 업무를 해 왔다.

그는 협력 관계와 법인 세무 전략 분야의 선도적 전문가이자 저술가이며, 유명한 플랫폼 연설가이자 자산 교육 혁신가이기도 하다. 도널드 트럼프는 톰을 "최고 중의 최고"라고 불렀고, 자신의 자산 형성 프로그램Wealth Builders Program에 기여한 인물로 톰을 선정하기도 했다. 베스트셀러 『부자 아빠 가난한 아빠』의 저자 로버트 기요사키는 톰을 "부자가 되고 싶은 사람이라면 누구나 자기 팀에 추가해야 할 팀 플레이어"라고 평했다. 로버트 기요사키의 저서 『부자 아빠의 부동산 강의*The Real Book of Real Estate*』 중에서 1장과 21장은 톰이 집필했다. 그는 로버트 기요사키의 새 책 『부자는 왜 더 부자가 되는가』에서도 큰 역할을 했으며 『누가 내 돈을 가져갔을까?』와 『앞으로 10년, 돈의 배반이 시작된다』에도 기고했다. 또한 여러 편의 기사를 주요 전문 저널과 온라인 채널에 기고했고, 미국, 캐나다, 유럽, 아시아, 남미 및 호주 전역에서 수천 명의 청중을 위해 강의를 진행했다.

톰은 35년 이상 제조업, 부동산, 하이테크 분야의 수준 높은 투자자와 사업주들을 위해 혁신적인 세무, 사업, 자산 전략을 고안해 왔다. 그는 자신의 강연을 들으러 오는 수천 명의 청중에게 이러한 혁신 전략을 열정적으로 전달하고 있다. 그는 또한 여러 토론회의 기조연설자와 패널로 참여했으며, 기존의 세금 전략에 도전하는 획기적인 세무 토론을 주도했다.

톰은 워싱턴 D.C.에 있는 언스트앤영Ernst & Young의 세무 부서에서 수천 명의 공인회계사를 대상으로 전문 교육을 관리하기도 했으며, 당시 《포춘》 선정 1,000대 기업 중 하나였던 피나클 웨스트 캐피탈Pinnacle West Capital의 사내 세무 자문을 맡기도 하는 등 다양한 전문 경험을 보유하고 있다. 또한 애리조나주립대학교의 세무학 석사 프로그램에서 14년 동안 겸임 교수로 재직하면서 세무 계획 기법을 가르치는 과정을 창설하고 수백 명의 대학원생을 가르쳤다.

옮긴이 | 오웅석

대일 외국어고등학교에서 스페인어를 배우고 중앙대학교에서 영어영문학을 전공했다. 의류회사 해외영업 부서를 거쳐 외국계 국제 친환경 인증기관에서 일했다. 해외의 좋은 책들을 국내에 소개하고 싶어 글밥 아카데미에서 번역을 배운 후 바른번역 소속 번역가로 활동 중이며 옮긴 책으로는 『테슬라 웨이』, 『시장의 파괴자들』, 『신에 맞선 12인』 등이 있다.

부자는 왜 더 부자가 되는가

1판 1쇄 펴냄 2025년 2월 5일
1판 3쇄 펴냄 2025년 2월 13일

지은이 | 로버트 기요사키
옮긴이 | 오웅석
발행인 | 박근섭
책임편집 | 정지영, 강성봉
펴낸곳 | ㈜민음인

출판등록 | 2009. 10. 8 (제2009-000273호)
주소 | 135-887 서울 강남구 도산대로 1길 62 강남출판문화센터 5층
전화 | **영업부** 515-2000 **편집부** 3446-8774 **팩시밀리** 515-2007
홈페이지 | minumin.minumsa.com

도서 파본 등의 이유로 반송이 필요할 경우에는 구매처에서 교환하시고
출판사 교환이 필요할 경우에는 아래 주소로 반송 사유를 적어 도서와 함께 보내주세요.
06027 서울 강남구 도산대로 1길 62 강남출판문화센터 6층 민음인 마케팅부

한국어판 ⓒ ㈜민음인, 2025. Printed in Seoul, Korea
ISBN 979-11-7052-551-6 03320

㈜민음인은 민음사 출판 그룹의 자회사입니다.